通 路

农村家庭
教育支付能力探索

林荣日　陈延童　樊晓杰　张天骄 等◎著

华东师范大学出版社
·上海·

图书在版编目(CIP)数据

通路:农村家庭教育支付能力探索/林荣日等著.—上海:
华东师范大学出版社,2023
ISBN 978-7-5760-3833-0

Ⅰ.①通… Ⅱ.①林… Ⅲ.①农村-家庭教育-教育投
资-研究-中国 Ⅳ.①G526.72

中国国家版本馆 CIP 数据核字(2023)第 087041 号

通路:农村家庭教育支付能力探索

著 者 林荣日 陈延童 樊晓杰 张天骄 等
责任编辑 彭呈军
特约审读 单敏月
责任校对 王丽平
装帧设计 卢晓红

出版发行 华东师范大学出版社
社 址 上海市中山北路 3663 号 邮编 200062
网 址 www.ecnupress.com.cn
电 话 021-60821666 行政传真 021-62572105
客服电话 021-62865537 门市(邮购)电话 021-62869887
地 址 上海市中山北路 3663 号华东师范大学校内先锋路口
网 店 http://hdsdcbs.tmall.com

印 刷 者 上海龙腾印务有限公司
开 本 787 毫米×1092 毫米 1/16
印 张 17.75
字 数 270 千字
版 次 2023 年 6 月第 1 版
印 次 2023 年 6 月第 1 次
书 号 ISBN 978-7-5760-3833-0
定 价 68.00 元

出 版 人 王 焰

(如发现本版图书有印订质量问题,请寄回本社客服中心调换或电话 021-62865537 联系)

本书是 2018 年国家社会科学基金教育学一般项目（也是全国教育科学规划项目）"我国农村贫困家庭教育支付能力及其影响因素研究"（编号：BFA180074）的研究成果汇编。根据教育部全国教育科学规划领导小组办公室公布的"2022 年 10 月全国教育科学规划立项课题鉴定情况一览表"，本课题很荣幸地获得优秀结项。在公示的 179 个项目中，仅有 7 个项目获得"优秀"的等第。在此，特别感谢国家社会科学基金的项目资助和全国教育科学规划领导小组办公室的认可！

致谢

  本项目能够按时完成以及本书得以顺利出版，着实要感谢许多单位和人士。首先要感谢的是国家社会科学基金委和全国教育科学规划领导小组办公室，如果没有他们的资助和立项支持，所有的成果均无从谈起。其次，非常感谢本项目试调研单位四川省达州渠县扶贫办、教科局和有关中小学校领导以及老朋友肖陆军教授、程天佑总经理和韩晓峰组长的大力支持，同样的感谢必须给予十个被调研县的教育局、扶贫办及有关学校的领导和朋友们，他们是东部地区的福建省平和县、江苏省阜宁县；中部地区的湖北省巴东县、孝昌县、大悟县及江西省吉安县；西部地区的甘肃省秦安县、通渭县、临洮县和乐民县等，其中要特别感谢巴东县教育局陈世友局长、谭明生副局长和教育股杨金华女士、吉安县李克坚县委书记、扶贫办段五和主任与曾江英副主任，以及平和县的庄顺凯书记等朋友们的全力支持和盛情款待。再次，极为感谢复旦大学文科处和高教所领导，他们的支持和帮助，让本项目的研究和结项顺利得多。从次，非常感谢华东师范大学出版社教育心理分社彭呈军社长的热心帮助和特别关照。最后，特别感谢本项目所有参研人员，他们既有我的硕博士生，也有我的同事和朋友，没有他们的辛勤付出和全力协作，本项目根本无法完成，他们是樊晓杰、张天骄、师玉生、边静、李俊蓉、姚建青、陈延童、叶荣华、熊庆年、田凌晖、徐冬青、阚斌斌、肖纲领、刘阳、陈聪、肖慧、王佳、沈洋、杨玉倩、孟晓瑞、陈凤、崔璐等。

林荣日

2022 年 11 月 21 日于复旦光华楼

摘　要

　　近十年来,中国经济社会已进入了以知识、信息、智能化经济以及追求高质量全面发展为主要特征的新时代。在新时代,教育、科技、人才是全面建设社会主义现代化国家的基础性、战略性支撑。党的二十大报告指出,加快义务教育优质均衡发展和城乡一体化,优化区域教育资源配置,强化学前教育、特殊教育普惠发展,坚持高中阶段学校多样化发展,完善覆盖全学段学生资助体系;加强基础学科、新兴学科、交叉学科建设,加快建设中国特色、世界一流的大学和优势学科。

　　教育被认为是支持发展中国家经济增长和发展、减轻贫困的一个关键因素。十八大以来,以习近平同志为核心的党和国家领导人一直将保障和改善民生作为治国理政的核心工作。但是如何改善处境不利家庭(特别是农村贫困家庭)的生存状态仍然是重大的民生问题。当前,一方面,我国依然坚持贫困家庭“脱贫不脱政策”,对贫困地区及家庭的医疗、教育、住房等扶持政策保持不变。另一方面,不少家庭也在不断加大对子女各类教育的投入。在这种情形下,本项目通过对我国东中西部若干贫困地区的农村居民家庭教育支出状况及其相关因素进行调研,重点研究农村贫困家庭教育支付能力及其主要影响因素,并考察贫困地区和刚脱贫地区贫困家庭收入与家庭教育支出的结构性特征,以及各类家庭教育支出对教育不平等性和家庭未来贫困脆弱性的影响,在此基础上讨论如何进一步完善我国公共教育资源投入体系和机制的相关建议。

　　家庭教育支出包括校内教育支出和校外教育支出。目前,学术界有关家庭教育支出的研究,较为关注与学校教育直接相关的教育支出,而作为人力资本积累重要组成部分的校外辅导和技能培训等方面的教育支出则尚未得到足够重视。家庭教育支出与家庭教育支付能力密切相关,而家庭教育支付能力的强弱又要受到诸多因素的影响。实际上,如何科学地测量家庭教育支付能力还存有一定的争议,有必要从理论和实践两方面再加探索。本研究的核心问题就是在构建较为科学的家庭教育支付能力测度指标和标准基础上,对我国东中西部农村贫困家庭教育支付能力及其影响因素进行调查研究,并分学段、区域、家庭类型进行比较研究,最后提出提高农村贫困家庭教育支付能力和人力资本积累的政策建议。

课题组成员在对四川省达州渠县进行问卷和入户试调研的基础上，补充和修改了调查问卷，完善了调研方案，然后正式对东部地区的福建省平和县、江苏省阜宁县，中部地区的湖北省巴东县、孝昌县和大悟县以及江西省吉安县，西部地区的甘肃省秦安县、通渭县、临洮县和乐民县等 10 个国家级或省级贫困县进行问卷调研，共采集到 13 379 户农村家庭的基本信息；同时，在调研点通过入户访谈、焦点访谈和现场观察等获得了丰富的质性资料。再运用 STATA、SPSS、Nvivo 等软件技术对调研数据进行处理，为研究结论和模型建构提供直接依据。

本书共分十四章。第一章主要介绍本项目的研究背景和研究价值（林荣日、陈延童）。第二章介绍了本项目研究的基本思路、主要研究问题及内容（林荣日、师玉生）。第三章比较详细地作了中外相关文献综述，界定了若干核心概念，并对人力资本、家庭资本、贫困脆弱性和教育成本分担等四种理论及其要点作了阐析和说明，在此基础上，简析了家庭教育支付能力的测度方法和理论上的等级划分标准（边静、熊亮州、余青、杨柳一、刘苗卓）。第四章简要说明了本项目的研究设计，介绍了研究对象和研究方法，并对本项目的调研方式、地点和数据处理工作等作了说明（樊晓杰、叶荣华、陈延童）。

第五章到第十四章是本项目研究的核心内容和主要成果。第五章研究了我国基础教育阶段影响家庭教育支付的相关政策及其演变，以便更好地了解我国基础教育政策对家庭教育支付产生的影响（樊晓杰、林荣日）。第六章建构了农村贫困家庭教育支付能力的测度指标和五级评价标准，并据此指标和标准，详细测算了甘肃四个深度贫困县的农村家庭教育支付能力（边静、林荣日、师玉生）。第七章基于我国不同地区 10 个国家级或省级贫困县进行的实地调研数据，运用数理统计分析法，比较研究了东中西部贫困地区农村家庭教育支出及其教育负担状况，得出一些独特的结论（阚斌斌、张天骄、林荣日）。第八章基于我国 10 个贫困县建档立卡贫困户与非贫困户的调查数据，运用洛伦茨曲线、基尼系数的分解与边际效应估计以及 Oaxaca-Blinder 分解等方法，对贫困与非贫困家庭的经济收入、家庭教育支出的不平等性及其边际效应以及"建档立卡贫困户"政策对贫困县农村居民家庭教育支出的影响程度等进行了研究（林荣

日、樊晓杰、吴昭洋)。第九章基于我国东中西部 10 个贫困县农村家庭经济和教育等
状况的实证调研数据,运用数理统计分析法和回归分析法,研究了不同地区和不同类
型农村贫困家庭教育支付能力及其影响因素,得出了一些重要结论(肖纲领、张天骄、
林荣日)。第十章基于家庭资本视角,以实证研究方法分析了贫困地区农村家庭文化
资本和经济资本因素对不同基础教育阶段家庭教育支出的影响问题(樊晓杰、林荣
日)。第十一章基于多维贫困理论和贫困脆弱性理论,分析了农村家庭的贫困状况和
贫困程度,对农村家庭进行了多维贫困分类,计算其未来贫困脆弱性,重点研究了不同
贫困类型家庭教育投资决策对家庭未来贫困脆弱性的影响问题,同时,分析和预测了
农村家庭教育总支出、校内教育支出和校外教育支出分别对多维贫困家庭未来贫困脆
弱性的影响问题,这一研究成果具有一定的创新性(樊晓杰、林荣日)。第十二章基于
资源转化模式和文化再生产模式,研究了家庭背景如何通过重点学校效应转化为其升
学的优势,以及先赋性家庭背景因素如何影响学生的教育获得(张天骄)。第十三章基
于我国 31 个省域 2017—2020 年的面板数据,通过科学评价指标体系测算出乡村振兴
指数,再运用计量回归方法探讨了我国农村教育人力资本与乡村振兴的内在关系,得
出一些独特的结论(李俊蓉、林荣日)。第十四章在各子课题研究的基础上,针对调查
研究中发现的各种现实问题,提出比较明确和可行的提升贫困家庭教育支付能力的政
策建议,同时也为如何实现教育精准扶贫的政策目标提供建议(林荣日、樊晓杰、张天
骄)。

　　通过以上综合研究,本项目主要得出如下结论:1. 建构了农村贫困家庭教育支付
能力的测度指标及其五级评价标准。2. 贫困地区农村家庭教育支付能力还相对较弱,
不同类型家庭的教育支付能力和教育支出负担存在显著差异,而影响家庭教育支付能
力的因素较多,主要是家庭经济因素、文化因素、家长教育期望和受教育水平等。3. 贫
困地区不同类型家庭教育支出及其结构存在较大差异,家庭教育支出不平等问题突
出。4. 在贫困地区,家庭经济资本和文化资本对家庭人均教育支出均有显著的差异性
影响。5. 不同教育阶段,影响家庭教育支出的关键性因素有所不同。6. 贫困地区农村
家庭的贫困脆弱类型整体呈现“偏 U”字形分布,多维贫困家庭未来致贫的风险远高于

其他家庭。家庭教育总支出可以显著降低家庭的多维贫困脆弱性,对高度贫困脆弱的家庭影响更加显著。7.农村教育人力资本能够正向促进乡村振兴。从分类型看,初中教育经费的投入对乡村振兴的影响最大,同时中级农村教育人力资本对乡村振兴的影响亦最大。农村教育人力资本每提升一个单位,将导致技术创新水平提高4.7050个单位。另外,农村教育人力资本能显著作用于技术创新水平,对我国乡村振兴水平具有部分中介效应。

针对研究中发现的问题,本项目提出如下建议:1.国家应进一步建立或完善动态的农村教育问题监控体制机制和教育经费保障机制;2.国家应不断调整和优化贫困地区基础教育资源的配置结构,进一步促进教育公平;3.国家对农村教育问题应继续扩大政策关注范围;4.国家可以根据新形势和新情况不断优化基础教育政策工具组合;5.各级政府和社会组织应设法增强农村居民家庭对子女教育的重视程度和参与度;6.国家应建立和完善多维贫困识别标准以及进一步巩固脱贫成果的相关机制;7.国家应科学调控不同地区的基础教育资源,促进教育资源分配均衡化;8.国家应加快发展和完善有利于乡村振兴的普通教育和职业教育体系。为了促进乡村振兴,建设现代新型农村,各级政府应继续加大农村教育经费投入,并设法提高农村基础教育资源的配置效率。尤其应该加大中小学和职业教育的经费投入,确保教育财政按时拨付,同时要落实教育基本公共服务全覆盖,加快发展针对乡村振兴的普通教育和职业教育体系,提高中学入学率,推动职业教育改革,进一步完善农村贫困家庭学生的助学金制度等。

最后,因我们的学术水平有限和时间比较匆促,本书肯定还存在一些不足,诚请读者批评指正,不胜感激!

第一章　　　绪　论　/ 1

第二章　　**研究思路与研究内容**　/ 9

第三章　　**文献综述与理论研究**　/ 15

第四章　　研究设计与数据说明 / 41

第七章　东中西部贫困地区农村家庭教育支出及其负担状况比较研究　/ 85

第八章　贫困地区贫困与非贫困家庭教育支出不平等性及其边际效应研究　/ 99

第九章　贫困地区家庭教育支付能力及其影响因素分析 / 125

第十章　家庭文化资本和经济资本对家庭教育支出的影响实证研究　/ 139

第十一章　家庭教育支出对多维贫困家庭贫困脆弱性的影响研究 / 159

第十四章　主要结论与建议 / 233

第一章

绪 论

一　研究背景

　　教育被认为是支持发展中国家经济增长和发展、减轻贫困的一个关键因素。教育"阻断贫困代际传递"的理论将教育投资视为反贫困的主要路径,并基于人力资本理论,把贫困对象本身作为最重要的资本进行培植和投资,充分发挥人力资本在经济增长和收入能力增加中的核心作用,在宏观和微观两个层面形成反贫困的良性循环与可持续发展。[①]　因而,政府和家庭的教育支出问题引起了各国学者的极大关注。

　　党的十九大报告指出,我国社会主要矛盾是人民日益增长的美好生活需要和不平衡不充分的发展之间的矛盾,这种不平衡不充分在教育领域突出地表现在城乡教育发展的不均衡和农村教育的不充分上。十八大以来以习近平同志为核心的党和国家领导人一直将保障和改善民生作为治国理政的核心工作,但是如何改善处境不利家庭(特别是农村贫困家庭)的生存状态仍然是当前最大的民生问题。当前,越来越多的国家领导人和学者都认识到教育才是消除贫困或使贫困家庭脱贫的有效途径和长久之计,但是受到我国经济社会发展不平衡的影响,贫困家庭的教育投资或家庭教育支付能力仍然十分有限。

　　改革开放以来,我国教育投资体制有了根本的转变,整体而言,家庭教育支出不断增加。随着知识经济时代的到来,为了子女和家庭的未来收益,家庭教育投资越来越热,越来越多的家庭为孩子选择课外补习班或特长班,这种现象在城市较为普遍,目前在广大的农村地区也随处可见。因此,研究家庭教育投资或支付能力必须考察家庭支

[①] 李玲等.深度贫困地区小学教育脱贫攻坚与教育现代化面临的挑战——以 M 地区资源配置为例[J].中国电化教育,2019(09):48—54.

付孩子校内学习以外的教育投资水平和支付能力。在义务教育阶段,2006年实施义务教育经费保障新机制("两免一补")以来,义务教育阶段学生已免除了学杂费,家庭教育支付能力的主要差异来自校外的教育投资能力,而非义务教育阶段的学前、高中和大学教育的家庭教育负担水平更高,不仅有沉重的学杂费,还有其他的校外支出。这样的差异不仅在学段上有所不同,而且在不同家庭收入水平和教育观念的家庭中差异更大。

我国政府不仅加大教育公共资源配置,提高了我国基础教育的整体水平,而且制定了不少专项教育政策,如"两免一补"政策和学校重组政策,这些政策特别向农村地区、边远贫困地区和民族地区倾斜,以加快缩小城乡教育差距。特别是在基础教育阶段,国家制定影响家庭教育支付的基础教育政策覆盖教育经费、贫困救助和营养计划,而且相关政策对家庭教育支付的影响逐步扩大,如从早期较为单一的学费和救助费,拓展到目前的学费、学杂费、书本费、食宿费、营养费和交通费等方面。[①] 2019年,全国共有2025.70万处于义务教育阶段的家庭经济困难学生享受了生活费补助,2020年基本实现义务教育区域均衡的全覆盖。

除公共教育支出外,居民家庭对子女教育支出的投入也至关重要。家庭教育支出作为公共教育的重要补充,直接影响子女受教育的质量和教育公平。随着我国经济的发展,不同地区、不同经济收入家庭在教育投入力度上的加大,将有可能导致教育支出结构不平等,从而带来新的教育不平等问题。2017年《中国教育新业态发展报告》显示,我国教育领域"内卷"现象日益严重,特别是低收入家庭的校外培训参与率,比高收入家庭低50%以上。[②] 因而,国内不断增加的家庭教育支出,是否会导致我国脱贫地区家庭面临新的教育不平等问题,这对未来防止贫困地区居民家庭因教育返贫致贫,显得十分重要与迫切。

我国目前依然坚持贫困家庭"脱贫不脱政策",对贫困地区及家庭的医疗、教育、住

[①] 樊晓杰,林荣日.扶贫视角下影响家庭教育支付的基础教育政策及其工具分析[J].华中师范大学学报(人文社会科学版),2020(04):173—183.

[②] 王蓉.中国教育新业态发展报告(2017)[M].北京:社会科学文献出版社,2018.06.

房等扶持政策保持不变。但另一方面,不少家庭也在不断加大对子女各类教育的投入。在这种情形下,贫困地区和刚脱贫地区的农村家庭是否会面临因家庭教育支出结构的差异而带来的新的教育不平等问题? 为了了解我国部分贫困地区和刚脱贫地区农村家庭教育支出的不平等状况,本项目基于 2018 年东中西部 10 个国家级或省级的贫困县,对其居民家庭教育的支出状况进行实证调研,利用衡量不平等的洛伦茨曲线和基尼系数分解及边际效应估计,重点考察贫困地区和刚脱贫地区的贫困家庭收入与家庭教育支出的结构性特征,以及各类家庭教育支出对教育不平等性和家庭未来贫困脆弱性的影响,在此基础上讨论如何进一步完善我国公共教育资源投入的相关建议。

因此,本项目研究的核心问题是,在教育精准扶贫的大背景下,我国东中西部农村贫困家庭教育支付能力的现状和水平如何? 影响和制约农村贫困家庭教育支付能力的主要因素是什么? 最终,为改善和提高农村贫困家庭的教育投资水平,促进其人力资本积累,实现教育扶贫和教育脱贫等目标提供比较有效的政策建议。

二　研究意义

家庭教育支出包括校内教育支出和校外教育支出。目前,学术界有关家庭教育支出的研究,较为关注与学校教育直接相关的教育支出,而作为人力资本积累重要组成部分的校外辅导和技能培训等方面的教育支出则尚未得到足够重视。家庭教育支出与家庭教育支付能力密切相关,而家庭教育支付能力的强弱又要受到诸多因素的影响。实际上,如何科学地测量家庭教育支付能力还存有一定的争议,需要从理论和实践上加以探索。本研究的核心问题就是在构建较为科学的家庭教育支付能力测度指标和标准基础上,对我国东中西部农村贫困家庭教育支付能力及其影响因素进行调查研究,并分学段、区域、家庭类型进行比较研究,最后提出提高农村贫困家庭教育支付能力和人力资本积累的政策建议。应该说,本项目研究具有较为重要的学术价值和应用价值。

(一) 学术价值

1. 科学建构农村贫困家庭教育支付能力测度指标和评价标准，一定程度上丰富了教育成本分担理论内涵。基于已有文献，本研究采用"家庭教育支出负担率法"将家庭教育支付能力（家庭教育支出占家庭纯收入比值，以 P 表示）划分为五个等级，并以20％作为家庭教育支出负担中等水平的划分界线：低支付能力（P＝40％以上）、中低支付能力（P＝30％—40％）、中等支付能力（P＝20％—30％）、中高支付能力（P＝10％—20％）、高支付能力（P＝10％以下）。本研究以此为标准去测度样本家庭教育支付能力的现状，对丰富教育成本分担理论有一定价值。

2. 通过农村贫困家庭教育支付能力的实证研究，可以更加清晰地揭示农村贫困家庭教育投资意愿、家庭教育负担及其影响因素等的真实情况，研究成果可以进一步丰富人力资本理论和家庭教育资本理论的内涵。如，研究发现，家庭经济资本中的家庭人均收入和家庭文化资本中的父母受教育程度是影响贫困地区家庭基础教育各阶段家庭教育支出的最主要因素；当子女处于义务教育阶段时，贫困地区家庭普遍存在"高观念，低投入"现象，而当子女处于非义务教育阶段时，贫困地区家庭则呈现出"低观念，高投入"的家庭教育投入现象。

3. 家庭教育支付能力是一个动态的过程，具有较强的主观能动性，通过农村贫困家庭教育支付能力影响因素的多因素分析，从理论上丰富了我国本土教育经济学的理论和实证研究。

(二) 应用价值

1. 教育扶贫是农村困难家庭精准扶贫的重要手段和抓手，通过农村贫困家庭教育支付能力的科学测度，能够更加清楚地了解农村贫困家庭教育支付能力的实际水平，为更加有效地制定教育精准扶贫政策提供理论和实践的指导。

研究发现，我国贫困县中，建档立卡家庭、成员残疾家庭、子女就读初中及以上学段的家庭总教育支付能力最弱，均处于"低支付能力"水平；家庭教育支出项目中学费支出费用最大;建档立卡贫困户家庭以及子女就读本科阶段的家庭基本教育支出负担最重;家庭子女就读幼儿园和本科的人数会显著影响家庭总教育支付能力水平;父母的学历层次对家庭教育支付能力水平的影响存在差异,其中父亲的学历层次会影响家庭总教育支付能力水平,而母亲的学历对扩展性教育支付能力的高低影响较大。

2. 在义务教育全面免费和非义务教育阶段国家助学体系不断完善的大背景下,重点关注贫困家庭学校教育支出以外的教育支出情况和支付能力,可以更加全面地了解新形势下贫困家庭教育支付意愿和能力水平,这样的研究更具现实性和实效性。

如,针对研究中发现的子女处于义务教育阶段时,贫困地区家庭的"高观念,低投入"以及当子女处于非义务教育阶段时的"低观念,高投入"现象,本研究提出了国家仍然需要设法重视和提升贫困县农村家庭经济收入和父母自身教育水平,家长也应树立正确的教育观念和合理的教育期望,并给予子女同等重视程度的物质和非物质教育投入,以进一步降低农村家庭贫困代际传递的可能性等具有现实性和科学根据的政策建议。

3. 本研究将影响贫困家庭教育支付能力的家庭背景因素、教育观念与教育获得感等主观因素和国家与地区相关政策性因素结合起来进行模型构建和定量分析,可以更加全面地呈现影响和制约农村贫困家庭教育支付能力和水平的根本因素,特别是对不同地域、家庭类型和学段的比较研究,可以根据家庭教育支付能力将贫困家庭进行分类,如此,可以从家庭需求的角度为精准扶贫提供更加有效的政策和措施,这样的研究更具应用价值。

第二章

研究思路与研究内容

一　研究基本思路

本项目遵循"文献研究—实证调研—发现问题—解释原因—提出建议"的基本思路展开研究。总体框架包括相互衔接、密切联系的七个部分。

首先参照国内外关于家庭教育支出的分类标准和指标,采用"家庭教育支出负担率法",建构我国农村家庭教育支付能力的测度指标和家庭教育支付水平评价的五级标准。

第二部分,政策梳理。运用政策工具的分析框架,研究影响我国基础教育阶段家庭教育支付的相关政策及其演变历程。

第三部分,选取我国东中西部三大区域的样本家庭进行较大规模的实地调研,并在数据统计的基础上计算贫困家庭教育负担和教育支付能力的水平,对我国东中西部贫困县家庭教育支付的现状进行比较分析。

第四部分,以人力资本理论和家庭资本理论为基础,运用模型分析法,分析和解释农村贫困地区家庭文化资本和经济资本因素对不同基础教育阶段家庭教育支出的影响效应问题。

第五部分,基于贫困脆弱性理论,首先构建家庭贫困脆弱性指标,研究贫困县农村家庭多维贫困状况,并在分析家庭贫困脆弱性的基础上,预测和研究了家庭教育总支出、校内教育支出和校外教育支出分别对各种维度贫困家庭未来贫困脆弱性的影响问题。

第六部分,扩展性研究。基于家庭经济资本和文化资本理论,讨论不同家庭背景对教育获得的二元路径,即资源转化模式和文化再生产模式的形成机制。

最后,基于以上研究结果,本研究提出改善和提高贫困家庭教育支付能力和人力资本积累的若干政策建议。

二　主要研究问题及内容

本项目的主要研究问题是：在扶贫政策背景下，我国贫困地区农村家庭教育总支出、校内教育支出和校外教育支出状况如何？我国东中西部地区农村贫困家庭教育支付能力的状况及其特点怎样？影响农村贫困家庭教育支付能力强弱的主要因素有哪些？农村不同类型家庭（贫困与非贫困家庭；一般家庭与单亲家庭、残疾人家庭等）教育支付能力及教育负担程度是否存在显著差异及其背后原因是什么？农村贫困家庭教育总支出和校内外教育支出对家庭未来贫困脆弱性是否存在显著影响？

本项目具体的研究内容如下：

第一，农村贫困家庭教育支付能力的测度指标与标准建构研究。

第二，我国基础教育阶段家庭教育支付相关政策特点及其演变。

1. 分析转型期不同阶段影响家庭教育支付的基础教育政策特点及其政策工具的演变过程，以便更好地了解我国基础教育政策对家庭教育支付产生的影响。

2. 根据唐纳尔—莫尔政策工具分析框架理论及要点，分析影响我国家庭教育支付的政策工具类型、政策特点及相关因素。

第三，农村贫困家庭教育支付能力比较研究。

1. 不同省份和地区家庭教育支付能力比较研究。

2. 不同教育阶段贫困家庭教育支付能力比较研究，主要包括义务教育阶段家庭教育支付能力，非义务教育阶段家庭教育支付能力。

3. 不同类型家庭的教育支付能力比较，主要关注建档立卡贫困户和特殊群体家庭的教育支付能力。

4. 我国贫困县不同类型家庭教育支出的差异及其边际效应研究。

第四，农村贫困家庭教育支付能力的影响因素研究。

1. 研究家庭背景对家庭教育支付能力的影响。主要关注家长的民族、受教育程度、家庭劳动力数量、家庭经济条件、家庭规模等情况对贫困家庭教育支付能力的影响。

2. 研究家庭教育观念对家庭教育决策和支付能力的影响。其中家庭教育观念主要包括家长对教育的态度、家长供孩子上学的目的、家长在教育方面的性别偏好等。

3. 基于家庭资本视角,以实证研究方法分析农村贫困地区家庭文化资本和经济资本因素对不同基础教育阶段家庭教育支出的影响。

第五,家庭教育支出对多维贫困家庭未来贫困脆弱性的影响研究。

1. 分析农村家庭的贫困状况和贫困程度,对农村家庭进行多维贫困分类,计算其未来贫困脆弱性,重点关注不同贫困类型家庭教育投资决策对家庭未来贫困的影响。

2. 分析和预测农村家庭教育总支出和校内外教育支出对多维贫困家庭未来贫困脆弱性的影响。

第六,不同家庭背景对教育获得的影响路径研究。

1. 研究家庭背景因素对子女教育获得的影响方式。

2. 基于资源转化模式和文化再生产模式,研究家庭背景如何通过重点学校效应转化为其升学的优势,或先赋性家庭背景因素如何影响学生教育获得。

第七,基于技术创新的中介视角研究农村教育人力资本与乡村振兴的关系。

1. 研究我国乡村振兴进入快速推进期教育与乡村振兴的协同发展问题。

2. 研究农村教育人力资本推动乡村振兴的内在逻辑。

3. 研究在推动乡村振兴过程中农村教育人力资本是否能有效诱发技术创新。

第八,精准扶贫政策背景下提升贫困家庭教育支付能力的政策建议。

在以上各子课题研究的基础上,针对调查研究中发现的各种实际问题,提出比较明确和可行的提升贫困家庭教育支付能力的政策建议,同时也为如何实现教育精确扶贫的政策目标提供建议。

第三章

文献综述与理论研究

一 家庭教育支出与家庭教育支付能力的概念

（一）家庭教育支出的概念及其分类

家庭教育支出是家庭支出的重要组成部分，反映了居民对教育的需求和支付能力。所谓家庭教育支出，从广义上讲，就是家庭全部成员在一定时期（通常指一年）内用于各类教育相关费用的总和，一般是指家庭成员参加所有教育活动的年度经济投入。从狭义上讲，家庭教育支出是家庭为尚未经济独立的子女所支出的各类教育费用的总和，包含子女在校内的基本教育支出以及课外与学习相关的各种消费支出。[①]

魏新和邱黎强最早对家庭教育支出进行了分类，提出了基本教育支出、扩展性教育支出、选择性教育支出三分法。其中，基本教育支出是为子女上学期间支付的基本费用；扩展性教育支出是基本教育支出之外的家教费、辅导班费、培训班费等；选择性教育支出指为了子女入学而额外付出的捐助费和择校费。[②] 涂瑞珍和林荣日在家庭教育支出三种分类的基础上考虑了教育储蓄和教育保险项目，并将选择性教育支出项目扩展为赞助费、择校费。还有一些学者将同学及师生间的交际费、增长知识的外出旅游费、校外考试和培训费以及参观文艺演出费等概括为扩展性教育支出。[③] 此外，楚红丽从家庭消费支出变化的角度提出教育类消费支出、生活类支出和机会成本类支出。[④] 北京大学课题组将城镇家庭教育消费支出结构分为非选择性教育支出和选择

---

① 涂瑞珍，林荣日.上海城乡居民家庭教育支出及教育负担状况的调查分析[J].教育发展研究，2009（21）：21—25.

② 魏新，邱黎强.中国城镇居民家庭收入及教育支出负担率研究[J].教育与经济，1998（04）：1—10.

③ 涂瑞珍，林荣日.上海城乡居民家庭教育支出及教育负担状况的调查分析[J].教育发展研究，2009（21）：21—25.

④ 楚红丽.基础教育阶段家庭教育消费支出内容与结构的研究述评[J].教育科学，2007（02）：1—4.

性教育支出。另外,王远伟、朱苏飞按支出的不同范围把家庭教育支出划分为学校教育支出与学校外教育支出。①

从表3.1可见,把家庭教育支出类型分为基本教育支出、扩展性教育支出和选择性教育支出等,得到较多数学者的认可。但是,随着家庭自主选择教育消费项目的增多,出现了与学生学习有关的交际、增长知识旅游、参观文化场所、通信、买房、租房、学区房等新型家庭教育支出内容。如梅文静认为,扩展性教育支出是家庭为提高子女的受教育水平而自愿购买的文化教育产品、参加兴趣辅导班及参观文化场所等费用;选择性教育支出是家庭为其子女选择优质教育资源而支出的费用,包括择校费、学区房等。② 家庭教育支出的多样化将在一定程度上加大家庭教育支出额。因而,在家庭收入不变的情况下,教育支出的多样化势必将加重家庭经济负担,从而削弱家庭教育支付能力。丁小浩、薛海平认为不同收入阶层存在选择性教育支出的显著差异,这种差异会影响不同阶层子女受教育的数量和质量的公平性。③

表3.1 不同学者对家庭教育支出的分类方法

作者	时间	家庭教育支出分类项目			
魏新 邱黎强	1998	基本教育支出:子女学校的基本费用	扩展性教育支出:家教费、辅导班费、培训班费	选择性教育支出:择校费	其他
孙彩红	2001	基本教育支出:学杂费、学习用品费、生活费、住宿费	扩展性支出:家教费、图书资料费、体育用品费、交际费、旅游费、校外考试、培训、参观文化场所费		
王崇举	2003	基本教育支出:生活费、学杂费、文具费、住宿费	扩展教育支出:购买课外书籍、体育用品、益智玩具、外出旅游、保健营养品、艺术培训、乐器、电脑、教育软件、人际交往、培训考证费用等		

---

① 王远伟,朱苏飞.中国城镇居民家庭教育投入的状况和特征[J].教育与经济,2009(04):11—16.

② 梅文静.家庭经济资本和文化资本对子女教育支出的影响研究[D].上海:华东师范大学,2016.

③ 丁小浩,薛海平.我国城镇居民家庭义务教育支出差异性研究[J].教育与经济,2005(04):39—44.

（续表）

作者	时间	家庭教育支出分类项目			
楚红丽	2007	教育消费支出:购买学习资料、工具、学费、择校费、辅导费、家教	生活支出:交通费、礼物费、保险费	机会成本支出:因接受教育而损失的收益	
北京大学课题组	2008	非选择性教育支出:学杂费、书本、文具、学习资料、生活费、校服费、交通费	选择性教育支出:择校费、课外学习班、家教支出		
马薇	2009	基本教育支出:学费、寄宿生生活费、住宿费、文具费	扩展教育支出:部分学校代收费用,非必需文具、学习费用		
涂瑞珍林荣日	2009	基本教育支出:学费、托园费、住宿费、伙食费、交通费、校服费以及学校统一交纳的保险费等	扩展性教育支出:课外文化补习、兴趣培训班费用,课外读物、各种教育软件、磁带等费用,家教费用	选择性支出:赞助费、择校费	教育储蓄、教育保险
王远伟朱苏飞	2009	学校教育支出:一般教育支出(学杂费、购买课本资料及文具费、食宿费、上学产生的交通费);特殊教育支出(择校费、捐集资费)	学校外教育支出:直接支出(课外辅导班费、特长班费、培训班费及购买所需书本工具费、家教费、参加文化活动费、上网费),间接支出(孩子购买的电脑、乐器、体育用品、书籍、通信工具、买房或租房以及购买交通工具)		
梅文静	2016	基本教育支出:学杂费、住宿费、参考书费	扩展性教育支出:文化教育产品、兴趣辅导班、参观文化场所费用	选择性教育支出:择校费、学区房	

(二) 家庭教育支付能力的概念及其内涵

一般说来,家庭教育支付能力是指一定时期内家庭为其所有成员支付教育活动费用的经济能力,或说是家庭支付其成员受教育费用的一种经济承受能力。所谓"能力"是指人们完成一个目标或某项任务所体现出来的综合素质,而家庭教育支付能力就是家庭完成或实现其成员的教育目标或任务的经济素质,它有高低之分,主要受到家庭收入水平、家庭教育支出水平和家庭教育意愿等因素的影响。

但是，家庭教育支付能力与家庭收入水平和家庭教育支出水平的关系相当复杂，并不能简单地说，家庭收入水平与家庭教育支付能力成正比关系，而与家庭教育支出水平成反比关系。例如，有些家庭尽管收入水平低，但其家庭教育支出水平也低，则其家庭教育支付能力可能并不低；而有些家庭尽管收入水平很高，但其家庭成员的教育支出额也很高，如此，其家庭教育支付能力也未必就强。

至于家庭教育意愿之所以会影响家庭教育支付能力，是因为家庭成员的教育意愿强弱会直接影响家庭支出的方向或家庭投资类型。一般说来，如果家庭教育意愿比较强烈，家庭成员在进行投资选择时，就会尽量把家庭收入优先用于教育方面，而对其他方面的开支则能省则省，因而其家庭教育支付能力就会相对增强。反之，如果家庭成员的教育意愿较弱，他们就可能把家庭收入较多地花费在与教育无关的其他事务上（如娱乐、旅游、吃穿等），如此，其家庭教育支付能力则势必减弱。从这一角度讲，家庭教育支付能力也与家庭成员对教育的心理认可度有关。本项目主要从经济学视角采用家庭收入水平、家庭教育支出水平来测度农村居民家庭教育支付能力。

二　中外相关文献综述

（一）国内学者相关研究述评

人力资本投资理论和家庭资源分配理论被引进中国以来，一直受到国内学术界的高度关注，本研究聚焦于家庭教育支付能力，指家庭对教育决策行为的支付能力，针对教育支出而言，对于"家庭教育支出"，绝大多数研究者都是根据自身的目的、假设及期望解决的问题而对其定义、内容及结构进行界定和分类的。[①] 北京大学高教所进行的中国教育收益率研究，将家庭教育支出定义为家庭为子女求学而支付的各种费用，不含成人教育、继续教育、文化社会教育所支付的书报、杂志、短训、旅游、研修及出国考

---

① 涂瑞珍.上海城乡普通居民家庭教育支出及教育负担状况实证研究[D].上海：复旦大学，2009.

察等广义教育支出费用,主要可分为基本教育支出、扩展性教育支出以及部分家庭承担的选择性教育支出。

目前,国际上一般使用两个指标来反映家庭为负担子女上学的经济承受能力:一是家庭教育支出占家庭总支出的比例,或称家庭教育支出相对家庭总支出的负担率;二是家庭教育支出占家庭纯收入的比例,或称家庭教育支出相对家庭纯收入的负担率。这一比例越高,说明家庭教育的支出负担越重,家庭教育支付能力越低。[①]

现有的文献表明,家庭教育支出存在地区、教育层次、性别等差异。首先,教育支出与家庭的经济收入直接相关,而且农村家庭教育支出负担率相对过高,有的地区甚至超过了家庭的负担能力[②][③][④],更有一些研究表明,高等教育学费标准过高,已超出居民的支付能力,造成了教育的不公平。[⑤] 也有一些研究显示经济支付能力已经不是影响义务教育投资的主要因素,家长们大都愿意对子女进行不计回报的投入,而农村家庭家长的价值观对教育投资的影响较大。[⑥] 不过,也有学者对以上观点持有不同的看法,例如尹敏、施焰的研究发现,在家长教育程度相同的情况下,孩子教育投资出现地区差异,这种差异也可以理解为家庭经济收入差异,但家长教育程度的差异与家庭教育投资的比率没有太大差异,这说明子女教育投资已经获得了普遍的重视。[⑦] 其次,我国家庭教育支出现状的不均等不仅存在于地区间、城乡间及不同的教育阶段之间,而且还存在于校际、不同群体间以及教育支出的内部机构中,例如,楚红丽的研究表明初中阶段负担率高于小学阶段,城市家庭教育负担率高于县乡村家庭[⑧];刘灵芝等通过对我国东、中、西部农村地区的研究也表明中国农村家庭收入存在着地区差异,农村

① 俞云峰. 农村居民家庭收入与子女教育支出的相关性分析——基于浙江省500个样本的调查[J]. 科学决策,2009(08):67—75.
② 袁连生. 我国居民高等教育支付能力分析[J]. 清华大学教育研究,2001(03):163.
③ 金珺. 高校学费超出居民支付能力的实证研究[J]. 西南交通大学学报(社会科学版),2007(04):139.
④ 迟巍,钱晓烨,吴斌珍. 我国城镇居民家庭教育负担研究[J]. 中华魂,2012,33(22):53—54.
⑤ 谭章禄,王昆,张小萍. 我国居民高等教育支付能力的SOM分析[J]. 统计与决策,2007(10):92.
⑥ 刘洁,陈宝श. 农村家庭子女教育投资决策中的价值观影响[J]. 中国农村观察,2007(06):27—38.
⑦ 尹敏,施焰. 中小学生家庭教育投资现状调查与思考[J]. 曲靖师范学院学报,2003(01):125—128.
⑧ 楚红丽. 基础教育阶段家庭教育消费支出内容与结构的研究述评[J]. 教育科学,2007(02):1—4.

家庭教育支出负担率与收入呈反向关系，农村最低收入家庭食物支出和教育支出负担率之和过高、负担过重等[①]；第三，人均家庭教育支出呈不断增长趋势，主要归因于家庭偏好改变、人口因素影响、教育政策改变等可能的影响因素。[②③]

此外，与家庭教育支出紧密相关是家庭教育投资，国内学者普遍认为影响家庭教育投资的因素主要有以下几个方面：一是利益主义观点或说是在利己动机下的利他主义观点[④]；二是受多因素、多动机的影响，例如在农村地区，影响父母对子女教育投资的因素是错综复杂的，包括子女自身学习状况、母亲决策权、母亲受教育年限、教育投资价格、父亲受教育年限、人均家庭收入等[⑤]；三是受教育价值观的影响，教育形式多样化的趋势一定程度上加大了家庭教育经费的支出，例如贵族学校和私立学校的兴起，以及各种类型培训班、特长班的出现，家长们用于选择性教育支出和扩展性教育支出的费用在不断增加。[⑥]

总结我国相关研究可以看出：从研究内容上讲，从学费角度出发研究居民高等教育支付能力影响因素、根据经济性影响指标估测居民支付能力、国际学费制度比较的理论研究居多。而真正通过调查数据，对家庭实际支付能力进行的实证分析较少，且多数实证研究是限于城镇居民或者是少数民族地区，跨城乡比较研究是较为缺乏的；从高等教育学费及生活费两个角度出发研究居民家庭支付能力的文章更少，多数研究在教育程度上为了兼顾普及率而选择了基础教育阶段，高等教育作为消费行为的特征和性质被突显出来。

① 刘灵芝等. 基于收入分层视角的农村教育投资与教育回报研究——兼对湖北省农村家庭的实证检验[J]. 农业技术经济，2013(12)：33—42.
② 雷万鹏，钟宇平. 中国农村家庭教育支出的实证研究：1985—1999[J]. 教育理论与实践，2003(07)：38—42.
③ 龚继红，钟涨宝. 农村家庭收入对农村家庭教育投资行为的影响——基于湖北省随州市农村家庭的调查[J]. 统计与决策，2005(18)：72—75.
④ 洪恺，李克强，周亚. 家庭教育投资的动机与行为分析[J]. 北京师范大学学报（自然科学版），2008(10)：550—553.
⑤ 李冥，赵连阁，谭洪波. 农村地区家庭教育投资的影响因素分析——以河北省承德市为例[J]. 农业技术经济，2006(05)：15—18.
⑥ 郑德威，唐上洁. 家庭教育支出和学生在校教育成本的个案调查[J]. 钦州学院学报，2008(03)：94—98.

(二) 国外学者相关研究述评

国外关于教育支付能力的研究主要集中在两个大领域,其一是教育支付能力的理论探讨,第二是不同教育阶段居民教育支付能力的研究。下面将国外学者的基本观点做一简要的述评。

1. 家庭教育支付能力研究的理论基础

国外学者从人力资本理论和教育成本分担与补偿理论两个角度切入对教育支付能力进行理论探讨,其中人力资本理论试图解释的是教育投入与收益以及经济增长之间的关系;教育成本分担与补偿理论则侧重于分析高等教育的收费与教育支付之间的关系。

人力资本理论:西奥多·舒尔茨首先对人力资本理论进行了完整的阐释,认为人力资本投资收益率超过物力资本投资收益率,人口的素质比人口数量更重要,教育能提高人口的素质和能力,进而提高劳动生产率和收益率。在此基础上,丹尼森利用科布-道格拉斯生产函数计算出了人力资本积累对美国经济增长的贡献率;贝克尔从家庭生产时间、价值及分配的角度系统阐述了人力资本生产、人力资本收益分配规律以及人力资本与职业选择的关系;明瑟建立了人力投资的收益率模型等,人力资本理论的发展与分析方法的应用,为地区劳动力市场行为、国家经济增长以及家庭决策等提供了重要的理论解释。[①]

教育成本分担与补偿理论:学界普遍认为高等教育具有非竞争性和排他性双重属性,是一种准公共产品。1986 年,布鲁斯·约翰斯通(Bruce Johnstone)在著作《高等教育财政:问题与出路》中首次提出"成本—分担理论"。该理论的"成本分担"指高等教育成本从完全由政府或纳税人承担转向至少部分依靠家长和学生以交学费的方式加以补偿。约翰斯通认为成本—分担理论必须遵循两个重要原则,即"谁受益,谁付费"原则和支付能力原则。前者指高等教育成本应由受益者共同分担;后者指成本分担必须考虑居民的支付能力。[②] 成本分担与补偿理论成为绝大多数国家制定学费标准的

---

① 林荣日. 教育经济学(第 2 版)[M]. 上海:复旦大学出版社,2008:39—46.

② D. Bruce Johnstone. The economics and politics of cost sharing in higher education: comparative perspectives [J]. Economics of Education Review, 2004(23):403–410.

依据,尤其在高等教育规模扩张与高等经费不足的矛盾日益凸显之时,积极寻求政府财源以外的经费渠道,实行由受教育者家庭或个人分担一部分培养成本成为有效的解决方案。[①]

2. 不同教育阶段居民教育支付能力的相关研究

（1）基础教育阶段的居民教育支付能力

由于基础教育具有典型的公共产品特征,因此基础教育阶段的学校费用主要由政府财政支付,这导致学校外教育(又被称为"课外辅导""影子教育")的教育支出成为衡量居民教育支付能力高低的主要指标。在韩国,始于20世纪60年代的课外辅导称为"私教育"。据统计,1961年韩国88.7%的小学生、74.6%的初中生、55%的高中生参加过课外辅导。2011年韩国家庭用于孩子课外辅导的费用平均每月达64.6万韩元,占到家庭平均月收入的19%。[②] 在日本各类针对中小学生课外辅导的培训班被称为"塾"或"私塾"。据日本文部省公布的资料显示,2009年日本小学生有35.6%的人上私塾,中学生则有62.5%,高中生为12.7%;2010年,日本家长为孩子支付的补习费达120亿美元(方晓东、李水山,2009)。马克·贝磊对欧盟地区影子教育的现状进行了研究,调查发现影子教育正席卷欧洲,辅导参与率最高的希腊达到了74.9%,最低的挪威也达到了8.2%,其中希腊和塞浦路斯两国家庭的辅导费用更是达到了当年该国政府对中小学教育支出的20.1%和17%。[③] 目前的影子教育已经成为一个全球性的问题,学者们的研究大多还停留在现象描述阶段,对于更深层次的教育投资、家庭决策、教育支付能力以及教育竞争全球化等问题的研究还比较缺乏。

（2）高等教育阶段的居民教育支付能力的相关研究

受到基础理论研究的影响,国外在讨论居民对高等教育支付能力的问题时,主要从教育投资、教育收益以及个人和家庭对教育成本的分担与补偿等几个方面展开研

---

① 曾满超. 教育政策的经济分析[M]. 北京:人民教育出版社,2000.
② 崔东植、邬志辉. 韩国私立教育的现状、问题与政策应对[J]. 外国教育研究,2012. 39(12):37—45.
③ Mark Bray. The Challenge of Shadow Education: Private tutoring and its implications for policy makers in the European Union [EB/OL]. (2011 - 06 - 06)[2015 - 04 - 20]. http://www. nesse. fr/nesse/ activities/reports/the-challenge-of-shadow-education-1.

究。布鲁斯·约翰斯通介绍了高等教育成本分担的七种形式,并分析了美、英、俄、澳、中和印度等国的高等学校成本分担情况,从支持者和反对者的双边视角剖析了对教育成本分担制度的看法。[①] 汉斯(Hans)对世界各地学费制度进行比较,得出三个重要结论:第一,政府、高等教育机构和学生在高等教育成本分担上作出了合理的调整;第二,学生个人对高等教育投资是种慎重投资;第三,个人分担一定学费份额是高校收费的一种有效制度,值得推广到未来的高等教育收费制度中。[②] 对德国与其他欧洲国家(挪威、西班牙和捷克等)的公私立高等学校成本分担的对比研究结果表明,德国高等教育公用事业费投入低于平均水平,家庭投入占比很大,学生个人的支付能力较低。[③] 埃琳娜·德尔·雷伊(Elena Del Rey)针对学费投资的风险性,即学生就业收益与缴纳学费不成正比,提出学费补偿测算方法,以确保学生尽可能减少损失。[④] 皮埃尔·柯蒂克斯(Pierre Courtioux)等人根据劳动力调查数据等构建了测算高等教育回报率的自动化微观模拟模型,并用模型对法国高等教育成本分担情况进行测算分析。[⑤] 美国联邦政府通过免除高等教育学费政策来提高居民的支付能力,皮尔纳(Perna)等人对这种政策的效用以及能否提高居民的教育获得进行了研究。[⑥]

当然,鉴于各国高等教育本身的差异,各国居民支付能力的测算和表现也存在着不同。近些年来,由于美国高校学费的不断上涨,导致美国家庭对高等教育的支付能

① D. Bruce Johnstone. The economics and politics of cost sharing in higher education: comparative perspectives [J]. Economics of Education Review, 2004(23): 403 - 410.

② Hans Vossensteyn. Challenges in Student Financing: State Financial Support to Students — A Worldwide Perspective [J]. Higher Education in Europe, 2009(2): 183.

③ Christoph Gwos & Astrid Schwarzenberger. Public/private Cost-sharing in Higher Education: an In-depth Look at the German system using a Comparative Study [J]. Journal of Higher Education Policy and Management, 2009(3): 239.

④ Elena Del Rey. Deferring Higher Education Fees without Relying on Contributions from Non-students [J]. Education Economics, 2011(5): 510.

⑤ Pierre Courtioux, Stephane. G & Debe Houeto. Modelling the Distribution of Returns on Higher Education: A Microsimulation Approach [J]. Economic Modelling, 2014(38): 328.

⑥ Perna, Laura W, Leigh Elaine W, Carroll Stephanie. "Free College:" A New and Improved State Approach to Increasing Educational Attainment? [J] American Behavioral Scientist, 2017(14): 1740 - 1756.

力明显下降，以低收入家庭子女上四年制公立大学为例，过去的 30 年，四年制公立大学的平均学习费用增长了 257％，而普通的家庭收入仅增长了 16％，而且经济比较发达的州居民对教育的支付能力反而相对经济贫困地区的州要弱一些，这主要是因为经济发达的州的大学学费高，而经济相对贫困州的大学学费收费要低很多。①

综上所述，国外关于教育支付能力的研究主要集中在家庭教育投入、教育成本分担以及基于教育补偿机制的学生资助政策等。而对于宏观层面居民教育支付能力的考察和测算、微观层面家庭和个人教育支付能力的现状和问题等则涉及较少。

三　家庭教育支付能力研究的理论基础

本研究的理论基础主要有人力资本理论、家庭资本理论、贫困脆弱性理论和教育成本分担理论等。

（一）人力资本理论

人力资本理论的杰出代表学者、诺贝尔奖得主西奥多·舒尔茨认为，人力资本投资收益率超过物力资本投资收益率，人口的素质比人口数量更重要，教育能提高人口的素质和能力，进而提高劳动生产率等；丹尼森利用科布-道格拉斯生产函数计算出了人力资本积累对美国经济增长的贡献率；贝克尔从家庭生产时间、价值及分配的角度比较系统地阐述了人力资本生产、人力资本收益分配规律以及人力资本与职业选择的关系；明瑟建立了人力投资的收益率模型等。人力资本理论的发展及其分析方法的应用，为地区劳动力市场行为、国家经济增长以及家庭决策等提供了较有说服力的理论解释。②

① 王晓阳.扩大教育机会　提高教育质量——美国未来高等教育委员会报告解读[J].比较教育研究,2008 (10):12—16.
② 林荣日.教育经济学(第 2 版)[M].上海:复旦大学出版社,2008.07.

1. 概念界定

人力资本是存在于劳动者身上的知识、技能、健康等综合素质,能够在经济活动中创造价值,具有排他性和私有性特点。在当代西方人口经济学理论体系中,人力资本理论一直是经久不衰的话题。1776 年,著名的古典经济学派代表亚当·斯密(Adam Smith)在其出版的《国富论》中初步提出了人力资本的思想。他认为,公民所获得的对于社会经济有价值的能力是属于固定资本的,且这种才能需要付出一定的现实成本,如教育投资。斯密将劳动者的技能看作经济和社会发展的主要力量。[①] 阿尔弗雷德·马歇尔(Alfred Marshall)则将人的能力分为"通用能力"和"特殊能力",前者指劳动者的决策能力、责任力、通用的知识和智力等,后者指劳动者的体力和劳动熟练程度。第一个明确提出人力资本概念的是美国学者沃尔什(J. R. Walsh),他首次采用"费用—效益"的分析方法,通过分析学生个人的教育成本与其毕业后的收入情况,进而计算教育收益率。

尽管在这之前人力资本的经济概念被反复提及,但系统地将人力资本发展成一个科学理论的还是被称为"人力资本之父"的西奥多·舒尔茨。1960 年,舒尔茨利用美国 1929—1957 年的数据对教育投资与经济增长的关系进行了定量研究,得出结论:教育人力资本是促进经济增长的主要源泉,并指出教育投资在人力资本形成过程中起着至关重要的作用。[②] 舒尔茨指出,医疗健康、在职培训、正规教育、校外教育计划、家庭迁移投资等五个方面可以界定为人力资本投资的范围与具体内容。[③] 贝克尔(Gary. S. Becker)则主要从微观角度进行教育对经济作用的分析。他不仅分析了正规教育的成本和收益问题,还重点讨论了在职培训的经济意义,也研究了人力资本投资与个人收入分配的关系。丹尼森对人力资本理论的贡献主要在于对人力资本要素作用的计量分析。他将 1929—1957 年美国人均收入增长的 42% 归因于人力的投资,并测算了教育对经济增长的贡献率。[④]

---

① 林荣日.教育经济学(第 2 版)[M].上海:复旦大学出版社,2008.07.
② 何菊莲,李军,赵丹.高等教育人力资本促进产业结构优化升级的实证研究[J].教育与经济,2013(02):48—55.
③ (美)舒尔茨.论人力资本投资[M].吴珠华,等,译.北京:北京经济学院出版社,1990.12.
④ 潘发勤.人力资本理论与高等教育发展[J].山东理工大学学报(社会科学版),2004(06):89—93.

2. 要点述评

(1) 人力资本是投资的产物,教育上的花费也是一种投资行为

舒尔茨认为,教育的支出不应被视为消费行为,因为教育是为了让人获取本领,增加人们未来的预期收入。这种"消费"是会获得一定收益的,实质上是一种生产性开支。林荣日认为,判断经费投入的性质,应从投入的动机和实际效果或结果这两个维度来衡量,而且更应注重后者。如果投入的动机是出于获得物质利益或经济利益,而其实际结果或效果也是获得了这些利益,那么,这种投入才是真正意义上的投资行为;如果投入的动机是为了获得精神享受,而其实际结果或效果也只是获得了这种享受,则这种投入可算是真正意义上的消费行为。如果这种经费投入,既会带来物质或经济收益,也会带来精神享受,则其投入行为就是双重性的。显然,人们在教育上的花费,既会在未来获得长久的物质或经济收益,也会在现时和今后得到精神收益,因此,严格意义上讲,教育投入的性质其实是双重性的。①

(2) 人力资本的积累促进了社会的经济增长

舒尔茨进一步研究了人力资本形成的方式与途径,提出教育投资收益是可以测算的,并对教育投资的收益率和教育对经济增长的贡献做了定量的研究。他对未来持有乐观态度,认为决定人类前途的并不是空间、土地和自然资源,而是人的能力。② 舒尔茨首次计算出了美国 1929—1957 年教育对经济增长的贡献率为 33% 这一著名数据。③ 同时,他举出大量实例证明了教育投资越多,生产劳动就越有效率。④

(二) 家庭资本理论

家庭资本是一个家庭所拥有的可以为家庭成员开展各种活动带来好处的所有资源总和。一般说来,家庭资本包括家庭经济资本、文化资本、社会资本和政治资本。

---

① 林荣日. 教育经济学(第 2 版)[M]. 上海:复旦大学出版社,2008.07:115.
② 段钢. 人力资本理论研究综述[J]. 中国人才,2003(05):26—29.
③ 林荣日. 教育经济学(第 2 版)[M]. 上海:复旦大学出版社,2008.07.
④ Schultz T W. Investment in human capital [J]. The American economic review, 1961,51(1):1-17.

学界普遍认为,家庭资本理论源自于社会资本理论,属于社会学的研究范畴之一,而现代意义上首次提出社会资本这一概念则最早可追溯至 20 世纪 70 年代,其主要指涉的是根植于社会关系与社会网络当中的资源。① 一些著名学者如法国社会学家皮埃尔·布迪厄(Pierre Bourdieu)、美国社会学家詹姆斯·塞缪尔·科尔曼(James Samuel Coleman)、美国政治学家罗伯特·D. 帕特南(Robert D. Putnam)等人均为社会资本理论做了大量的奠基性研究,以至于后人对家庭资本的研究大体上沿袭着他们对于社会资本的界定框架。②

根据布迪厄的研究,"资本"是以一定形式去获取利润的潜在能力,是社会实现再生产的重要资源。布迪厄区分了资本所表现出来的三种基本形态:经济资本、文化资本和社会资本。③ 其中,经济资本以物质形式存在并可以直接转化为金钱,通常以财产的形式被制度化。文化资本是基于对文化资源占有的资本,包含个体所拥有的知识、技术或文化背景,在一定条件下可以向经济资本转化。文化资本通常可进一步分为身体化文化资本、客体化文化资本和制度化文化资本三种,并以教育资格的形式被制度化。社会资本是由社会联系组成的,这种资本也可以转化为经济资本,它是以某种社会地位、社会声望的形式被制度化的。

科尔曼对布迪厄的研究进行了借鉴吸收并进一步深化,他的社会资本理论包含有经济资本、社会资本和人力资本三种形态,并将社会资本引入教育领域,提出了家庭社会资本的概念,同时又进一步指出家庭社会资本能够被划分成家庭内社会资本与家庭外社会资本两种类型。④ 帕特南则认为,社会资本是一些产生于社会组织的特性,能够提升社会效率,并推动社会行动的协调,其三种表现形式分别为社会网络、信任和

---

① 刘志民,高耀. 家庭资本、社会分层与高等教育获得——基于江苏省的经验研究[J]. 高等教育研究,2011,32(12):18—27.

② 谢爱磊,洪岩璧. 社会资本概念在教育研究中的应用——综述与评论[J]. 清华大学教育研究,2017,38(01):21—30. DOI:10. 14138/j. 1001 - 4519. 2017. 01. 002110.

③ 皮埃尔·布迪厄. 文化资本与社会资本[M]//张人杰,译. 国外教育社会学基本文选. 上海:华东师范大学出版社,1989:189.

④ Coleman. J S. Family. School, and Social Capital. In T. Husen, &T. N. Postlethwaite (Eds.), International encyclopedia of education (2nd.) [M]. C. Oxford: Pergamon Press, 1994:634.

规范。①

我国学者在对家庭资本进行界定之时，大多数参考了布迪厄等人的研究，并在其基础上结合国内具体情况进行了划分，学者蒋国河等直接综合布迪厄与科尔曼的理论研究成果，把家庭资本区分为经济资本、文化资本和社会资本三种形式。另有较多学者不仅区分了经济资本、文化资本、社会资本，还增添了政治资本的维度，如闵维方、高耀、李春玲等。②

家庭资本某种程度上可以理解为"家庭"概念与"资本"概念的结合体，尤其在中国社会的传统观念中"家庭"是社会的基本单元，个体以家庭为单位占有着社会中的资本和资源。家庭资本是家庭中一种影响个体成员行动的资源，是衡量家庭资源占有量的重要指标，可近似理解为家庭社会经济背景。③ 根据国内学者郭丛斌、闵维方的研究，家庭经济资本、文化资本、社会资本和政治资本是家庭所拥有的四大社会资源，对子女的教育具有非常重要的影响。

家庭经济资本是家庭资本中最基本也是最有效的资本形式，其他家庭社会资源如文化资本、社会资本都是以经济资本为基础的。衡量家庭经济资本的指标很多，较为典型的是父母的年收入水平。家庭文化资本基于对文化资源的占有，一般可定义为子女从父母那里继承或积累起来的文化习惯，包含良好的言传身教与家庭文化氛围，可用父母学历层次来衡量。家庭社会资本一般指家庭所拥有的社会关系网络，可用父母的职业关系来衡量。至于家庭政治资本，最早出现于社会学家对中国转型时期政治资本带来的收益的研究中，认为党员或官员身份就是政治资本，但学界仍旧缺乏相对明确的定义。④ 刘精明、张爽等学者认为，政治资本不同于社会资本，尽管他们也未能给出清晰的定义，但隐含着权力的寻租功能，即利用政治资本可以给个人或家庭带来额

---

① Putnam R D. Bowling alone：The collapse and revival of American community [M]. Simon and schuster，2000：134.

② 蒋国河，闫广芬. 城乡家庭资本与子女的学业成就[J]. 教育科学，2006(04)：26—30.

③ 高耀，刘志民，方鹏. 人力资本、家庭资本与大学生就业政策绩效——基于江苏省 20 所高校的经验研究[J]. 高等教育研究，2010，31(08)：56—63，99.

④ 胡咏梅，李佳丽. 父母的政治资本对大学毕业生收入有影响吗[J]. 教育与经济，2014(01)：22—30，52.

外的利益。① 有鉴于此，学者们大多采用父母政治身份或行政级别来衡量家庭的政治资本。如在学者李春玲的研究中，就以家庭收入、父亲职业、父亲学历以及家庭成分等分别代表家庭的经济资本、社会资本、文化资本以及政治资本等。② 在学者李宏彬等人的研究中，则以"官二代"的身份来指涉父母的政治资本。③

(三) 贫困脆弱性理论

所谓脆弱性，就是破坏某种稳定状态或满意状态的风险或不确定性程度。家庭贫困脆弱性，就是破坏一个家庭经济及福利稳定状态或满意状态的风险或不确定性程度。贫困脆弱性作为衡量家庭脆弱性的一个重要方面，不仅考虑现在的家庭特征和经济状况，更将未来家庭可能面临的各方面风险也考虑在内，从而可以预测家庭未来陷入贫困的可能性。贫困脆弱性取决于家庭贫困的特点和家庭应对贫困风险的能力，即贫困脆弱程度主要是由于缺乏抵抗风险的手段，而更容易遭受风险的伤害，这是一种动态的贫困范式。因而，这个指标可以分析家庭从不贫困状态进入贫困状态以及继续维持贫困状态。

脆弱性与贫困的概念紧密联系但又不完全相同，这两者是一个问题在不同时间的两种表现。贫困是一种对事后的观察，而脆弱性则是衡量未来陷入贫困的可能性。如有些人脆弱但并不贫困，而有些人不脆弱但贫困。④ 此外，脆弱性不仅是贫困的一个重要维度，还是致贫的重要原因。⑤ 因而将贫困和脆弱性作为整体考量，能够综合分

---

① 刘精明. 市场化与国家规制——转型期城镇劳动力市场中的收入分配[J]. 中国社会科学,2006(05)：110—124.

② 李春玲. 社会政治变迁与教育机会不平等——家庭背景及制度因素对教育获得的影响(1940—2001)[J]. 中国社会科学,2003(03)：86—98,207.

③ 李宏彬,孟岭生,施新政,吴斌珍. 父母的政治资本如何影响大学生在劳动力市场中的表现? ——基于中国高校应届毕业生就业调查的经验研究[J]. 经济学(季刊),2012,11(03)：1011—1026. DOI：10.13821/j. cnki. ceq. 2012.03.002.

④ Gaiha, R., & Imai, K. (2008). Measuring vulnerability and poverty estimates for rural India (No. 2008/40). WIDER Research Paper.

⑤ 黄承伟,王小林,徐丽萍. 贫困脆弱性：概念框架和测量方法[J]. 农业技术经济,2010(08)：4—11.

析贫困的产生机制和未来走势，为今后制定有效的干预措施提供指导。

贫困脆弱性(Vulnerability)最早由世界银行于 2000 年提出，其认为贫困脆弱性是个人或家庭面临某些风险的可能性，并且由于遭遇风险而财富损失或生活质量下降到某一标准水平之下的概率。此后，诸多学者也对贫困脆弱性进行了界定，如库尔(Kühl)将其定义为一个家庭因遭受重大冲击而导致其福利水平降低到贫困线以下的可能性[①]；曼舒里等人(Mansuri 等人)将其定义为一个家庭在未来的若干年内至少有一年会陷入贫困的概率[②]；乔胡里等人(Chaudhuri 等人)则将家庭在 T 时的贫困脆弱性定义为其在 T+1 时陷入贫困的概率[③]；张等人(Zhang 等人)也认为贫困脆弱性指一个家庭或个人在未来因为各种风险而陷入贫困或无法脱离贫困的概率。可见，不同学者对于贫困脆弱性的前瞻性和预测性看法基本一致。[④]

贫困脆弱性的主体是个人或家庭，对贫困脆弱性的评估有助于事前预防。一方面，可以通过干预降低风险发生的概率和风险打击的程度，另一方面，可以增强和完善家庭对风险的抵御机制来降低致贫概率。[⑤] 贫困是衡量某一特定时间点的家庭福利，并未考虑影响今后家庭福利的因素。贫困脆弱性表征了家庭未来陷入贫困的可能性，其不仅考虑现在的家庭特征和经济状况，更将未来家庭可能面临的各方面风险纳入其中。[⑥] 由此可见，家庭贫困脆弱性就是破坏一个家庭经济及福利稳定状态或满意状态的风险或不确定性程度。贫困脆弱性作为衡量家庭脆弱性的一个重要方面，综合考虑

① Kühl, J. J. (2003). Disaggregating household vulnerability-analyzing fluctuations in consumption using a simulation approach. *Manuscript*, *Institute of Economics*, *University of Copenhagen*, *Denmark*.

② Mansuri, G., & Healy, A. (2001). *Vulnerability prediction in rural Pakistan*. Washington, DC: World Bank. Mimeo.

③ Chaudhuri, S., Jalan, J., & Suryahadi, A. (2002). Assessing Household Vulnerability to Poverty from Cross-sectional Data: A Methodology and Estimates from Indonesia. Department of Economics, Columbia University: Discussion Papers Series, 0102-52.

④ Zhang, Y., & Wan, G. (2006). An empirical analysis of household vulnerability in rural China. *Journal of the Asia Pacific Economy*, 11(2), 196-212.

⑤ 胡洁怡, 岳经纶. 农村贫困脆弱性及其社会支持网络研究[J]. 行政论坛, 2016, 23(03): 19-23.

⑥ 斯丽娟. 家庭教育支出降低了农户的贫困脆弱性吗？——基于 CFPS 微观数据的实证分析[J]. 财经研究, 2019, 45(11): 32-44.

当前的家庭特征、经济状况和未来可能面临的各方面风险,从而可以预测家庭未来陷入贫困的可能性。贫困脆弱性取决于家庭贫困的特点和家庭应对贫困风险的能力,即贫困脆弱程度主要是由于缺乏抵抗风险的手段,而更容易遭受风险的伤害,这是一种动态的贫困范式。因而,这个指标可以分析家庭从不贫困状态进入贫困状态以及继续维持贫困状态。

贫困脆弱性是一种事前测度,克服了静态性、事后性等传统贫困测度的不足。[1] 由于贫困脆弱性是不可见的未来预期,因而目前在其测量上尚有争议,存在诸多观点。贫困脆弱性的测度方法主要包括期望贫困的脆弱性(Vulnerability as Expected Poverty,VEP)、期望效用的脆弱性(Vulnerability as Low Expected Utility,VEU)和风险暴露的脆弱性(Vulnerability as Uninsured Exposure to Risk,VER)。VEP 认为贫困脆弱性就是未来的期望;VEU 认为贫困脆弱性就是风险的福利损失,用贫困线的效用和未来消费的期望效用之差来测度脆弱性[2];VER 是对风险冲击的暴露或过度敏感性。[3] 目前学界普遍使用 VEP 方法。

贫困脆弱性的阈值是定义是否脆弱的标准。根据多数研究,贫困脆弱性的阈值大多为 29% 和 49% 两个标准,斯丽娟[4]参考周君璧等学者[5]的研究,补充了一个 79% 的阈值。概括而言,概率低于 29% 为无脆弱性;概率为 29%～49% 为低脆弱性;概率为 49%～79% 为中脆弱性;概率大于 79% 为高脆弱性。

就我国当前的贫困脆弱性而言,解雨巷等人研究发现存在地区异质性特征,即经济发展水平较高的地区伴随着更低的贫困脆弱性;子代、父代的贫困脆弱性在 1991 年

---

[1] 斯丽娟. 家庭教育支出降低了农户的贫困脆弱性吗? ——基于 CFPS 微观数据的实证分析[J]:财经研究,2019,45(11):32—44.

[2] Ligon, E. , & Schechter, L. (2003). Measuring vulnerability. *The Economic Journal*, *113*(486),C95 - C102.

[3] Dercon, S. , & Krishnan, P. (2000). Vulnerability, seasonality and poverty in Ethiopia. *The Journal of Development Studies*, *36*(6),25 - 53.

[4] 斯丽娟. 家庭教育支出降低了农户的贫困脆弱性吗? ——基于 CFPS 微观数据的实证分析[J]. 财经研究,2019,45(11):32—44.

[5] 周君璧,施国庆. 农村家庭贫困脆弱性与扶贫对象精准确定[J]. 贵州社会科学,2017(09):145—151.

到 2015 年均呈现下降趋势；农村地区的贫困脆弱性始终高于城市的贫困脆弱性；东部地区人群陷入贫困脆弱性的概率低于中西部地区人群；贫困脆弱性具有显著的代际传递特征。[①] 此外，最新的研究也发现中国的贫困脆弱性家庭占比不低，在 2012 年、2014 年、2016 年和 2018 年依次为 21.52%、19.94%、17.18%和 5.09%。但总体而言，我国的贫困脆弱性呈现逐步下降的态势。从城乡来看，农村家庭的平均贫困脆弱值都明显大于城镇，农村贫困脆弱家庭占比也明显大于城镇。[②]

最后，有关影响贫困脆弱性的因素也是许多学者关注的焦点，主要包括地区发展不均衡[③]、人力资本较低[④]、公共转移支付瞄准偏误等[⑤]。此外，我国学者还发现，家庭收入、疾病和外部灾害等[⑥]、子代的性别、工作状态、婚姻状况等变量都会影响贫困脆弱性。[⑦]

(四) 教育成本分担理论

"成本分担"是指教育成本应由政府、学校、家庭或个人、社会组织等多方承担。美国学者约翰斯通认为，成本—分担理论必须遵循的两个重要原则就是，"谁受益，谁付费"原则和支付能力原则。前者指教育成本应由受益者共同分担；后者指教育成本分担必须考虑居民的支付能力。[⑧] 成本分担理论已成为绝大多数国家制定学费标准的

① 解雨巷，解垩，曲一申. 财政教育政策缓解了长期贫困吗？——基于贫困脆弱性视角的分析[J]. 上海财经大学学报，2019，21(03)：4—14.

② 蒋姣，赵昕东. 家庭贫困脆弱性的测度与分解[J]. 统计与决策，2022，38(16)：42—46.

③ Gloede, O. , Menkhoff, L. , & Waibel, H. (2015). Shocks, individual risk attitude, and vulnerability to poverty among rural households in Thailand and Vietnam. *World Development*, 71, 54 - 78.

④ Imai, K. S. , Gaiha, R. , Thapa, G. , & Annim, S. K. (2013). Financial crisis in Asia: Its genesis, severity and impact on poverty and hunger. *Journal of International Development*, 25(8), 1105 - 1116.

⑤ Celidoni, M. (2013). Vulnerability to poverty: An empirical comparison of alternative measures. *Applied Economics*, 45(12), 1493 - 1506.

⑥ 胡洁怡，岳经纶. 农村贫困脆弱性及其社会支持网络研究[J]. 行政论坛，2016，23(03)：19—23.

⑦ 解雨巷，解垩，曲一申. 财政教育政策缓解了长期贫困吗？——基于贫困脆弱性视角的分析[J]. 上海财经大学学报，2019，21(03)：4—14.

⑧ D. Bruce Johnstone. The economics and politics of cost sharing in higher education: comparative perspectives [J]. Economics of Education Review, 2004(23)：403—410.

依据,尤其在教育规模扩张与教育经费不足的矛盾日益凸显之时,积极寻求政府财源以外的经费渠道,实行由受教育者家庭或个人分担一部分培养成本成为有效的解决方案。①

成本分担理论是由约翰斯通于 1986 年在他的代表作《高等教育成本分担:英国、德国、法国、瑞典和美国的学生财政支柱》提出的有关高等教育如何建立成本分担机制的理论。该理论诞生于高等教育大众化与新公共管理运动的背景之下——高等教育不断扩张导致教育成本的上升,同时在新自由主义思潮影响下,政府不断收缩职能、缩减预算,单一的成本分担机制不仅使得大学的经费筹集渠道不稳定,而且也造成了大学对政府或私人分担主体的过度依赖。因此,时任纽约大学布法罗分校校长的约翰斯通认为高等教育应当建立成本分担机制。②

1. 教育成本分担的原则:利益获得原则与支付能力原则

利益获得原则指的是,教育应当根据受益付费原则建立,成本由政府、学生及其家庭、企业团体和社会来承担。③ 由于教育属于准公共物品,具有较强的正外部性,教育投资的收益具有长期性和滞后性,且政府常常通过教育实现社会控制,其成本应当由政府来承担主要责任。不同阶段教育的公共属性强弱不同,与市场的联结度也有大小——义务教育更偏向于纯公共物品,世界上绝大多数国家由政府承担义务教育成本;高等教育与市场主体的联系更为紧密,非政府教育经费筹集渠道在高等教育成本分担中起到的作用也日趋增长。④

支付能力原则是指,所有从教育中获得好处和利益的人(无论是直接的还是间接的)都应该按其支付能力大小支付教育成本,能力越大,支付越多,能力越小,支付越少。因为依据边际效用递减的规律,能力大的人,其超额财富的效用较低,这样,富有者多支付教育成本是公平的。支付能力原则在大学学费定价的理论与实践研究中时

---

① 曾满超. 教育政策的经济分析[M]. 北京:人民教育出版社,2000.
② 张辉,林成华. 成本分担视角下我国高等教育的社会捐赠机制研究[J]. 现代教育管理,2017(07):25—31.
③ [美]D. B. 约翰斯通. 高等教育财政:问题与出路[M]. 沈红,译. 北京:人民教育出版社,2004:18—20.
④ 廖楚晖. 教育财政学(第二版)[M]. 北京:北京大学出版社,2016:154—156.

常得到体现，也为教育成本补偿提供了理论支持。

2. 教育成本分担的功能：风险化解与绩效提升

单一的教育成本分担机制面临着来自经费稳定性和办学自主性风险的威胁。对于政府经费的过度依赖使得学校对于市场资源汲取的动力不足，紧缩时期政府财政经费的削减使得办学资源的稳定性不足；而完全依靠市场主体承担办学成本的学校所面临的风险更大，因为市场的不确定性远远超过政府供给，且学校需要在招生过程中想尽办法吸引更多的生源。多元的教育成本分担机制能够提升大学办学经费的稳定性，大学能够更专注于办学事务。此外，单一的经费供给使得大学受制于政府或企业的风险增加，大学办学的独立自主性可能会受到侵蚀，而多元的教育成本分担机制能够给予大学在多个主体间斡旋的空间，从而提升大学办学的自主权。①

多元的教育成本分担机制可以促使大学增加与市场的联系，通过提升教学质量与科研水平以增加大学竞争力，并通过创新从而更好地适应市场需求。② 在竞争中，大学也更倾向于注重组织管理和课程管理模式的变革与改进，以实现大学管理绩效的提升。③

四　家庭教育支付能力测度方法及其划分标准简析

（一）家庭教育支付能力的测度方法

有关家庭高等教育支付能力，学者们提出了一些不同的测算方法和指标。比如，袁连生认为，假定农村居民家庭年纯收入中除去家庭必要支出后的剩余部分可以全部

---

① Nicholas A. Ashford. A Framework for Examining the Effects of Industrial Funding on Academic Freedom and the Integrity of the University [J]. Science, Technology & Human Values, 1983(8):16 - 23.

② Clark, B. R. The Higher Education System: Academic Organization in Cross-National Perspective [M]. B-erkeley: University of California Press, 1983:96 - 98.

③ ［美］戴维·拉伯雷，周勇. 复杂结构造就的自主成长：美国高等教育崛起的原因[J]. 北京大学教育评论，2010,(3):24—39.

用于高等教育,则农村家庭户均纯收入减去农村家庭户均必要支出后的余值就是高等教育支付能力的具体数值。[①] 汪艳认为,预期家庭教育支付能力＝(家庭收入＋家庭财产积蓄)－(人均生活开支×人口)。[②] 黄剑等学者则认为,从家庭教育投资来看,如果一个家庭将教育当作主要的投资类别,那么其家庭可支配收入额减去必要的家庭支出后的余值就是该家庭可用于投资教育的费用总额,这也可以说是家庭教育支付能力。[③]

然而,国内学者大多使用家庭教育支出负担率来衡量家庭教育支付能力强弱,这一方法可以被称为"家庭教育支出负担率法"。它是指家庭年度教育支出总额除以家庭同年度收入总额的比值再乘以百分之一百,用公式表示即:$P = (O/I) * 100\%$。这里的 P 表示家庭教育支出的负担率,O 表示家庭年度教育总支出额,I 表示家庭年度总收入额。不过,也有学者认为 I 也可以用家庭年度总支出额表示,但采用这一方法者相对较少见。[④][⑤] 如果单纯从经济角度讲,家庭教育支出负担率越高,则其家庭教育支付能力就越弱,反之则反。[⑥]

(二) 家庭教育支付能力的等级划分

从家庭教育负担是否过重的划分界线来看,曾满超认为家庭教育支出占家庭纯收入比值的 20％是家庭教育支出轻重的分界线。这一比值越高,说明家庭承受的教育经济负担越重。[⑦] 黄超英依据曾满超 20％教育负担过重的划分标准将农村家庭教育负担率分为六个等级(10％以下,10％—20％,20％—30％,30％—40％,40％—50％,

---

① 袁连生. 我国居民高等教育支付能力分析[J]. 清华大学教育研究,2001(03):162—169.

② 汪艳. 西部农村家庭及个人高等教育支付能力分析[D]. 武汉:中南民族大学,2008.

③ 黄剑,骆华松,徐燕苗,王爽. 增强农村贫困家庭教育支付能力的对策分析[J]. 辽宁经济,2008(08):10—11.

④ 马进玲. 云南农村家庭高等教育支付能力培育的社会机制与对策[D]. 昆明:云南师范大学,2008.

⑤ 梅文静. 家庭经济资本和文化资本对子女教育支出的影响研究[D]. 上海:华东师范大学,2016.

⑥ 全国义务教育阶段家庭教育支出调查课题组. 义务教育阶段家庭教育与义务有多少[N]. 中国教育报,2008. 03.

⑦ 曾满超. 教育政策的经济分析[M]. 北京:人民教育出版社,2000.

50％以上)，但尚未对教育负担率的各等级进行说明。[1] 黄照旭认为，一位本科生大学4年的花费占家庭存款的50％是家庭有无经济负担的分界线，他将家庭高等教育负担划分成四个档次：无负担(小于50％)，中度负担(50％—100％)，重度负担(100％—200％)，不可负担(200％以上)。[2]

在社会分层方面，我国在具体使用中采用多指标取向，其具体指标有：收入、职业、教育程度、权力以及其他如家庭背景和居住区域等。中国社会科学院2002年推出的《当代中国社会阶层研究报告》，对我国社会进行分析，划分出十大阶层：分别是国家和社会管理阶层、经理人员阶层、私营企业主阶层、专业技术人员阶层、办事人员阶层、个体工商户阶层、商业服务业员工阶层、产业工人阶层、农业劳动阶层、城乡无业/失业/半失业者阶层。并根据其拥有组织、经济、文化的多少和有无，划分为"五大社会经济等级"，即社会上层、中上层、中中层、中下层、底层。

另外，有学者按照城镇家庭收入的不同等级研究家庭教育负担、高等教育支付能力水平。例如，丁小浩、薛海平依据城镇家庭可支配性收入将义务阶段在校生家庭分为10组，研究每组家庭教育的负担情况。[3] 袁连生认为"居民家庭对高等教育的支付能力主要取决于其收入水平"。[4] 为此，他根据卡恩和李思勤对中国居民收入从最低到最高十等分制的划分方法，探讨了各组农村家庭高等教育的支付能力。[5] 刘奕、张帆使用袁连生的高等教育支付能力测算方法，按照《中国统计年鉴》城镇家庭收入的七级标准[最低收入户(10％)、低收入户(10％)、中等偏下户(20％)、中等收入户(20％)、中等偏上户(20％)、高收入户(10％)、最高收入户(10％)]研究了每级家庭的高等教育支付能力水平。[6]

---

① 黄超英. 河南某县农村家庭教育负担实证研究[J]. 上海教育科研. 2007(06)：24—27.
② 黄照旭. 我国不同收入家庭高等教育支付能力及经济负担分析[J]. 教育科学. 2010,26(06)：24—29.
③ 丁小浩,薛海平. 我国城镇居民家庭义务教育支出差异性研究[J]. 教育与经济,2005(4)：39—44.
④ 袁连生. 我国居民高等教育支付能力分析[J]. 清华大学教育研究,2001(03)：162—169.
⑤ 阿齐兹. 拉曼. 卡恩,卡尔. 李思勤. 中国的收入和不平等[C]//赵人伟,李实. 中国居民收入分配再研究. 北京：中国财政经济出版社,1999：92—101.
⑥ 刘奕,张帆. 我国居民高等教育支付能力及学费政策的实证研究[J]. 中国软科学,2004(02)：14—20.

综合来看,我国学界对家庭教育负担率的等级划分标准还未统一,学者多依据城镇家庭收入分组探讨家庭高等教育支付能力,有关农村家庭教育支付能力水平的高低划分标准仍不清楚。基于已有文献,本书将20%(年度家庭教育支出占年度家庭纯收入的比值,或年度家庭教育支出占年度家庭总支出的比值,不同学者采用不同的比值。)作为家庭教育支出负担中等水平的划分界线,根据"家庭教育支出负担率法"的测算数值将家庭教育支付能力划分为五个等级,即:低支付能力(P=40%以上)、中低支付能力(P=30%—40%)、中等支付能力(P=20%—30%)、中高支付能力(P=10%—20%)、高支付能力(P=10%以下),进而测度样本家庭教育支付能力的现状。

表 3.2　家庭教育支付能力等级划分标准

区间	教育支付能力等级(P)
10%以下	高支付能力
10%—20%	中高支付能力
20%—30%	中等支付能力
30%—40%	中低支付能力
40%以上	低支付能力

第四章

研究设计与数据说明

一　研究对象

本课题的研究对象是我国农村贫困家庭，主要研究这些家庭的教育负担和教育支付能力。根据我国东中西部经济社会发展水平，主要从东中西部三大区域各选取若干省份的 2—4 个县区作为样本地区进行大规模调研。拟调研的家庭包括贫困家庭和非贫困家庭两大群体，其中要保证一定数量的建档立卡贫困户、孤残家庭和单亲家庭等。

二　研究方法

（一）文献研究法

主要收集与本研究相关的国内外研究文献，重点分析与家庭教育支出、教育负担、教育获得、教育决策等相关的文献资料，了解国内外学者对这类问题的研究角度、研究内容、主要观点或主要结论，为本课题研究提供方法借鉴和理论依据。

（二）调查研究法

本课题按照需要将以贫困县区为基本调查研究单位，在我国东中西部各选取 1—2 个省（共 3—6 个省），每个省再选取 2—4 个贫困县区（因东部地区没有国家级贫困县，将选取若干省级贫困县或刚刚摘帽的原国家级贫困县），其中每个县区再以一定的方式和原则选取贫困家庭 150 户以上、特殊家庭 100 户以上以及非贫困家庭 150 户以上。调研以问卷为主（每个样本县的调查问卷数都在 600 份以上），辅以入户面对面访谈（每个样本县选取 20—30 户）。

（三）比较研究法

本课题将从三个方面进行对比研究：一是对东中西部样本县区农村贫困家庭总体教育支付能力及其影响因素进行比较研究；二是对同一个大区内样本县区农村贫困家庭与非贫困家庭教育支付能力及其影响因素进行比较研究；三是对不同地区一些农村特殊家庭（如单亲家庭、残疾家庭等）教育支付能力及其影响因素进行比较研究。

三　数据来源及基本特征

为了研究贫困地区居民家庭的教育负担和教育支付能力，课题组在借鉴以往研究成果的基础上编制了《2018年农村家庭教育状况调查表》并进行问卷调查。该问卷分为贫困县居民家庭基本信息、家庭收入、家庭教育支出、家庭教育观念、家庭教育内容等五大维度。课题组成员在对四川省达州渠县进行问卷和入户试调研的基础上，补充和修改了调查问卷，完善了调研方案，然后正式对东部地区的福建省平和县、江苏省阜宁县，中部地区的湖北省巴东县、孝昌县和大悟县以及江西省吉安县，西部地区的甘肃省秦安县、通渭县、临洮县和民乐县等10个国家级或省级贫困县进行问卷调研。在问卷发放时，综合考虑了我国不同省份之间的经济社会发展状况，以贫困县为基本调查单位进行实地调研，再对各类调研数据进行分类处理。

本次调查共采集到10个贫困县13 379户家庭的基本信息。为了更好地分析基础教育四个阶段的家庭教育支出情况，剔除不符合要求的无效样本后，筛选出家庭子女均处于基础教育学习阶段的4 939户家庭样本，其中学前阶段样本1 218户、小学阶段2 552户、初中阶段745户和高中阶段424户。同时，将"建档立卡户"作为衡量家庭经济状况的重要参考指标。"非建档立卡家庭"有2 784户（非贫困户），"建档立卡户"有2 155户（贫困户），详见表4.1。

表4.1　本研究数据来源及样本量(单位:户)

样本类型	学前阶段	小学阶段	初中阶段	高中阶段	整体情况
非建档立卡家庭(即普通家庭)	664	1 406	426	288	2 784
建档立卡家庭(即贫困家庭)	554	1 146	319	136	2 155
整体样本量	1 218	2 552	745	424	4 939

表4.2具体呈现了本研究中贫困家庭和普通家庭各教育阶段人均收入和人均教育支出的统计结果。在被调查的10个贫困县中,2018年贫困家庭人均收入为16 590元,普通家庭人均收入为17 747元,二者相差1 157元。当子女在初中阶段时,贫困家庭的人均收入最低,平均为14 602元。而子女在幼儿园阶段时,贫困家庭的人均收入最高,为18 210元。与之相比,普通家庭人均收入普遍高于贫困家庭,其中,当其子女在初中阶段时,普通家庭的人均收入最低,平均为16 376元;当子女在高中阶段时,普通家庭的人均收入最高,为22 093元。

表4.2　本研究普通家庭和贫困家庭人均收入和人均教育支出(单位:元)

样本类型	学前阶段	小学阶段	初中阶段	高中阶段	整体情况
普通家庭人均收入	18 953	16 703	16 376	22 093	17 747
贫困家庭人均收入	18 210	16 322	14 602	16 915	16 590
整体样本家庭人均收入	18 615	16 532	15 617	20 432	17 242
普通家庭人均教育支出	10 127	8 196	8 500	15 016	9 409
贫困家庭人均教育支出	9 452	7 087	7 592	14 087	8 212
整体样本家庭人均教育支出	9 820	7 698	8 111	14 718	8 886

贫困地区居民家庭子女人均教育支出在非义务教育阶段明显高于义务教育阶段,普通家庭人均教育支出高于同一阶段贫困家庭人均教育支出。具体来看,小学阶段普通家庭人均教育支出最低,平均为8 196元,初中阶段为8 500元;而贫困家庭在小学阶段的家庭教育支出为7 087元,初中阶段为7 592元;当子女处于非义务教育的高中阶

段时家庭的教育支出明显增加,普通家庭教育支出达到人均 15 016 元,贫困家庭为 14 087 元,二者相差 929 元;幼儿园阶段的普通家庭人均教育支出为 10 127 元,贫困家庭为 9 452 元,二者相差 675 元。

第五章

我国基础教育阶段影响家庭教育支付的相关政策及其演变

摘要：基础教育是造就人才和提高国民素质的奠基工程。在转型期不同阶段，国家制定并完善相关政策，投入大量的人力、物力和财力保证其健康发展。因而，国家在逐步加大教育经费投入的同时，也较大程度地减轻了贫困家庭在基础教育中的教育负担。为了更好地了解国家基础教育阶段政策对家庭教育支付产生的影响，本章梳理了相关政策特点及其演变过程，并根据唐纳尔—莫尔政策工具分析框架理论，发现我国影响家庭教育支付的基础教育政策，虽然比较倾向于使用"命令＋报酬"的政策工具组合，但也逐步加大政策工具的综合使用，下放基础教育的相关权力给地方政府，鼓励社会和个人积极参与基础教育事业。本章在探究相关政策工具使用原因的基础上，为我国下一阶段制定基础教育政策和改善政策工具使用，凝聚多方力量共同推进基础教育事业的发展提出一些可资参考的建议。

关键词：基础教育政策；家庭教育支付；政策工具

一　引言

教育关乎国家经济长久发展，而基础教育又是关乎国家教育发展的基石。从1985年《中共中央关于教育体制改革的决定》颁布到"两免一补""一费制""营养改善计划"政策，贫困家庭通过建档立卡获得教育补助，这些政策都直接推动我国基础教育迈上了新台阶。

家庭教育支付主要分为四个方面：一是基本教育支出。受教育者获得教育而必须支付的最基本的支出，如学校的学费、学杂费、膳宿费、交通、书籍、服装等费用。二是扩展性教育支出。指自愿为子女付出的、额外的教育费用，如各种培训费用、购买课外学习材料或者聘请家庭教师的费用。三是选择性教育支出。指走读生、借读生及其他情况的学生，向学校交纳的不属于基本教育支出范畴的费用，如择校费、赞助费等。四是教育储蓄支出。家长专门为学生支付非义务教育所需教育金的专项储蓄，既具有强制储蓄的作用又有一定的保障功能。① 北京大学中国教育财政科学研究所（CIEFR）发布的《2017年中国教育财政家庭调查》指出，学前教育和基础教育阶段全国家庭生均教育支出负担率为13.2%，其中农村为10.6%，城镇为14.3%。而与非义务教育阶段相比，不同经济水平的家庭教育支出的负担差距拉大，学前阶段最低和最高两组家庭之间相差7.8%，高中阶段相差达20%。这一差异在义务教育阶段相对较小，说明义务教育阶段的公共财政投入确实承担了在基础教育阶段的部分基本教育支出，减轻了家庭的经济负担，缩小了不同家庭之间教育上的差异。②

教育政策分析的内容包括三个方面：一是教育政策的内容分析，二是教育政策的过程分析，三是教育政策的价值分析。③ 迈克尔·豪利特等指出，政策工具作为政府为解决社会公共问题或达成一定政策目标而采用的方式或手段，是政策得以有效实施的基本保障。④ 朱春奎等认为在政策执行过程中，如何选择政策工具以及用何种标准来评价政策工具的效力，对政策的有效执行和政策目标的顺利达成具有决定性的影响。⑤ 为了更好地了解国家基础教育阶段政策对家庭教育支付的产生的影响，本章致力于分析不同教育阶段影响家庭教育支付的政策及政策工具的演变过程，为全面推进我国基础教育发展改革，落实教育精准扶贫政策提供可资建议。

 二 不同时期影响家庭教育支付的相关基础教育政策简析

教育政策的内容分析分为宏观和微观两方面，而教育政策的过程分析，是对教育

① 李哲. 太原市城乡居民教育支出探析[D]. 太原：山西财经大学，2011.
② 北京大学. 中国家庭教育支出现状[R]//2017年中国教育财政家庭调查. 北京大学中国教育财政科学研究所，2017.
③ 孙绵涛. 教育政策学[M]. 北京：中国人民大学出版社，2009：28—31.
④ [美]迈克尔·豪利特，M. 拉米什. 公共政策研究：政策循环与政策子系统[M]. 庞诗，等，译. 北京：生活·读书·新知三联书店，2006：141.
⑤ 朱春奎，等. 政策网络与政策工具：理论基础与中国实践[M]. 上海：复旦大学出版社，2011：131.

政策的形成过程、执行过程及其结果进行分析。[①] 下面以国家义务教育阶段和普通高中、中职教育在不同阶段所面临的情况和出台的重点政策为依据，将1985年以来影响我国家庭教育支付的基础教育政策划分为四个阶段。这里主要是从宏观角度分析重要政策的形成背景、执行过程及其结果。

（一）基础教育恢复时期：1985—1994年

1980年代是我国教育事业恢复发展期。1985年，中共中央发布《关于教育体制改革的决定》，开始改变当时全国基础教育整体落后的局面，拉开了国家推进其教育改革和立法的序幕。一方面教育法律是制定教育政策的依据，教育政策是教育基本法律的具体化、条文化和定型化。另一方面，教育法律一旦确定之后，又会对教育政策产生比较长久和稳定的影响。这一时期，除了上述这一重大政策之外，1986年全国人大颁布的《中华人民共和国义务教育法》，也很大地影响了家庭基础教育支付。这两项重大制度要求全国有步骤地实行九年制义务教育，对接受义务教育的学生免收学费。同时，国家开设助学金项目，帮助贫困学生就学，特别是在1992年《中华人民共和国义务教育法实施细则》中明确规定了享受助学金的贫困学生范围及酌情减免杂费的条件。

（二）基础教育建设时期：1995—2000年

随着我国经济社会发展，城乡教育发展水平差距加大，基础教育开始出现不均衡和制度不完善问题，同时一些经济贫困的家庭依然存在"上学难、上不起学"的情况。国家为进一步减轻贫困家庭的基本教育支付费用，健全了基础教育阶段的助学金制度。1995年，教育部与财政部联合颁布《关于健全中小学学生助学金制度的通知》中规定，恢复或建立中小学学生助学金制度，助学金每学期评定一次，以抵减该生的书本费、杂费、寄宿费的方式发放。同时，在涉及高中和中职阶段教育的政策中也提出了进一步完善助学金制度或减免学费的政策。另外，为了保证基础教育在全国的顺利推

---

① 孙绵涛. 教育政策学[M]. 北京：中国人民大学出版社，2009：28—31.

进,1990年代中期国家开始对基础教育的收费权进行调整,将制定教育收费的审批权下放到地方。1996年,国家教委发布的《义务教育学校收费管理暂行办法》中再次强调家庭基础教育支付只缴纳杂费,对家庭经济困难的学生可酌情减免杂费。但是在这一阶段,国家适当提高了高中教育的基本费用。1999年,教育部制定了《关于积极推进高中阶段教育事业发展的若干意见》,提出要适当调整学费标准,提高高中阶段学费在培养成本中的比例。总之,本阶段国家主要通过完善义务教育收费和助学金制度来减轻家庭义务教育的负担。

(三)基础教育加速发展期:2001—2010年

随着我国义务教育的全面推进,到1990年代末,农村中小学出现了越权收取学费、提高收费标准、课本费用高、强行代收各种费用等乱象,部分地区的中小学助学金制度也未得到落实。而我国西部教育发展的总体水平仍然偏低,发展很不平衡,尤其是农村贫困地区仍有372个县没有实现"两基"目标("两基"指:基本实施九年义务教育和基本扫除青壮年文盲),这些县主要分布在"老、少、边、穷"地区,当地一些家庭的教育负担依然十分沉重,"两基"攻坚任务还相当艰巨。

基于以上原因,这一阶段的基础教育政策目的开始复杂化和多样化。国家不但要进一步规范基础教育管理体制,还要减轻贫困家庭和地区的教育支出。2001年,教育部印发了《关于坚决治理农村中小学乱收费问题的通知》,要求严格控制农村中小学收费标准,试行"一费制"。"一费制"政策综合考虑了杂费标准和规范课本费用两项因素,同时也考虑了中小学信息、英语教育的基本需要及贫困地区的实际情况,规定了"一费制"最高限额标准,为家庭基本教育支出设置了上限。2008年,国务院印发《关于做好免除城市义务教育阶段学生学杂费工作的通知》,提出从2008年秋季学期开始,全部免除城市义务教育阶段公办学校学生学杂费。对享受城市居民最低生活保障政策家庭的义务教育阶段学生,继续免费提供教科书,并对家庭经济困难的寄宿学生给予生活费补助。

另外,国家也通过完善基础教育制度和保障机制来进一步减轻经济困难地区和家庭的基本教育支出。2001 年开始,教育部先后颁布了《关于对全国部分贫困地区农村中小学生试行免费提供教科书的意见》《关于落实和完善中小学贫困学生助学金制度的通知》《关于建立普通高中家庭经济困难学生国家资助制度的意见》《关于降低中小学教材价格深化教材管理体制改革意见的通知》和《对农村义务教育阶段家庭经济困难学生免费提供教科书工作暂行管理办法》等一系列政策,在农村地区推广使用经济适用型教材,完善基础教育阶段助学金制度,在贫困地区设立免费提供教科书制度的试点。2003 年,国务院颁布《关于进一步加强农村教育工作的决定》,明确把农村教育作为教育工作的重中之重。总之,在本阶段,国家通过各种政策手段,敦促各地政府因地制宜地落实农村义务教育"以县为主"的管理体制,设立贫困学生专项资助资金,建立健全资助家庭经济困难学生就学制度等,以减轻贫困家庭的教育负担。

(四) 基础教育精准改革期:2011 年至今

2011 年,全国通过了国家"普九"验收。我国用 25 年时间全面普及了城乡义务教育,从根本上实现了所有适龄青少年"有学上"的目标。但区域之间、城乡之间、学校之间的办学水平和教育质量还是存在明显差距,贫困问题依然是我国经济社会发展中最突出的"短板"。因此,2011 年国务院发布《中国农村扶贫开发纲要(2011—2020 年)》,明确提出大力发展贫困地区的教育文化事业的长远规划。

为了提升深度贫困地区的教育供给能力,国家开展基础教育的精准扶贫工作,旨在推进义务教育均衡发展。国家除了加强教育资源向贫困地区倾斜外,还以建档立卡方式明确受资助贫困学生,同时关注中小学生身体健康营养问题。教育精准扶贫政策全面覆盖贫困地区,特别是"三区三州"的贫困家庭,大大减轻他们的基本教育支出。另外,国家还开始实施高中阶段教育脱贫攻坚计划。

首先,义务教育"两免一补"的政策初步形成。2013 年,教育部印发的《关于实施教育扶贫工程意见的通知》中提出"扶持到校、资助到生"的教育扶贫工作要求。2015年,国务院印发《关于进一步完善城乡义务教育经费保障机制的通知》,提出统筹城乡义务教育资源均衡配置,重点向农村义务教育倾斜。城乡义务教育学生免除学杂费、免费提供教科书，对家庭经济困难的寄宿生补助生活费（统称"两免一补"）的政策。在2016年颁布的《加快中西部教育发展的指导意见》中，明确了"兜住底线"原则，将提高最困难人群受教育水平作为优先任务。2018年在国务院颁布的《深度贫困地区教育脱贫攻坚实施方案（2018—2020年）》中，要求在"三区三州"实施现有免费教育政策，全面落实西藏教育"三包"政策，支持新疆南疆四地州14年免费教育政策，推广民族地区"9＋3"免费教育计划。

其次，鼓励地方推行"营养改善计划"。为了解决农村中小学生和贫困地区学生营养不良的问题，国家使用职能扩展和告诫与劝诱工具，调动地方政府积极性，中央财政对地方试点给予奖励性补助，启动农村义务教育学生营养改善计划。到2014年，699个国家试点县的农村义务教育学生营养膳食补助标准从每生每天3元提高到4元，寄宿生加上"一补"后达到每天8—9元。2016年教育部颁布的《关于进一步扩大学生营养改善计划地方试点范围实现国家扶贫开发重点县全覆盖的意见》中提出以贫困地区和家庭经济困难学生为重点，逐步改善农村义务教育学生营养状况。

再次，切实解决义务教育阶段学生失学辍学问题。在这一时期，我国农村学龄人口不断下降，农村义务教育学校经过调整和撤并后大幅减少，导致部分学生上学路途变远、交通费用增加，学生家庭经济负担加重。为此，2017年国务院印发《关于进一步加强控辍保学提高义务教育巩固水平的通知》，进一步落实扶贫控辍，避免因贫失学辍学。2018年，在教育部颁布的《深度贫困地区教育脱贫攻坚实施方案（2018—2020年）》中，提出了精准确定教育扶贫对象，聚焦贫困地区和贫困人口，把建档立卡等家庭经济困难的学生作为脱贫攻坚重点对象，完善教育脱贫机制，以教育手段阻断贫困代际传递。

在这一时期，我国高中阶段教育也取得了较大发展。但由于多方面原因，贫困地区、民族地区、边远地区的高中教育资源依然短缺，高中普及程度较低。为此，国家先后颁布了《关于扩大中等职业教育免学费政策范围进一步完善国家助学金制度的意见》（2012年）、《中等职业学校免学费补助资金管理办法》（2013年）、《关于实施教育扶贫工程意见的通知》（2013年）、《教育脱贫攻坚"十三五"规划》（2016年）、《高中阶段教育普及攻坚计划（2017—2020年）》（2017年）等一系列政策,逐步完善贫困地区的高中和职业教育政策,免除公办普通高中建档立卡家庭的学生学杂费,中等职业教育学生除了享受免学费和国家助学金政策外,还给予必要的住宿费、交通费等补助,从而在一定程度上也减轻了这些贫困家庭的教育负担。

 ## 三　影响家庭教育支付的基础教育政策工具分析

(一) 政策工具分析框架理论

1950年代,美国学者达尔和布洛姆首次提出政策工具分析框架理论。到了1990年代,许多学者基于不同领域和视角对政策工具进行了不同的划分。[①] 在所有的政策工具分析框架中,国内学者主要采用以下三种:一是唐纳尔和莫尔的政策工具分析框架理论,该理论根据选择方案和具体执行问题之间的适切性,将政策工具分为五类;二是英格拉姆和施耐德的政策工具分析框架理论,该理论适用于使用政策工具较多的规章制度[②];三是豪利特和拉米什的政策工具分析框架理论,该理论适用于干预程度不同的政策工具来实现公共服务的有效供给。[③]

以上三种分析框架理论各具特点,也有共同之处。总的来讲,豪利特与拉米什的政策工具分析框架理论相对比较宽泛粗略,不大适合于分析复杂多变的教育问题。英格拉姆和施耐德、唐纳尔和莫尔这两类框架都强调了权威命令、激励和能力建设的政策工具。美国学者唐纳尔和莫尔根据政策所要达成的目标,将政策工具分为五类。每

① L. M. McDonnell, R. F. Elmore. Getting the job done: alternative policy instruments [J]. Educational Evaluation and Policy Analysis, 1987,9(2):133‐152.

② 刘阳. 我国农村教师补充机制的政策工具选用分析——基于2000年以来的主要文本分析[J]. 当代教育科学,2018(01):23—26,50.

③ Howlett M, Ramesh M. Studying Public Policy: Policy Cycles and Policy Subsystems [M]. Oxford: Oxford University Press, 2003.

种政策工具都有其最适合的应用情境和优缺点。① 命令型政策工具适用于有明确政策目标、利益冲突程度较低的情况，主要用来规范个体和机构的行为②；报酬型政策工具适用于在一定经济基础之上给予个体或机构货币或货款以交换其物品或服务，以调动行动主体的积极性；职能拓展型政策工具适用于长远投资，以促使个体或机构实现其基本功能永久性的变化；权威重组型政策工具主要是个体和机构之间转移、让渡或分割正式权利；劝告与劝诱型政策工具是力图改变人们的偏好和行动的一种信号政策。③

我国教育政策具有目的性与可行性、稳定性与可变性、权威性与实用性、系统性与多功能性等特点。④ 因此，这些政策工具分析框架在我国政府部门解决现实问题时，也被普遍选择和运用。贾建国基于政策工具的视角，对《统筹推进世界一流大学和一流学科建设总体方案》及《统筹推进世界一流大学和一流学科建设实施办法》中所使用政策工具的类型结构、选择偏向、特点、问题进行了分析，提出了改进"双一流"政策工具选择与运用的策略。⑤ 曹燕也认为这三种分类各具优势，但在运用中存在一定的交叉，对基础教育公平政策问题，应该主要采用唐纳尔和莫尔的政策工具分析框架。鉴于此，本章除了分析我国转型期不同阶段影响家庭教育支付的基础教育政策外，也采用唐纳尔和莫尔的政策工具分析框架，试图探究我国基础教育政策工具的使用情况。⑥

(二) 影响家庭教育支付的政策工具类型、特点及其因素分析

根据唐纳尔—莫尔政策工具分析框架理论要点，对我国影响家庭教育支付的政策工具类型、特点及其影响因素进行分析。国家根据不同时期基础教育发展的环境和需

① Peter Bohm，Clifford S. Russell. Comparative analysis of alternative policy instruments，Handbook of Natural Resource and Energy Economics，vol. I [M]. edited by A. V. Kneese and J. L. Sweeney.
② 弗朗西斯·福勒. 教育政策学导论(第二版)[M]. 许庆豫译. 南京：江苏教育出版社，2007：230—232.
③ 黄忠敬. 教育政策工具的分类与选择策略[J]. 国家教育行政学院学报，2008(08)：47—51.
④ 孙绵涛. 教育政策学[M]. 北京：中国人民大学出版社，2009：28—31.
⑤ 贾建国. 政策工具的视角：我国民办学前教育发展的政策分析[J]. 现代教育管理，2017(08)：104—108.
⑥ 曹燕. 政策工具视角下的基础教育公平：回顾与前瞻——基于 1979—2016 年基础教育公平政策的文本分析[J]. 教育科学，2017,33(04)：24—31.

求来制定政策法规，并选择多种政策工具以保证政策有效实施。由于涉及基础教育政策的文本数量繁多，为了提高取样的代表性和准确性，本章以教育部官方公布的基础教育政策文本为准，遴选了 1985—2018 年间发文单位为国务院或教育部，直接与家庭教育支付相关的政策文本 30 份，再以本章自行设计的分析单元编码表为载体，提取了影响家庭教育支付的 59 项具体条文，见表 5.1。

表 5.1　1985—2018 年影响家庭教育支付的政策文本及相关条文单元编码表

时间	政策名称	政策主要内容	编码
1985 年 5 月	《中共中央关于教育体制改革的决定》	实施义务教育，不收学费、杂费。	1－1
1986 年 4 月	《中华人民共和国义务教育法》	国家对接受义务教育的学生免收学费。	2－1
		国家设立助学金，帮助贫困学生就学。	2－2
1995 年 7 月	《关于健全中小学学生助学金制度的通知》	助学金每学期评定一次，以抵减该生的书本费、杂费、寄宿费的方式发放。	3－1
1996 年 12 月	《义务教育学校收费管理暂行办法》	接受义务教育的学生免收学费，只缴杂费。	4－1
		杂费标准的审批权限在省级人民政府。	4－2
		对家庭经济困难的学生可酌情减免杂费，保证他们不因经济原因而失学。	4－3
1996 年 12 月	《普通高级中学收费管理暂行办法》	对家庭经济困难的学生应酌情减免学费。	5－1
1996 年 12 月	《中等职业学校收费管理暂行办法》	对少数特殊专业，对家庭经济困难的学生，应酌情减免学费。	6－1
1999 年 12 月	《教育部关于积极推进高中阶段教育事业发展的若干意见》	适当调整学费标准，提高高中阶段学费在培养成本中的比例。	7－1
		要进一步完善助学金制度，扩大对困难家庭子女的助学金、特困学生补助的规模。	7－2
		要积极鼓励单位和个人捐资助学。	7－3
2001 年 2 月	《关于坚决治理农村中小学乱收费问题的通知》	严格控制农村中小学收费标准，结合农村贫困地区实际试行"一费制"。	8－1
2001 年 5 月	《关于基础教育改革与发展的决定》	各级人民政府要完善并落实中小学助学金制度。	9－1

（续表）

时间	政策名称	政策主要内容	编码
2001年6月	《关于降低中小学教材价格深化教材管理体制改革意见的通知》	降低中小学教材价格，加强教材价格的管理和监督。	10-1
2001年9月	《关于落实和完善中小学贫困学生助学金制度的通知》	针对贫困程度不同的学生，应相应设立不同等级的助学金，可全额免收杂费、书本费、寄宿生活费，也可部分减免。	11-1
2003年9月	《关于进一步加强农村教育工作的决定》	要在已有助学办法的基础上，建立和健全扶持农村家庭经济困难学生接受义务教育的助学制度。	12-1
		中央财政继续设立中小学助学金，重点扶持中西部农村地区家庭经济困难学生就学，逐步扩大免费发放教科书的范围等。	12-2
		要广泛动员和鼓励机关、团体、企事业单位和公民捐资助学等。	12-3
2004年2月	《对农村义务教育阶段家庭经济困难学生免费提供教科书工作暂行管理办法》	对农村义务教育阶段家庭经济困难学生实行免费提供教科书的制度。	13-1
2004年2月	《国家西部地区"两基"攻坚计划（2004—2007年）》	建立较完善的义务教育阶段家庭贫困学生资助制度，中央和地方通过"两免一补"（免杂费、免书本费、补助寄宿生活费）等方式加大资助力度等。	14-1
		对必须寄宿的家庭经济困难学生提供必要的生活补助。	14-2
		落实对捐资助学单位和个人的税收优惠政策。	14-3
		国家继续对西藏自治区的农牧区义务教育阶段的学生实行"三包"（包吃、包住、包学习费用）的政策；继续对新疆维吾尔自治区56个边境县和特殊困难县义务教育阶段学生免费提供教科书。	14-4
2008年8月	《关于做好免除城市义务教育阶段学生学杂费工作的通知》	从2008年秋季学期开始，全部免除城市义务教育阶段公办学校学生学杂费。	15-1
		对享受城市居民最低生活保障政策家庭的义务教育阶段学生，继续免费提供教科书，对对家庭经济困难的寄宿学生补助生活费。	15-2

（续表）

时间	政策名称	政策主要内容	编码
2010 年 9 月	《关于建立普通高中家庭经济困难学生国家资助制度的意见》	建立国家助学金制度。鼓励社会捐资助学。	16-1
		建立学费减免等制度。	16-2
2011 年 5 月	《中国农村扶贫开发纲要（2011—2020 年)》	加大对边远贫困地区学前教育的扶持力度,提高农村义务教育家庭经济困难寄宿生生活补助标准。	17-1
		免除中等职业教育学校家庭经济困难学生和涉农专业学生学费,继续落实国家助学金政策。	17-2
		推动农村中小学生营养改善工作。	17-3
2011 年 11 月	《关于实施农村义务教育学生营养改善计划的意见》	鼓励有条件的地方在国家试点地区以外开展营养改善计划地方试点工作(以下简称地方试点)等。	18-1
		在实施营养改善计划的同时,继续落实好农村义务教育家庭经济困难寄宿生生活费补助(简称"一补")政策,不得用中央专项资金抵减"一补"资金。	18-2
		鼓励企业、基金会、慈善机构等捐资捐助,并按规定享受税费减免优惠政策等。	18-3
		国家试点地区营养膳食补助按照国家规定的标准核定,所需资金由中央财政专项资金支持。	18-4
2012 年 9 月	《关于深入推进义务教育均衡发展的意见》	加大省级统筹力度,落实好城市低保家庭和农村家庭经济困难的寄宿学生生活费补助政策。实施好农村义务教育学生营养改善计划。	19-1
2012 年 10 月	《关于扩大中等职业教育免学费政策范围进一步完善国家助学金制度的意见》	扩大中等职业教育免学费政策范围。	20-1
		进一步完善中等职业教育国家助学金制度。	20-2
2013 年 6 月	《中等职业学校免学费补助资金管理办法》	加强中等职业学校免学费补助资金的管理,确保免学费政策顺利实施。明确公办中等职业学校免学费资金的补助方式。	21-1
2013 年 7 月	《关于实施教育扶贫工程意见的通知》	稳步推进农村义务教育学生营养改善计划。加强农村义务教育学生营养改善计划的组织管理,确保学生得到实惠。	22-1

（续表）

时间	政策名称	政策主要内容	编码
		完善职业教育资助政策等。	22 - 2
		广泛开展职业技能培训。	22 - 3
2015 年 11 月	《关于进一步完善城乡义务教育经费保障机制的通知》	统一城乡义务教育"两免一补"政策。	23 - 1
		统一城乡义务教育学校生均公用经费基准定额。	23 - 2
2015 年 12 月	《关于深化农村义务教育经费保障机制改革的通知》	全部免除农村义务教育阶段学生学杂费，免费提供教科书资金。	24 - 1
		对贫困家庭学生免费提供教科书并补助寄宿生生活费。补助寄宿生生活费资金由地方承担，补助对象、标准及方式由地方人民政府确定。	24 - 2
2016 年 6 月	《加强困境儿童保障工作的意见》	对于家庭经济困难儿童，要落实教育资助政策和义务教育阶段"两免一补"政策等。	25 - 1
2016 年 8 月	《关于免除普通高中建档立卡家庭经济困难学生学杂费的意见》	按照"中央政策引导、地方统筹实施"的原则，从 2016 年秋季学期起，免除公办普通高中建档立卡等家庭经济困难学生学杂费等。	26 - 1
2016 年 12 月	《教育脱贫攻坚"十三五"规划》	落实好"两免一补"政策，完善控辍保学机制，保障建档立卡等贫困家庭学生顺利完成义务教育。	27 - 1
		鼓励地方扩大营养改善计划试点范围，实现贫困县全覆盖，中央财政给予奖补支持。	27 - 2
		逐步对建档立卡等贫困家庭学生接受中等职业教育实现免学费和国家助学金补助政策的全覆盖等。	27 - 3
		保障建档立卡等贫困家庭学生接受普通高中教育的机会。继续实施普通高中国家助学金政策，实现对建档立卡等贫困家庭学生的全覆盖。免除公办普通高中建档立卡等家庭经济困难学生学杂费。	27 - 4
2017 年 3 月	《高中阶段教育普及攻坚计划（2017—2020 年）》	完善扶困助学政策。	28 - 1
		鼓励企事业单位、社会团体和个人设立奖助学金。	28 - 2

（续表）

时间	政策名称	政策主要内容	编码
2017 年 7 月	《关于进一步加强控辍保学提高义务教育巩固水平的通知》	各地要完善义务教育扶贫助学工作机制，认真落实义务教育"两免一补"、农村义务教育学生营养改善计划等惠民政策等。	29 - 1
		完善高中阶段教育和高等教育资助政策，加大对家庭经济困难学生资助力度，免除公办普通高中建档立卡等家庭经济困难学生学杂费等。	29 - 2
		保障义务教育。继续实施农村义务教育学生营养改善计划，不断扩大地方试点范围。完善控辍保学工作机制。	29 - 3
2018 年 1 月	《深度贫困地区教育脱贫攻坚实施方案（2018—2020 年）》	实施好"三区三州"现有免费教育政策。推广民族地区"9＋3"免费教育计划。	30 - 1
		确保建档立卡贫困学生资助全覆盖。	30 - 2

（备注：本表内容及分类得到了五位政策研究学者的认可，有较好的信度和效度。这五位学者基本信息如下表 5.2 所示。）

表 5.2　五位政策研究学者的基本信息表

编号	性别	年龄	职称	最高学位	研究方向	所在高校
专家 1	男	56	教授	博士	教育经济与政策研究	复旦大学
专家 2	女	34	副教授	博士	教育政策研究	复旦大学
专家 3	女	42	副教授	博士	基础教育政策研究	复旦大学
专家 4	男	38	副教授	博士	教育政策研究	同济大学
专家 5	女	38	副教授	博士	公共政策研究	上海理工大学

　　根据唐纳尔—莫尔的政策工具分析框架，结合表 5.1 政策条文的内容，我们将 1985—2018 年影响家庭教育支付的基础教育政策类型进行了归纳。从表 5.3 可见，我国基础教育的政策工具类型，主要采用命令型、报酬型和职能拓展型，有时也适当采用权威重组型和劝告与劝诱型。

表 5.3　影响家庭教育支付的政策工具使用情况统计表

政策工具	政策条文	政策工具数量
命令	1-1;2-1;2-2;3-1;4-1;4-2;4-3;5-1;6-1;7-1;7-2;7-3;8-1;9-1;10-1;11-1;12-1;12-2;12-3;13-1;14-1;14-2;14-4;15-1;15-2;16-1;16-2;17-1;17-2;17-3;18-2;18-3;18-4;19-1;20-1;20-2;21-1;22-1;22-2;22-3;23-1;23-2;24-1;24-2;25-1;26-1;27-1;27-2;27-3;27-4;28-1;29-1;29-2;29-3;30-1;30-2	56
报酬	1-1;2-1;2-2;3-1;4-1;4-2;4-3;5-1;6-1;7-1;7-2;7-3;8-1;9-1;10-1;11-1;12-1;12-2;12-3;13-1;14-1;14-2;14-3;14-4;15-1;15-2;16-1;16-2;17-1;17-2;17-3;18-1;18-3;18-4;19-1;20-1;20-2;21-1;22-1;22-2;22-3;23-1;23-2;24-1;24-2;25-1;26-1;27-1;27-2;27-3;27-4;28-1;29-1;29-2;30-1;30-2	56
职能拓展	1-1;2-2;4-2;4-3;5-1;6-1;7-1;7-2;7-3;8-1;9-1;10-1;11-1;12-1;12-2;14-1;14-2;14-4;15-1;15-2;16-1;16-2;17-1;17-3;18-1;18-3;18-4;19-1;20-1;20-2;21-1;22-1;22-2;22-3;23-1;23-2;24-1;24-2;25-1;26-1;27-1;27-2;27-3;27-4;28-1;29-1;29-2;29-3;30-1;30-2	49
权威重组	2-2;4-2;12-1;12-2;12-3;14-2;15-1;15-2;16-1;16-2;17-1;17-3;18-1;18-4;20-1;20-2;21-1;22-2;22-3;23-1;23-2;24-1;24-2;25-1;26-1;27-2;27-3;27-4;28-1;29-1;29-2;29-3;30-1;30-2	34
劝告与劝诱	2-2;12-3;15-1;15-2;16-1;16-2;18-1;20-1;20-2;21-1;22-2;22-3;24-1;24-2;27-2;28-1	24

　　从图 5.1 可见,在影响家庭教育支付的基础教育政策中,从第一阶段到第四阶段,国家使用的政策工具数量逐步增多,结构日趋复杂,即从比较单一的政策工具选择到交叉多样化的政策工具组合,呈现出日益综合化的特点。具体来看,这四个阶段使用的政策工具有以下特点:

　　在第一阶段,政府为了免去家庭在基础教育支出中的学费和给予贫困学生经济补助,采用了简单直接的命令和报酬政策工具,高效且直接地推进免学费的义务教育政策的实施。但在这一阶段,政策工具的选择频次不多,总共只有 10 次,其中命令和报酬两种政策工具就用了 6 次。

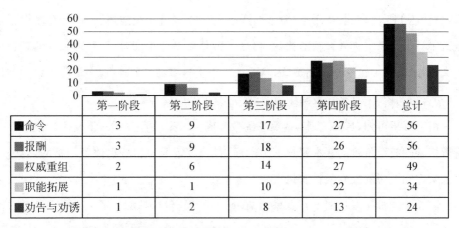

	第一阶段	第二阶段	第三阶段	第四阶段	总计
■命令	3	9	17	27	56
■报酬	3	9	18	26	56
▨权威重组	2	6	14	27	49
▨职能拓展	1	1	10	22	34
■劝告与劝诱	1	2	8	13	24

图 5.1　我国基础教育政策中影响家庭教育支出的政策工具使用情况

为了进一步落实和完善基础教育政策,国家在第二阶段更加重视经济困难的学生和家庭的教育问题,扩大省级和以下地方政府负责基础教育管理事务的职能范围,采用"命令 + 报酬 + 权威重组"的政策工具组合。因而,国家在这一阶段使用的政策工具数量开始增多,共 27 次,其中命令和报酬政策工具各使用 9 次,权威重组政策工具使用了 6 次。国家运用这些政策工具将义务教育管理权和执行权逐步下放给地方政府。同时,在这一阶段开始尝试使用"劝告与劝诱"政策工具,鼓励单位和个人捐资助学。

国家在第三阶段的政策采用了三个以上的政策工具组合,以保证政策的有效落实,尤其开始使用"报酬 + 劝告与劝诱"政策工具组合,旨在激发地方政府的积极性,同时也鼓励社会和个人共同参与教育事业。具体来看,第三阶段的政策工具组合比较丰富,国家所使用的政策工具数量增加到 67 次,其中报酬政策工具使用了 18 次,命令工具使用 17 次,权威重组工具使用 14 次,职能拓展和劝告与劝诱政策工具也分别达到 10 次和 8 次。这一阶段最重要的政策就是制定了"两免一补"和"一费制"两大义务教育的核心政策。

在第四阶段,国家整合了前三个阶段的教育政策,针对贫困地区和贫困学生,采用了更复杂、更综合和更多样的政策工具去推进教育扶贫工作,较大程度地减轻了贫困家庭的教育负担。为了保证政策的有效落实,国家在第四阶段运用的政策工具数量激增,总计达 115 次,尤其运用了"命令＋报酬＋权威重组＋职能拓展"这一高度综合的政策工具组合来实施教育精准扶贫,起到了极其显著的正面效果,贫困家庭的教育负担大为减轻,初中辍学率不断下降,高中入学率逐步提高。另外,这一阶段还增加使用了"劝告与劝诱"工具来普及高中教育和"营养改善计划"。

由上分析可知,1985 以来,普及基础教育成为国家教育发展的重要主题之一。政府承担基础教育阶段的基本教育支出不断增加,政策受益目标群体更加精准,对经济贫困家庭和地区的家庭教育支付影响力逐步扩大。

图 5.2 统计了基础教育中影响家庭教育支付的目标类型。第一阶段全国覆盖性政策 3 项,针对贫困学生政策 1 项;第二阶段全国覆盖性政策 8 项,针对贫困学生政策 5 项,贫困地区 1 项。由此看来,第一、二阶段以全国的基础教育为主,辅以关注贫困学生。而第三、四阶段的政策明显侧重于贫困地区和贫困学生。第三阶段针对贫困学生的政策 16 项、贫困地区的政策 15 项,而覆盖全国的政策仅颁布 6 项。第四阶段针对贫困地区的政策高达 28 项,针对贫困学生的政策也达到 26 项之多,而覆盖全国的教育政策有 13 项。可以看出,在第四阶段,国家重点关注经济贫困地区,教育扶贫也逐步精准到建档立卡家庭和"三州三区"地区的家庭。

	第一阶段	第二阶段	第三阶段	第四阶段	总计
■ 贫困地区		1	15	28	44
■ 贫困学生	1	5	16	26	48
■ 全国覆盖	3	8	6	13	30

图 5.2　我国基础教育政策中影响家庭教育支付的目标类型

图 5.3 统计了我国基础教育政策中影响家庭教育支付的主要项目类型,它们是教育经费、贫困救助和营养计划。具体来看,第一阶段涉及教育经费的政策有 2 项,贫困救助政策 1 项;第二阶段涉及教育经费和贫困救助政策分别是 8 项和 4 项;第三阶段,涉及上述两类项目的政策各有 12 项;到了第四阶段,开始出现营养计划政策,数量达

到 11 项,而涉及教育经费和贫困救助的政策数量也大幅增加,分别达到 17 项和 15 项。从具体的政策内涵来看,影响家庭教育支付的基础教育政策,从前面几个阶段的比较单一的学费和救助费,拓展到第四阶段的学费、学杂费、书本费、食宿费、营养费和交通费等方面,这些政策对家庭教育支付的影响逐步扩大。

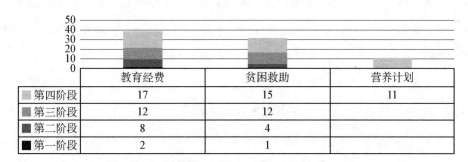

	教育经费	贫困救助	营养计划
▦ 第四阶段	17	15	11
▧ 第三阶段	12	12	
▨ 第二阶段	8	4	
■ 第一阶段	2	1	

图 5.3　我国基础教育政策中影响家庭教育支付的项目类型

总之,由于我国基础教育阶段的相关问题涉及面很广且复杂多样,因而需要通过综合运用各种政策工具组合才有可能达到预期效果。虽然影响家庭教育支付的相关政策综合运用了多种政策工具,但依然明显倚重命令和报酬政策工具组合,而劝告与劝诱政策工具使用不足。从图 5.1 可见,在四个阶段中,所有政策工具使用数为 219,其中命令和报酬工具数分别各占 25.57%;权威重组工具占 22.37%;职能拓展工具占 15.53%;而劝告与劝诱工具使用率最低,仅为 10.96%。有学者认为,与其他工具相比,命令工具的效率性高,管理成本低,便于义务教育的实施。但命令工具也有明显的缺点,如不利于调动教育政策执行者工作的积极性。地方政府也许会因为被动执行、落实政策而形成一种抵触情绪,致使政策制定者与执行者间形成敌对关系,从而影响命令的效果。而劝告工具能够促使各主体积极主动地承担责任去解决问题,与当前的需求和规范保持一致。① 因此,如果过于倚重命令工具而其他政策工具使用不足,也可能不利于凝聚多方力量去共同推进基础教育事业的发展。

---

① L. M. McDonnell, R. F. Elmore. Getting the job done: alternative policy instruments [J]. Educational Evaluation and Policy Analysis, 1987, 9(2):133 - 152.

四 影响政策工具选择的主要因素分析

（一）政策环境与目标

政策环境对政策工具选择的影响，主要体现在现有政策状态和以往政策工具的环境情况两方面。政策工具是达成政策目标的手段，就是说，为了实现政策目标必须选择与之相匹配的政策工具。政策是多目标还是单一目标，会影响工具的选择。多目标的政策要求每一个政策目标都要选择一个与之相匹配的、有效的政策工具来加以实施，而目标单一的政策对政策工具的要求就会简单些。[①]

在影响家庭教育支付的基础教育政策中，每个阶段政策目标的改变都要求政策工具做相应的调整。但是，教育政策工具的选择是一个复杂综合的过程，受当时政治、经济、文化和教育水平等因素影响。通过本章第三部分对影响家庭教育支付政策的梳理，国家在每个阶段制定政策和使用政策工具时，都考虑到了全国基础教育的发展状况、以往的政策工具执行情况以及相关政策情况等因素。

例如，1980 年代，全国绝大多数地区经济落后，基础教育基础薄弱，教育水平低下。在这种情况下，国家需要更多地使用强制性的命令工具和直接减免学费的报酬工具去促进基础教育工作的恢复和发展。随着经济的发展，九年义务教育开始有计划、分阶段地实施。到 1993 年，全国 91％人口的地区普及了小学教育，但贫困家庭和农村地区的基础教育发展依然问题重重。因此，国家在第一阶段和第二阶段直接通过报酬政策工具，尽力给予农村地区和贫困家庭经济资助或补助。到 2000 年，在全国范围内已实现了"两基"目标，但贫困问题依然是我国经济社会发展中最突出的"短板"，脱贫攻坚形势复杂而严峻。因此，在第三阶段和第四阶段，国家以贫困地区和家庭经济困难学生为重点，通过综合使用报酬、权威重组、职能扩展等政策工具，减轻贫困家庭的教育负担，并逐步改善农村家庭经济和生活状况。

---

① 陈振明. 公共政策分析导论［M］. 北京：中国人民大学出版社，2015：89—91.

(二) 政策工具的特性

政策工具的特点和功效是政府在选择政策工具时应当予以充分重视的因素。政策和政策工具必须相互匹配，才能使政策执行事半功倍，否则有可能导致政策实施受阻甚至失败。"今天我们政府失败的主要原因，不在目的而在手段。"[①]有学者认为，命令型政策工具是政府最常用也最善用的政策工具，因其有强制性和可操作性强的特点，比其他工具的成本—收益有优势，尤其它能够让政府各系统迅速采取行动，也便于政府自上而下地控制与管理，发挥上传下效的作用，所以当前政府偏好命令型政策工具也就在情理之中。[②]

例如，我国九年义务教育具有免费性、强制性和命令性特点，因而与教育费用相关的政策以命令和报酬政策工具组合为主，国家直接承担基础教育的基本费用。这也解释了政府在基础教育阶段倚重成本相对较低、实施起来比较容易、效果也比较明显的政策工具。另外，针对经济贫困家庭和地区的教育救助政策，主要考虑当地的经济社会发展状况，将实施具体政策的权力下放到地方，以保证政策实施的有效性，因而采用报酬为主、命令和权威重组为辅的政策工具组合。而第四阶段颁布的"营养改善计划"，主要针对农村地区义务教育阶段的学生营养问题，通过权威重组、命令和报酬政策工具，鼓励地方政府积极设立试点，保证该政策的推广和有效落实。

(三) 教育价值的追求

在政府制定政策和选择政策工具时，意识形态也会产生一定的影响。陈振明认为，意识形态一旦形成，就有可能在一定时期内成为影响政策工具选择的重要因素，并成为选择政策工具的标准之一。[③]

① 戴维·奥斯本,特德·盖布勒.改革政府——企业家精神如何改革着公共部门[M].周敦仁,等,译.上海：上海译文出版社,1996:46.
② 周娅,等.我国学前教育政策工具选择的演变分析[J].学前教育研究,2017(01):13—22.
③ 陈振明.公共政策分析导论[M].北京:中国人民大学出版社,2015:89—91.

一般认为，教育起点公平是教育公平的前提，而义务教育的均衡发展是教育公平的基础。我国区域之间、城乡之间和学校之间基础教育的办学水平和质量还存在明显差距，需要依靠更有效的政策及其工具去逐步缩小这些差距。1990 年代末以来，我国教育公平问题一直是社会关注的焦点和热点。因此，国家在第二阶段颁行的政策，虽以全国覆盖性政策居多，但已逐渐关注贫困地区的公平问题。从 2001 年开始，影响家庭教育支付的基础教育政策逐步向经济贫困家庭和地区倾斜，到第四阶段，相关政策已基本上围绕教育扶贫工作展开，不断加大针对贫困学生的资助力度，并且更加重视和聚焦解决贫困地区教育发展和弱势群体接受教育的不平衡、不公平和不公正等问题。

扶弱、扶贫、促进公平等是新时代崇高的价值追求，也是教育现代化的必然要求。虽然教育扶贫可能对贫困家庭的脱贫工作不会有立竿见影的直接效应，但是，却可能产生长久的阻断贫困代际传递的良好结果。在全国普及义务教育背景下，《国家中长期教育改革和发展规划纲要（2010—2020 年）》提出，教育公平的重点是促进义务教育均衡发展和扶持困难群体，其根本措施是合理配置教育资源，向农村地区、边远贫困地区和民族地区倾斜，加快缩小教育差异。党的十九大报告也提出要"弱有所扶""努力让每个孩子都能享有公平而有质量的教育""健全学生资助制度，使绝大多数城乡新增劳动力接受高中阶段教育、更多接受高等教育"。因此，教育扶贫已成为影响家庭教育支付的最重要的政策因素，也可能成为消除贫困甚至阻断贫困代际传递的最重要手段和途径。

五　总结与展望

国家颁布的基础教育政策，比较倾向于使用"命令＋报酬"的政策工具组合，对家庭基础教育阶段的基本教育支付的影响逐步扩大。尤其是 2011 年以来，教育扶贫成为精准扶贫政策的重要方面之一，国家在贫困地区建档立卡，使用职能拓展、劝告与劝诱的政策工具,拓展地方政府在基础教育中的职能范围,鼓励社会和个人积极参与教育事业,逐步减轻贫困家庭在基础教育中的教育负担。但是,笔者认为,我国基础教育阶段影响家庭教育支付的政策尚有一定的提升空间,未来在制定与家庭教育支付有关的基础教育政策时,需要注意如下几点。

一是扩大政策关注范围。目前影响家庭教育支付的政策,主要围绕农村地区特别是深度贫困地区家庭。但是,近 20 多年来,我国进城务工人员随迁子女人数逐年增加,许多农村学生转到城市就学,他们需要交纳高额民办学校的学费或者公办学校的择校费,这些都会加重贫困家庭的教育负担。因此,政府的政策关注范围应该逐步扩大到进城务工随迁子女的教育问题。

二是要根据新形势和新情况不断优化政策工具组合。当前影响家庭教育支付的基础教育政策工具的使用模式较为单一,多以命令和报酬政策工具为主。我们知道,过多使用命令政策工具,可能会导致政策制定主体与政策实施和执行主体之间的对立矛盾增多,从而削弱政策效果。而过多使用报酬政策工具去直接减轻或减免家庭的教育支出,虽然反映了国家对基础教育的重视,但是却会过快过多地增加国家公共财政负担,从而影响基础财政的后续投入力度。如果基础财政投入不足,将会导致政策矮化或不作为等问题产生,这将严重影响相关政策的执行效果,进而影响基础教育的可持续发展。但是,我国基础教育发展所面临的问题相当复杂,国家需要不断根据实际情况和社会不断增长的教育需求,加大职能拓展、权威重组和劝告与劝诱等政策工具的使用,并不断调动地方政府、社会和个人投身教育事业的积极性。

三是要设法增强家庭对教育的重视程度和参与度。父母是孩子成长的第一任也是最重要的老师,父母对孩子家庭教育的重视,将直接影响他们的健康成长。为了更好地促进基础教育的长远发展,未来在制定基础教育政策时,国家既要着眼于当下学校教育发展问题,也要重视家庭教育问题,最好是从源头上改变贫困家庭中家长的教育观念,并且能通过职能拓展、劝告与劝诱等政策工具,调动家庭、社会多方积极性,构建健全的家校合作机制,从而发挥家庭教育对儿童培养的重要作用。

第六章

我国西部深度贫困地区农村家庭教育支付能力研究

摘要：后扶贫时代将引发教育扶贫的行动逻辑要点转向重点低收入群体主体脱贫意识的提升。本章基于 2018 年甘肃西部 4 个贫困县的调研数据，采用本书理论研究部分提出的"家庭教育支出负担率法"和五级评价标准，实证研究了该地区农村家庭教育支付能力情况。结果发现：一是建档立卡家庭、成员残疾家庭、子女就读初中及以上学段的家庭总教育支付能力最弱，均处于"低支付能力"水平；二是家庭教育支出项目中学费支出费用最大，建档立卡贫困家庭以及子女就读本科阶段的基本教育支出负担最重；三是家庭子女就读幼儿园和本科的人数会显著影响家庭总教育支付能力水平；四是父母的学历层次对家庭教育支付能力水平的影响存在差异，其中父亲的学历层次会影响家庭总教育支付能力水平，而母亲的学历对扩展性教育支付能力的高低影响较大。建议国家未来应更加重视西部农村居民家庭教育支付能力监测及特殊家庭的教育帮扶，提升家庭成员主体可持续脱贫的有效性。

关键词：农村家庭教育支付能力；家庭教育支出；教育负担

一　引言

我国部分农村地区已从绝对贫困进入相对贫困的后扶贫时代。今后，抑制原贫困地区农村家庭脱贫后返贫将成为可持续性脱贫的核心课题。教育是提升个体生存能力、阻断家庭贫困代际传递以及收入增值的有效因素之一[①]，依靠教育扶贫更是后扶贫时代实现贫困户长效脱贫的有效手段，是提升西部地区尤为欠发达的农村家庭主动

---

① 刘秀丽.城市低收入家庭儿童的家庭投入研究[J].东北师大学报（哲学社会科学版），2012（05）：183—187.

脱贫、遏制内生性贫困的有力举措。在后扶贫时代，教育扶贫的行动逻辑将转向利用大数据对重点贫困户的实时关注，贫困户主体脱贫意识、综合素质提升的帮扶。[①] "三区三州"国家深度贫困地区集中在西部省份，测度西部农村居民家庭教育支付能力将为教育返贫预警对象的筛选及教育减贫治理提供可操作化理论支撑。

目前，国外关于教育支付能力的研究主要集中在家庭教育投入、教育成本分担以及基于教育补偿机制的学生资助政策等，对居民家庭教育支付能力的考察和测算，家庭和个人教育支付能力的现状和问题等则涉及较少。国内学者实证分析家庭教育支付能力的文献较少，并且相关实证类研究也仅限于城镇居民或者是少数民族地区，对于西部农村居民家庭的研究则较为缺乏。基于此，本章梳理了家庭教育支付能力测度方法及等级划分的研究现状，着重探讨影响西部甘肃四县农村家庭教育支付能力的教育支出、教育负担表现如何？家庭不同教育阶段子女人数、不同家庭类型、父母受教育水平在家庭教育支付能力不同水平上差异如何？

二 研究设计

(一) 变量情况

本次调研使用课题组自编问卷《农村居民家庭教育支付能力状况调查表》，内容包括家庭基本信息、教育支出、家庭教育观念、教育内容等四部分，共计 37 个题目。其中家庭主要变量涵盖了家庭子女数量、父母年龄、父母受教育程度、子女教育水平(分幼儿园、小学、初中、高中、大学、研究生及以上)、单亲家庭、成员残疾家庭、建档立卡户(贫困户)家庭等。国务院扶贫办《扶贫开发建档立卡工作方案》(2014)指出，建档立卡贫困户认定标准中贫困户识别以农户收入为基本依据，参照 2014 年国务院建档立卡

---

① 李炜炜,李励恒,赵纪宁. 后扶贫时代教育扶贫的角色转换与行动逻辑[J]. 中国高等教育,2020(23):46—48.

贫困户认定标准,本研究将建档立卡贫困家庭界定为经济收入较低的家庭,家庭类型变量细化为建档立卡贫困家庭、单亲家庭(父母离异或一方去世)、成员残疾家庭、一般家庭。

家庭教育支出从基本教育支出、扩展性教育支出和选择性教育支出三个维度进行观测。基本教育支出是指家庭为子女上学期间支付的基本费用,包括学费、书费、住宿费、伙食费、交通费、校服费等;扩展性教育支出是指基本教育支出之外的家教费、辅导班费、培训班费及与学生学习有关的交际、增长知识的旅游、购买营养保健品、参观文化场所、购买通信工具等;选择性教育支出是指为了子女入学而额外付出的捐助费、购买学区房或租房、择校费、教育储蓄、教育保险项目。①②

家庭教育支出负担率用年度家庭教育总支出额与年度家庭总收入额的比值来测量。

家庭教育支付能力变量划分为家庭总教育支付能力、基本教育支付能力、扩展性教育支付能力、选择性教育支付能力等四类。家庭教育支付能力通过家庭教育支出负担率进行衡量。

(二) 数据来源与基本特征

为了甄选出原深度贫困地区家庭教育支付能力较弱的群体,提高后扶贫时代教育扶贫工作的针对性。研究数据使用了国家社科基金项目"我国农村贫困家庭教育支付能力及其影响因素研究"课题组对甘肃省的秦安、通渭、临洮等三个国家级贫困县及一个省级贫困县(民乐县)的调查数据(2018 年)。调查以家庭为单位,采用整群抽样,使用网络问卷星和实地调查相结合的调研方法,共回收样本 679 份,有效样本总计 547份,样本有效率为 80.56%。

对调查数据分析可知,2018 年甘肃四县家庭总收入均值为 41 593.42 元,各家庭

---

① 王远伟,朱苏飞.中国城镇居民家庭教育投入的状况和特征[J].教育与经济,2009(04):11—16.
② 王崇举,陈新力,刘幼昕.重庆市学生教育消费对经济增长的带动作用[J].数量经济技术经济研究,2003,20(5):34—37.

总收入在3 000元到205 000元之间；家庭教育总支出均值为17 443.58元，各家庭教育总支出在150元到123 800元之间；各项家庭教育支出中，2018年家庭基本教育支出均值为7 190.31元，家庭扩展性教育支出均值为2 281.38元，家庭选择性教育支出均值是718.65元；样本家庭人口数平均为5.22人，最多人口达10人；父亲和母亲平均年龄为40岁左右且受教育程度均以初中学历居多；样本家庭中子女上小学的比例为64％；建档立卡贫困家庭占比达38％，单亲家庭占6％，成员残疾家庭占11％，一般家庭占46％。具体见表6.1。

表6.1 调查样本的描述性统计（2018年数据）

变量	定义	样本量	平均值	标准差	最小值	最大值
家庭总收入	年度家庭总收入（元）	547	41 593.42	28 807.79	3 000	205 000
家庭教育总支出	年度各类教育支出总和（元）	547	17 443.58	15 457.53	150	123 800
基本教育支出	年度基本教育支出（元）	547	7 190.31	8 085.27	105	55 800
扩展性教育支出	年度扩展性教育支出（元）	547	2 281.38	3 275.42	0	25 000
选择性教育支出	年度选择性教育支出（元）	547	718.65	2 050.50	0	20 000
家庭人口	家庭人口数量	547	5.22	1.26	1	10
父亲年龄	父亲年龄（岁）	546	42.30	6.43	24	68
母亲年龄	母亲年龄（岁）	544	40.22	6.64	24	61
父亲受教育程度	＝1 小学以下，＝2 小学，＝3 初中，＝4 高中/中职/中专，＝5 大专/本科，＝6 研究生及以上	547	2.49	1.83	1	6
母亲受教育程度	＝1 小学以下，＝2 小学，＝3 初中，＝4 高中/中职/中专，＝5 大专/本科，＝6 研究生及以上	547	2.64	1.60	1	6
子女教育水平						
幼儿园	＝1 子女就读幼儿园	547	0.19	0.42	0	2

(续表)

变量	定义	样本量	平均值	标准差	最小值	最大值
小学	=1 子女就读小学	547	0.64	0.74	0	3
初中	=1 子女就读初中	547	0.31	0.52	0	3
高中	=1 子女就读高中	547	0.45	0.66	0	3
大学	=1 子女就读大学	547	0.28	0.54	0	3
研究生及以上	=1 子女就读研究生及以上	547	0.02	0.16	0	2
建档立卡贫困户	0=不是，=1 贫困户	547	0.38	0.49	0	1
单亲家庭	0=不是，=1 单亲	547	0.06	0.24	0	1
成员残疾家庭	0=不是，=1 成员残疾	547	0.11	0.32	0	1
一般家庭	0=不是，=1 一般家庭	547	0.46	0.50	0	1

(三) 研究思路

(1)研究选取了 2018 年西部深度贫困的甘肃省四个贫困县的家庭教育支付能力调研数据。(2)从家庭类型、子女不同教育水平两个方面分析样本家庭教育支出、家庭教育负担率及家庭教育支付能力等级分布特征。(3)探讨家庭类型、家庭不同教育阶段子女人数、父母不同受教育程度对各项家庭教育支付能力不同水平影响的差异性。(4)基于研究结论,提出重点群体教育帮扶的建议,以期本项研究能够为后扶贫时期西部甘肃农村地区教育帮扶对象的筛选和教育减贫治理提供一些参考。

三　调研结果分析

(一) 影响农村居民家庭教育支付能力的教育支出特征

从不同类型家庭来看,成员残疾家庭和一般家庭的平均学费支出接近;建档立卡贫困户家庭的书费支出最多,平均达 907 元;在伙食费、交通费及校服费等项目上,一般家庭的支出最高,达3 215元;在补课、兴趣班、家教费以及学习用品费等项目上,一般家庭的平均教育支出远高于其他三类家庭;在住宿费支出上建档立卡贫困家庭支出均值为1 099元,高于一般家庭及成员残疾家庭200元以上,是单亲家庭均值433元的2倍多。其他见表6.2。

从子女就读不同教育阶段来看,2018年农村家庭子女不同教育阶段的学费支出均值由大到小依次为:本科>高中>研究生及以上>初中>幼儿园>小学。其中本科阶段的学费最高,达5 605元。值得注意的是幼儿园的学费支出均值1 545元,高于小学阶段。补课、兴趣班和家教等费用方面,初中阶段的教育支出最高,平均达1 412元。学习用品及电子产品(电脑等)费用支出中本科阶段的支出最高,达2 266元,是小学阶段教育支出的3倍多。不同类型家庭、子女不同教育阶段在夏令营、暑假文化班费用及择校费的教育支出费用上相对数额较小。其他情况见表6.2。

表6.2　不同家庭类型、子女不同教育阶段各项教育支出平均情况(单位:元)

类别	基本教育支出			扩展性教育支出			选择性教育支出	
	学费	书费	住宿费	伙食费、交通费、校服费	补课、兴趣班、家教费	学习用品及电子产品(电脑等)费用	夏令营、暑假文化班费用	择校费	教育储蓄和教育保险
建档立卡贫困家庭	2 489	907	1 099	2 279	575	890	136	249	315
单亲家庭	982	589	433	1 134	544	773	273	161	985
成员残疾家庭	2 862	620	878	1 774	865	1 038	539	248	769
一般家庭	2 832	778	897	3 215	944	1 214	251	179	577
幼儿园	1 545	504	409	1 273	1 288	770	268	112	564
小学	1 286	515	632	1 876	1 224	673	269	138	652
初中	2 032	1 032	1 233	2 709	1 412	994	412	205	256
高中	4 142	1 444	1 403	3 667	697	1 127	212	271	308
本科	5 605	1 276	1 265	4 997	591	2 266	278	258	907
研究生及以上	3 182	684	1 155	1 250	361	1 583	218	210	115

（二）影响农村居民家庭教育支付能力的教育支出负担率分布

图 6.1 是不同类型家庭三大教育支出负担率变化情况。在四类家庭中,基本教育
支出、扩展性教育支出和选择性教育支出负担率均有所变化。其中,在基本教育支出
方面,建档立卡贫困家庭的负担率最重,为 19.11％,其次为成员残疾家庭,为
18.15％,负担率最低的是单亲家庭,为 10.48％,这与已有研究城镇居民家庭"低收入
家庭的教育负担更重"的观点吻合①,反映了收入低是建档立卡贫困家庭典型的区别
性特征;在扩展性教育支出方面,成员残疾家庭的负担率最高,为 7.23％,最低为建档
立卡贫困家庭,为 4.52％;在选择性教育支出方面,单亲家庭的负担率最大,为
3.83％。

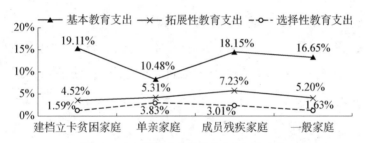

图 6.1 不同类型家庭教育支出负担率变化

家庭子女不同教育阶段的三大教育支出负担率变化情况如图 6.2 所示。总体来
看,农村家庭子女在不同教育阶段,基本教育支出、扩展性教育支出和选择性教育支出
等负担率也略有不同,除子女就读研究生及以上阶段外,家庭教育支出负担逐级增加,
总体趋势越来越重。

基本教育支出负担率的变化最大,最高为本科教育阶段,其负担率达到 29.11％,
其次为高中阶段,为 26.98％,而幼儿园阶段的此项负担率最低,为 9.61％。各教育阶
段的基本教育支出负担率呈"倒 U 字形";在扩展性教育支出方面,各教育阶段的负担

---

① 迟巍,钱晓烨,吴斌珍. 我国城镇居民家庭教育负担研究[J]. 清华大学教育研究,2012,33(03):75—82.

率有所差异,其中负担率最高的是初中教育阶段,为 7.65％,最低是为幼儿园阶段,为 5.00％;在选择性教育支出方面,各教育阶段负担率的变化差异很小,最高为本科教育阶段,其负担率为 2.58％,最低为研究生及以上阶段,负担率为 0.98％。参见图 6.2。

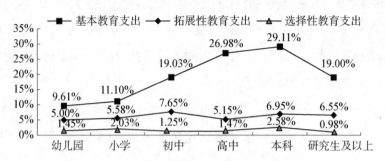

图 6.2　子女不同教育阶段家庭教育支出负担率变化

(三) 农村居民家庭教育支付能力的等级分布特征

成员残疾家庭和建档立卡贫困家庭的总教育支付能力均处于“低支付能力”水平,其中前者的总教育支付能力更弱;单亲家庭和一般家庭的总教育支付能力均处于“中低支付能力”水平,且前者弱于后者。在基本教育支付能力方面,四类家庭均处于“中高支付能力”水平,但建档立卡贫困家庭支付能力较弱于成员残疾家庭、一般家庭和单亲家庭。另外,在扩展性教育支付能力和选择性教育支付能力方面,四类家庭均处于“高支付能力”水平。

对于农村居民家庭来说,子女就读初中及以上阶段家庭总的教育支付能力要弱于幼儿园、小学阶段。具体表现为,就读初中及以上教育阶段的家庭总教育支付能力均处于“低支付能力”水平,就读小学阶段的家庭总教育支付能力处于“中低支付能力”水平,而子女就读幼儿园的家庭总教育支付能力则处于“中等支付能力”水平。在基本教育支付方面,子女就读本科和高中阶段的家庭支付能力处于“中等支付能力”水平,子女就读小学、初中和研究生及以上的家庭支付能力均处于“中高支付能力”水平,子女就读幼儿园的家庭支付能力处于“高支付能力”水平。至于扩展性教育支付和选择性教育支付方面,各教育阶段家庭的教育支付能力均处于“高支付能力”水平。

(四) 家庭不同教育阶段子女人数、不同类型家庭、父母受教育水平在各项家庭教育支付能力不同等级的差异性

研究使用了 Kruskal-Wallis 非参数检验分析各家庭子女就读不同教育阶段的人数和各项家庭教育支付能力的差异性;应用卡方检验来探讨不同家庭类型、父母不同受教育程度在家庭各项教育支付能力(家庭总教育支付能力、基本教育支付能力、选择性教育支付能力、扩展性教育支付能力)不同等级方面的差异。

Kruskal-Wallis 检验结果显示:子女上幼儿园和本科阶段,家庭子女的数量在家庭总教育支付能力不同水平上差异显著(chi-squared = 5.576, p = 0.010 6; chi-squared = 10.831, p = 0.028 5),而其他教育阶段家庭子女数量在家庭教育总支付能力、基本教育支付能力、扩展性教育支付能力和选择性教育支付能力不同等级上差异不显著。卡方检验结果表明:(1)建档立卡贫困家庭、成员残疾家庭和一般家庭在家庭总教育支付能力、基本支付能力、扩展性支付能力、选择性支付能力各等级上无统计学意义上的显著差异。但单亲家庭在选择性教育支付能力不同水平上差异非常显著($chi2(3)$ = 16.27, p = 0.001),表现为选择性教育支付能力低支付维度多是单亲家庭,而中高支付维度大多是非单亲家庭。(2)家庭总教育支付能力和父亲受教育程度有关($chi2(20)$ = 34.58, p = 0.022),随着父亲学历从初中到研究生及以上学历的提高,家庭总教育支付能力低支付维度所占家庭比例从 43.59% 下降到 13.46%;家庭扩展性教育支付能力和母亲学历有关($chi2(20)$ = 42.31, p = 0.003),低支付能力水平上母亲小学学历的家庭占比较多,为 40%。

四　研究结论与建议

对深度贫困的甘肃地区进行实证分析,本文主要得出如下结论:

第一,农村居民家庭教育各类支出不均衡。家庭最大教育支出是基本教育支出中

的学费支出,扩展性教育支出和选择性教育支出的各项费用相对较少。已有研究提出我国扶贫实践已实现了基础教育的基本供给[①],本研究揭示了初中阶段补课、参加兴趣班及家教费等扩展性教育支出最高,这反映了甘肃地区初中阶段家庭对校外优质教育资源的需求仍较为迫切。此外,随着电子产品的普及,子女就读本科阶段家庭除了较高学费支出外,与学习相关的电子产品支出也最高。不同家庭中单亲家庭的教育储蓄等支出相对最多。

第二,研究印证了俞云峰提出的"农村居民家庭高负担率主要来自非义务教育阶段,尤其是大学阶段"的观点,揭示出家庭较高的教育负担多发生在基本教育支出项目上。另外,各类家庭和子女不同教育阶段的基本教育支出负担率均远高于扩展性教育支出和选择性教育支出。其中,建档立卡贫困家庭以及子女就读本科阶段家庭的基本教育支出负担最重(负担率为 19.11%,29.11%),而扩展性教育支出和选择性教育支出负担率均未超过 8%。

第三,建档立卡贫困家庭、成员残疾家庭和子女就读初中以上各教育阶段的家庭总教育支付能力均处于"低支付能力"水平。随着子女受教育层次的提高家庭总教育支付能力、基本教育支付能力越来越弱(家庭子女就读研究生阶段的基本教育支付能力除外)。

第四,家庭子女就读幼儿园和本科的人数增加会影响家庭总教育支付能力水平;各类家庭中仅单亲家庭的选择性教育支付能力多处于低支付能力水平;父母的学历对家庭教育支付能力强弱有重要影响,父亲不同学历在家庭总教育支付能力上的影响较突出,而母亲不同学历对扩展性教育支付能力的影响较明显。

随着 2020 年我国绝对贫困人口的消除,扶贫工作将转向关注农村重点群体的发展问题。[②] 基于本章的主要结论,我们建议对刚脱贫的农村家庭教育支付能力实施动

---

① 李炜炜,李励恒,赵纪宁. 后扶贫时代教育扶贫的角色转换与行动逻辑[J]. 中国高等教育,2020(23):46—48.

② 林万龙,陈蔡春子. 从满足基本生活需求视角看新时期我国农村扶贫标准[J]. 西北师大学报(社会科学版),2020,57(02):122—129.

态监测,筛选教育重点帮扶对象,建立个性化帮扶政策,最终促进家庭参与教育阻断贫困代际传递的能动性。

首先,建议优先将西部原贫困县学前教育纳入义务教育范围;为来自原贫困县本科生群体尤其是家中有两个及以上就读本科的大学生减免学费、住宿费,提供无息助学贷款。在《国务院关于建立健全普通本科高校、高等职业学校和中等职业学校家庭经济困难学生资助政策体系的意见》(〔2007〕13 号)文件基础上,出台省域性高等教育农村多子女家庭大学生的资助政策。

其次,关注单亲家庭子女选择性教育支出负担,防止这类家庭在经济收入较低情况下,随教育储蓄支出的加大而返贫的风险。

再次,在原贫困县家庭教育支付能力总体较弱的情况下,为弥补本地区扩展性教育支出的不足,建议各级学校尤其是初中阶段,更加重视学业困难学生的课业帮扶,培养学生主动学习的能力;引进高雅艺术,拓宽学生视野及文化艺术鉴赏力;加强与东部发达地区初中教师的教学交流,构筑跨区域教育帮扶。

最后,有研究表明,农村居民家庭收入增加时,家庭教育支出的增速快于收入增速。[①] 针对案例地区农村原贫困县家庭尤其是建档立卡贫困家庭、成员残疾家庭和子女就读初中及以上各阶段家庭教育支付能力的低水平现状,在家庭经济收入增收的基础上,需要重点加大这些家庭教育支出的意愿。同时以上家庭也应认识到教育支出对子女成才及家庭可持续脱贫的重要性,增强父母尤其是父亲对子女的教育投资意愿,提升家庭对子女受教育的期望,提升父母参与教育阻断贫困的主动性。

---

① 俞云峰.农村居民家庭收入与子女教育支出的相关性分析——基于浙江省 500 个样本的调查[J].科学决策,2009(08):67—75.

第七章

东中西部贫困地区农村
家庭教育支出及其负担
状 况 比 较 研 究

摘要：本章基于国家社科基金项目"我国农村贫困家庭教育支付能力及其影响因素研究"课题组对我国不同地区 10 个国家级或省级贫困县进行的实地调研数据，运用数理统计分析法，比较研究了东中西部贫困地区居民家庭教育支出及其教育负担状况。研究发现：(1)2018 年贫困地区家庭子女教育支出金额较高，每个家庭的教育支出均值接近 7 000 元，花费较大的前三项分别是"学费""伙食、校服、交通"费用以及"补课、兴趣班、家教"费用。令人意外的是，西部地区家庭子女教育支出额最高。(2)从家庭教育负担——家庭子女教育支出占家庭总支出的比重——来看，有近 4 成家庭的教育负担率高于 30%。(3)家庭在读子女数越多，家庭用于子女校内教育支出(即书费、择校费、住宿费和学费)越大，但是，家庭用于子女校外教育支出(如补课、兴趣班、家教)以及教育储蓄和教育保险等方面开支，却反而越小。

关键词：贫困地区；农村家庭；家庭教育投入；家庭教育负担

一 家庭教育支出的内容与分类

随着我国家庭教育市场不断扩大和丰富，国内学者对于家庭教育支出的内容和结构分类的研究也在不断扩充。整体来看，国内相关主题研究主要根据自身的目的、假设及期望解决的问题，对家庭教育支出的定义、内容及结构进行界定和分类。[1] 北大学者陈良焜最早在 1992 年时，参照当时国家统计局城市项支出指标，明确了早期家庭

---

[1] 涂瑞珍，林荣日. 上海城乡居民家庭教育支出及教育负担状况的调查分析[J]. 教育发展研究，2009(21)：21—25.

教育支出的范围包括八项：学杂费、用于求学的文具、用于求学的书报费、用于求学的交通费、校服费、寄给或带给在外求学家庭成员的费用、为教育集资捐资、农村的技术培训费。[①] 近年来，我国教育市场逐渐繁荣，出现了各式各样与学生发展相关的交际、游学、参观文化场所、通信、买房、租房、学区房等新型家庭教育支出项目。

综合来看，家庭教育支出结构和内涵呈现多样化趋势。国内学者对家庭教育支出从不同角度进行划分，并丰富了家庭教育支出结构内涵。北京大学高教所在 20 世纪进行的中国教育收益率研究，将家庭教育支出分为基本教育支出、扩展性教育支出以及选择性教育支出。[②] 楚红丽从家庭消费支出变化的角度提出教育类消费支出、生活类支出和机会成本类支出。[③] 此后，涂瑞珍和林荣日在家庭教育支出三种分类的基础上增加了教育储蓄和教育保险项目，并将选择性教育支出项目增加为赞助费、培训费、择校费。[④] 梅文静重新定义了扩展性教育支出和选择性教育支出。[⑤] 还有学者将同学及师生间的交际费、增长知识的外出旅游费、校外考试和培训费以及参观文艺演出费等概括为扩展性教育支出。[⑥] 本章按照对家庭教育支出结构和内涵划分的常用方式，将家庭教育支出分为校内教育支出、校外教育支出和扩展性教育支出。

二　家庭教育支出的描述性分析及其比较

基于早期学界研究，本章调查了贫困县家庭教育支出整体及 10 种类型家庭教育支出情况，结果如表 7.1 所示。家庭教育总支出的均值为 10 496 元，其中，贫困家庭教

---

① 陈良焜. 中国人口年龄结构对教育的影响及家庭教育支出潜力的思考[J]. 北京大学学报（哲学社会科学版）,1992(06):12—17.

② 王远伟,朱苏飞. 中国城镇居民家庭教育投入的状况和特征[J]. 教育与经济,2009(04):11—16.

③ 楚红丽. 基础教育阶段家庭教育消费支出内容与结构的研究述评[J]. 教育科学,2007(02):1—4.

④ 涂瑞珍,林荣日. 上海城乡居民家庭教育支出及教育负担状况的调查分析[J]. 教育发展研究,2009(21):21—25.

⑤ 梅文静. 家庭经济资本和文化资本对子女教育支出的影响研究[D]. 上海:华东师范大学,2006.

⑥ 丁小浩,薛海平. 我国城镇居民家庭义务教育支出差异性研究[J]. 教育与经济,2005(04):39—44.

育支出为 10 459 元,非贫困家庭教育支出为 10 524 元。从家庭教育各项支出来看,贫困地区居民家庭的平均学费为 3 208 元,伙食、校服、交通费支出次之,平均为 2 199 元;校外补课、兴趣班和家教费支出排在第三,平均为 1 529 元。

表 7.1　贫困家庭与非贫困家庭经济、教育支出概况(单位:元)

家庭教育支出结构	教育支出类型	建档立卡贫困户		非建档立卡户		整体	
		平均值	中位数	平均值	中位数	平均值	中位数
	家庭总收入	74 801.6	60 283.3	74 105.06	56 846.95	74 406.9	58 359.15
	家庭教育总支出	10 459.12	12 476.92	10 524.31	12 192.94	10 496.1	12 316.04
家庭校内教育支出	学费	3 147.53	5 264	3 254.53	5 408.4	3 208.3	5 346.51
	书费	573.83	1 152.88	547.59	1 005.63	558.94	1 071.83
	择校费	222.82	1 681.2	187.99	1 151.04	203.1	1 405.83
	住宿费	454.97	1 453.49	448.03	1 439.21	451.05	1 445.37
	伙食、校服、交通费	2 080.92	3 931.7	2 289.47	4 601.43	2 199.05	4 324.87
家庭校外教育支出	补课、兴趣班、家教费	1 573.6	3 580.96	1 495.48	3 071.87	1 529.35	3 302.29
	学习用品及电子产品费用	778.55	1 672.03	771.94	1 479.82	774.81	1 566.14
家庭扩展性教育支出	夏令营、暑假文化班费用	552.37	1 493.42	532.18	1 380.49	540.95	1 430.61
	教育储蓄和教育保险	838.17	2 690.31	746.28	2 928.32	786.23	2 827.53

从家庭教育结构来看,贫困县家庭教育支出存在区域差异,如表 7.2 所示。在西部和东部地区的贫困家庭的家庭教育总支出低于非贫困家庭教育总支出,而中部地区的情况相反。东中西部非贫困家庭的校内教育支出,高于该地区贫困家庭的校内支出。但东部地区和中部地区的贫困家庭,其校外教育支出略高于非贫困家庭。中部地区家庭扩展性教育支出高于东部和西部地区家庭,而且西部地区贫困家庭与非贫困家庭在扩展性教育支出上的差异较大。

表 7.2 不同地区居民家庭教育各项支出概况(单位:元)

	家庭教育支出类型	非贫困家庭			贫困家庭			整体		
		样本量	平均值	中位数	样本量	平均值	中位数	样本量	平均值	中位数
东部	家庭教育总支出	1 662	9 807.49	4 784	1 091	9 693.82	5 140	2 753	9 762.44	4 950
	校内教育支出	1 691	6 424.04	2 310	1 112	6 010.17	2 330	2 803	6 259.85	2 310
	校外教育支出	1 717	2 446.23	1 000	1 128	2 793.28	1 100	2 845	2 583.83	1 000
	扩展性教育支出	1 713	1 100.26	100	1 133	1 208.02	100	2 846	1 143.16	100
中部	家庭教育总支出	3 614	10 667.73	6 700	2 968	10 728.85	7 000	6 582	10 695.29	6 885
	校内教育支出	3 654	6 581.95	3 659	3 013	6 371.96	3 600	6 667	6 487.05	3 620
	校外教育支出	3 741	2 900.15	1 200	3 087	2 953.05	1 200	6 828	2 924.06	1 200
	扩展性教育支出	3 725	1 344.42	120	3 084	1 500.11	200	6 809	1 414.94	150
西部	家庭教育总支出	269	13 026.36	11 000	171	10 660.32	6 990	440	12 106.83	9 150
	校内教育支出	270	8 831.16	6 090	171	8 661.22	5 000	441	8 765.26	5 800
	校外教育支出	273	2 945.00	1 452	175	1 554.97	500	448	2 402.02	1 000
	扩展性教育支出	273	1 213.58	50	174	456.44	0	447	918.85	10

三 东中西部家庭教育支出情况比较分析

本章使用的数据来源于"我国农村贫困家庭教育支付能力及其影响因素研究"课题组在 2018—2020 年在 4 省 10 县进行的实地调研,包含了 8 928 户家庭在子女教育方面的投资情况,其中有农村家庭 7 800 户,3 889 户是建档立卡的贫困家庭,504 户属于单亲家庭,764 户家庭中有残疾人。依据家庭的所在地,样本中有东部地区家庭 2 451 户,占比为 27.5%;中部地区家庭 6 073 户,占比为 68.0%;西部地区家庭 392 户,占比为 4.4%。

本研究关注的结果变量包括家庭对子女的教育支出金额、家庭对子女教育支出占比及其对家庭经济能力的影响。家庭教育支出是整个家庭支出的重要组成部分,反映了居民对教育的需求和支付能力。所谓家庭教育支出,从广义上讲,就是家庭全部成员在一定时期（通常指一年）内用于各类教育的相关费用的总和，一般是指家庭成员参加所有教育活动的年度经济投入。从狭义上讲，家庭教育支出是家庭为尚未经济独立的子女所支出的各类教育费用的总和，包含子女在校内的基本教育支出以及课外与学习相关的各种消费支出。[1] 本文的教育支出属于狭义概念。

表7.3是样本家庭子女教育支出情况表，其中近90%的家庭中有1—2个孩子正就读于某一教育阶段。

表7.3　调查样本家庭子女教育支出情况

教育支出类别	均值	标准差
子女教育支出总和	6 828.67	6 340.741
学费	2 338.06	3 097.195
书费	398.27	519.959
择校费	86.50	327.746
住宿费	199.36	567.815
伙食、校服、交通费	1 485.72	2 572.919
补课、兴趣班、家教费	1 048.77	1 841.348
学习用品	537.40	894.074
夏令营、暑假文化班费用	319.29	661.824
教育储蓄和教育保险	415.31	1 164.626
样本数（N）	8 928	

从受访者在2018年对子女教育的投入情况看，均值接近7 000元，花费较大的前三类分别是子女的学费（M＝2 338.06），伙食、校服、交通费（M＝1 485.72）和补课、兴趣班、家教费（M＝1 048.77），参见表7.4。

---

[1]　林荣日.教育经济学[M].复旦大学出版社，2008：47—103.

表 7.4　不同地区家庭对子女教育的支出情况

教育支出类别	东部地区		中部地区		西部地区	
	均值	标准差	均值	标准差	均值	标准差
支出总额	5 491.91	5 866.708	7 327.42	6 405.883	7 575.31	6 977.553
学费	1 579.18	2 653.570	2 660.53	3 228.023	2 133.42	2 774.096
书费	339.96	452.770	411.20	530.860	564.08	671.459
择校费	80.39	312.577	86.13	326.060	132.42	432.101
住宿费	217.20	603.691	158.75	493.975	715.80	992.346
伙食费等	1 235.86	2 453.178	1 549.82	2 567.592	2 080.82	3 192.463
补课费等	920.68	1 688.238	1 117.01	1 908.942	822.64	1 644.476
学习用品	491.51	874.386	548.37	886.733	663.30	1 101.244
夏令营等	293.12	633.789	337.55	678.297	206.55	558.972
储蓄保险	334.00	994.197	458.05	1 242.515	256.28	787.521
样本数(N)	2 451		6 073		392	

从不同地区家庭对子女教育的支出总额看(参见表 7.4)，位于西部地区的家庭在子女教育上的开支最高，均值已超过 7 500 元，为 7 575.31 元，其次是位于中部地区的家庭，均值为 7 327.42 元，最低的是位于东部地区的家庭，均值为 5 491.91 元。在具体的支出单项上，位于东部地区的家庭均不是最高的，其中，位于中部地区的家庭在子女的学费，补课、兴趣班、家教费，夏令营、暑期文化班费用和教育储蓄、教育保险 4 个单项上的开支最大，其他的单项则是位于西部地区的家庭开支最高。

整体而言，非农家庭在子女教育的支持上更多一些，但在择校费、住宿费和伙食、校服、交通费三项上，农村家庭的支持略高一些，但仅在住宿费一项上差异显著。非农家庭在子女教育的学费，书费，补课、兴趣班、家教费，教育储蓄、教育保险和夏令营、暑假文化班费用，添置学习用品等方面都显著高于农村家庭。

虽然有 3 889 户是建档立卡的贫困家庭，但从其对子女教育的开支情况来看，其在住宿费、教育储蓄和教育保险等项目上显著更高一些，其他项目上虽然差异不显著但也是该类型家庭的支出居多。

单亲家庭更有可能存在支付能力不足的问题,调研也发现,除了在子女的住宿费上,单亲家庭对子女的教育开支均低于其他家庭,尤其在学费,伙食、校服、交通费,补课、兴趣班、家教费,夏令营、暑假文化班费用和添置学习用品等方面显著更低一些。相比于有残疾人的家庭,没有残疾人的家庭对子女教育的支出显著更高,尤其在补课、兴趣班、家教费和教育储蓄、教育保险及夏令营、暑假文化班费用等方面存在显著差异。

四 东中西部家庭对子女教育支出的负担情况比较分析

根据本章第三节的说明,在一定时间内(如一年),家庭教育支出与家庭总支出的比重也是衡量家庭教育支付能力的指标之一,这一比重越大,表明家庭教育支付能力越弱,而此比重越小,则其家庭教育支付能力越强。

从家庭对子女教育支出的占比情况来看(参见表7.5),有12.1%的家庭认为其在子女教育方面的支出占家庭总支出的10%以内,有25.8%的家庭认为其在子女教育方面的支出占家庭总支出的10%—20%,有23.4%的家庭认为其在子女教育方面的支出占家庭总支出的20%—30%,有20.4%的家庭认为其在子女教育方面的支出占家庭总支出的30%—40%,还有18.4%的家庭认为其在子女教育方面的支出占家庭总支出的40%以上。

表 7.5 家庭对子女教育支出的负担情况

子女教育支出/家庭总支出	频率	百分比
10%以下	1 078	12.1
10%—20%	2 300	25.8
20%—30%	2 085	23.4
30%—40%	1 825	20.4
40%以上	1 640	18.4
总计	8 928	100

从表 7.6 可见,当家庭在子女的教育上进行投资时,有 24.9% 的家庭认为家庭教育支出对家庭整体的经济生活水平没有什么影响;有 63.7% 的家庭认为家庭教育支出对家庭的经济生活有一定程度的影响,但仍属于可承受的范围;有 10% 的家庭认为对子女教育上的开支已经对家庭的经济生活造成了比较大的影响,降低了整体的生活质量;另有 1.4% 的家庭认为目前对其子女在教育上的投资已经对其家庭经济生活产生了严重的影响,并已经无法承受。

表 7.6 教育支出对家庭经济生活的影响

回应	频率	百分比
没有什么影响	2 227	24.9
有一定影响,但还可以承受	5 686	63.7
影响较大,降低了生活质量	889	10
影响严重,无法承受	126	1.4
总计	8 928	100

家庭对子女教育支出的负担是指家庭投资于子女教育的支出占家庭总支出的比率,这一比例越低,则负担越轻,比例越大,说明家庭教育支出的负担越重。从表 7.7 可见,平均而言,不同地区家庭教育支出的负担情况存在差异。从子女教育支出占家庭总支出的比重来看,东部地区这一比重低于 30% 的家庭占比高达 69.5%,其中该比重低于 10% 的家庭占比达到 16.6%,而比重高于 40% 的家庭占比为 14.6%。中部地区这一比重低于 30% 的家庭占比为 58.8%,其中比重低于 10% 的家庭占比为 10.2%,而比重高于 40% 的家庭占比达到 19.2%。西部地区这一比重低于 30% 的家庭占比为 45.9%,其中比重低于 10% 的家庭占比为 12.5%,而比重高于 40% 的家庭占比高达 29.1%。可见,在东中西三大地区中,东部家庭的教育支出负担相对最轻,中部地区家庭其次,而西部地区家庭的教育支出负担最重。

表7.7　不同地区家庭对子女教育支出的负担情况

家庭教育支出/家庭总支出	东部地区		中部地区		西部地区	
	频率	百分比	频率	百分比	频率	百分比
10%以下	407	16.6	619	10.2	49	12.5
10%—20%	727	29.7	1 500	24.7	69	17.6
20%—30%	569	23.2	1 452	23.9	62	15.8
30%—40%	390	15.9	1 334	22	98	25
40%以上	358	14.6	1 168	19.2	114	29.1
样本数(N)	2 451		6 073		392	

　　无论是东部地区、中部地区还是西部地区的家庭,从其子女教育投资对家庭经济生活的影响情况来看(参见表7.8),大多数的家庭还是处于"有一定影响,但还可以承受"范围。在东部地区,有超过9成的家庭认为,子女教育支出对家庭经济生活的影响在可承受的范围内。中部地区的家庭,虽然在影响较大的一档占比较东部地区增多,但也仍有超过8成的家庭认为目前的子女教育投入处在可承受范围内。而在西部地区,认为对子女教育的投入对家庭经济生活产生了较大甚至严重影响的家庭占比达到19.1%,其中有3.3%的家庭认为当下的教育支出属于无法承受的程度。这也再次说明,西部地区家庭教育支出的负担相对较重。

表7.8　教育支出对不同地区家庭经济生活的影响

回应	东部地区		中部地区		西部地区	
	频率	百分比	频率	百分比	频率	百分比
没有什么影响	849	34.6	1 322	21.8	53	13.5
有一定影响,但还可以承受	1 431	58.4	3 983	65.6	264	67.3
影响较大,降低了生活质量	159	6.5	668	11	62	15.8
影响严重,无法承受	12	0.5	100	1.6	13	3.3
样本数(N)	2 451		6 073		392	

从表7.9可见,对于非农家庭而言,其在子女教育方面的支出较为集中在10%—40%之间,尽管农业户口的家庭并未出现较大的不同,但有更多的家庭认为其负担的子女教育支出已经占到了家庭总支出的40%以上。这一情况也存在于单亲家庭和有残疾成员的家庭中,即这两类家庭分别有20.8%和23.2%的家庭认为其对子女教育的支出占家庭总支出的40%以上。在建档立卡和其他家庭中,有18.7%的建档立卡的家庭在子女教育的负担比例在40%以上。

表7.9 不同类型家庭对子女教育支出的负担情况

家庭类型	10%以下	10%—20%	20%—30%	30%—40%	40%以上
非农户口	13.00%	26.10%	25.90%	19.20%	15.80%
农业户口	11.90%	25.70%	23.00%	20.60%	18.70%
非建档立卡户	11.70%	26.10%	23.40%	20.60%	18.10%
建档立卡户	12.60%	25.30%	23.20%	20.20%	18.70%
非单亲家庭	12.00%	26.00%	23.40%	20.50%	18.20%
单亲家庭	13.90%	22.40%	23.00%	19.80%	20.80%
无人残疾	12.40%	26.20%	23.50%	20.00%	17.90%
有人残疾	8.40%	21.60%	22.00%	24.90%	23.20%

从子女教育支出对家庭经济生活的影响来看(参见表7.10),除了有残疾人的家庭之外,其他各类家庭多数处于"无影响"和"有一定影响"之中,二者累加占比均在84%以上,相对而言,农业户口家庭、建档立卡贫困家庭、单亲家庭和有残疾成员的家庭中,更多的占比处于"影响较大"和"影响严重"之中,特别是"有人残疾的家庭",二者的累加占比达到21.5%,其次是"单亲家庭",二者的累加占比也达到15.3%。

表 7.10　教育支出对不同类型家庭经济生活的影响

家庭类型	无影响	有一定影响	影响较大	影响严重
非农户口	29.10%	63.00%	7.30%	0.60%
农业户口	24.30%	63.80%	10.30%	1.50%
非建档立卡户	25.70%	63.90%	9.20%	1.20%
建档立卡户	24.00%	63.40%	11.00%	1.70%
非单亲家庭	25.00%	63.80%	9.90%	1.20%
单亲家庭	23.60%	61.10%	10.50%	4.80%
无人残疾	25.90%	63.70%	9.20%	1.20%
有人残疾	14.80%	63.70%	17.70%	3.80%

五　研究发现

　　基于国家社科基金项目"我国农村贫困家庭教育支付能力及其影响因素研究"课题组在 2018—2020 年对 10 个贫困县进行的实地调研数据,本章研究了我国东中西部贫困地区家庭教育支出情况、家庭对子女教育支出的负担情况以及子女教育支出对家庭经济生活的影响情况等方面问题,结果发现:(1)贫困地区家庭子女教育支出的金额较高,每户每年的教育支出均值为 6 828.67 元,相关花费较大的前三项分别是"学费""伙食、校服、交通费"和"补课、兴趣班、家教费"。(2)东中西部家庭子女教育支出均值存在显著差异,令人意外的是,位于西部地区的家庭户均教育支出额反而最高,中部家庭次之,东部家庭最低,三者分别是 7 575.31 元、7 327.42 元和 5 491.91 元。(3)大多数家庭的子女教育支出对家庭经济生活都有影响。家庭教育支出对家庭经济生活有一定影响、较大影响及影响严重的占比高达 75.1%,而只有 24.9% 的家庭认为没有什么影响。(4)不同地区家庭教育支出的负担情况有所差异,其中,东部家庭的教育支出负担相对较轻,中部地区家庭次之,而西部地区家庭的教育支出负担最重。从子女教育支出占家庭总支出的比重来看,东部地区这一比重低于 30% 的家庭占比高达

69.5%,而该比重高于40%的家庭占比为14.6%。中部地区这一比重低于30%的家庭占比为58.8%,而该比重高于40%的家庭占比为19.2%。西部地区这一比重低于30%的家庭占比为45.9%,而该比重高于40%的家庭占比高达29.1%。(5)家庭在读孩子数量越多,家庭用于子女教育的总支出也越大,但不同教育支出类型,呈现不同的情况,具体是:书费、择校费、住宿费、学费等支出上,在读孩子数与费用支出呈正向关系,而在补课、兴趣班、家教费,教育储蓄和教育保险等支出上,在读孩子数与费用支出却呈负向关系。

第八章

贫困地区贫困与非贫困家庭教育支出不平等性及其边际效应研究

摘要：家庭教育支出是公共教育支出的重要补充，它通过影响子女的未来发展，进而影响整个社会的发展进程。本章在划定家庭教育支出类型的基础上，结合我国东中西部地区 10 个贫困县的建档立卡贫困户与非贫困户的调查数据，运用洛伦茨曲线、基尼系数的分解与边际效应估计以及 Oaxaca-Blinder 分解等方法，对贫困与非贫困家庭的经济收入、家庭教育支出及其结构的不平等程度以及"建档立卡贫困户"政策对贫困地区家庭教育支出的影响程度等进行了研究。研究发现：(1)贫困与非贫困两类家庭的教育支出在总体规模和内部各结构上具有较为一致的分布形态，但二者不平等程度的差异主要体现在各类支出之间；(2)两类家庭校内教育支出的基尼系数和边际效应上存在差异；(3)校外教育支出对贫困家庭并未起到缩小教育支出不平等的作用，但校外教育支出对非贫困家庭则起到了缩小教育支出不平等的效果；(4)在两类家庭的组间均值差异分解方面，相较于非贫困家庭，贫困家庭的教育总支出和校内教育支出更低，建档立卡贫困户身份是造成两类家庭教育支出存在显著差异的主要原因。本研究认为，如果教育领域要实现精准扶贫与乡村振兴的有效衔接，仍然需要在坚持脱贫不脱政策的基础上，不断强化和细化有关降低贫困家庭校内教育支出的帮扶政策。

关键词：家庭教育支出；不平等性；建档立卡贫困户；回归分解

一 研究背景

教育是彻底摆脱贫困宿命的根本出路。贫困代际传递理论将教育投资视为反贫困的主要路径，并从人力资本视角将贫困对象自身视为最重要的资本进行培育和再投资。人力资本在经济增长和收入能力提升中具有核心地位，能够在宏观和微观两个层面形成反贫困的良性循环并实现可持续发展。① 因此，教育公平是社会公平的起点，是迈向共同富裕的基石。

对政府和家庭而言，教育支出是实现教育基础性作用的前提。改革开放以来，不论是政府的公共教育资源投入，还是居民对子女的人力资本投资，其投入力度都是空前的，贫困地区也不例外。在公共教育投入方面，近年来政府出台了"两免一补"政策和学校重组等专项教育政策，并向农村地区、边远贫困地区和民族地区倾斜，对缩小地区间教育公共投入的差距起到了重要的平衡作用。除公共教育支出外，居民家庭教育支出作为公共教育的重要补充，对家庭教育也至关重要，直接影响到子女受教育的质量和水平。与此同时，随着经济发展所带来的收入分化，不同阶层家庭教育支出的差异可能受到家庭支付意愿的影响，导致家庭教育支出差距不断扩大。② 例如，低收入家庭的校外培训参与率比高收入家庭低 50％以上。③ 不断扩大的家庭教育支出差异，可能导致家庭面临新的教育不平等问题。以往对教育支出不平等的研究大多从整体出发，较少涉及特定群体，尤其是教育帮扶政策所瞄准的贫困家庭。因此，建档立卡贫困户和非贫困户在家庭教育支出方面的不平等程度，以及造成两类群体之间的教育支出差异的原因值得深入研究。

在划定教育支出类型的基础上，本章基于 10 个国家级或省级贫困县调查数据，对建档立卡贫困户和非贫困户家庭教育支出的不平等程度进行了测度，识别出造成两类政策群体之间教育支出差异的主要来源，为当前乡村振兴阶段下教育扶贫政策的优化提供实证依据。本章其余部分安排如下：首先，对已有关于家庭教育支出不平等的研究进行文献回顾。其次，对本研究所使用的数据及其描述性统计结果进行介绍。再次，对建档立卡贫困户和非贫困户家庭教育支出的不平等状况进行实证分析，测度两类家庭教育支出的不平等状况，并对两类家庭组间均值差异进行分解。最后，总结全

① 李玲，朱海雪，陈宣霖. 义务教育人力资本发展评估——基于反贫困理论视角[J]. 教育研究，2019(10)：124—131.

② Cornwell K W. 2014. New Perspectives on Rural Educational Inequality [D]. Columbus：Ohio University.

③ 王蓉. 教育蓝皮书：中国教育新业态发展报告(2017) [M]. 北京：社会科学文献出版社，2018.

文并阐述本研究的政策启示。

二　文献综述

国家经济和家庭经济状况对家庭教育支出存在明显不同的影响。发达国家的家庭教育支出比重相对较大,但不同阶层家庭教育支出的不平等程度相对较小。如欧洲居民家庭在初等教育阶段以上的校外辅导支出占家庭教育支出的比例为 60%—90%,但不同经济阶层家庭教育支出的比例几乎不存在差异。[①] 而发展中国家和经济较为落后的地区,其家庭教育支出不平等程度较高,较贫困家庭教育支出的不平等程度高于较富裕家庭[②],且由于缺乏代际教育和收入的流动性,贫困家庭、农村家庭与城市家庭教育支出差异显著,贫困家庭的儿童总是处于低收入、低教育水平,面临新的贫困代际传递。[③]

国内学者的研究表明,我国家庭校内教育支出在不同时期、地区存在一定差异,且教育支出类型逐渐丰富。倪咏梅发现在 1990 年代,省市、城乡之间的家庭校内教育支出存在较大差距,而少数民族地区和贫困边远地区对校内教育的投入偏少。[④] 此后,这种差距体现在农村贫困地区低收入家庭的教育负担明显高于中、高收入家庭。[⑤] 之后,我国城乡家庭教育投资差异在 1990—2016 年表现出阶段性的、频繁的波动现象,全国各地区的内部差异都在逐渐缩小。[⑥] 特别是在精准扶贫后,国家制定了直接影响家庭教育支出的基础教育政策,如教育经费、贫困救助和营养计划等,且政策手段逐步

---

① Andreou S N. 2012. Analysis of Household Expenditure on Education in Cyprus [J]. *Cyprus Economic Policy Review*, 6(2):17 – 38.

② Bayar A A, Ilhan B Y. 2016. Determinants of Household Education Expenditures:Do Poor Spend Less on Education? [J]. *Topics in Middle Eastern and North African Economies*, 18:83 – 111.

③ Ebaidalla E M. 2018. Understanding Household Education Expenditure in Sudan:Do Poor and Rural Households Spend Less on Education? [J]. *African Journal of Economic Review*, 6(1):160 – 178.

④ 倪咏梅. 农村小学生家庭教育支出研究[J]. 教育与经济,1997(03):31—37.

⑤ 武向荣. 农村贫困地区家庭教育支出及负担的实证研究——基于宁夏两个国家级贫困县的调查[J]. 教育理论与实践,2015(16):21—25.

⑥ 蔡文伯,黄晋生. 我国家庭教育投资的城乡差异与空间格局演变[J]. 教育经济评论,2019(06):39—55.

多样化,如从早期较为单一的学费和救助费,拓展到目前学费、学杂费、书本费、食宿费、营养费和交通费等方面。[①]

近年来,随着我国经济发展和家庭经济收入的提升,不同阶层背景的家庭面临着由贫富差距扩大造成的家庭教育支出方面的教育鸿沟扩大,以及家庭教育支出从校内向校外的结构转变的问题。迟巍等针对城市家庭教育支出的研究表明,虽然国家加大对义务教育阶段的教育投入,但并未阻止家庭对子女的校外投资,且出现了教育支出与家庭收入不成比例增加的趋势。[②] 还有学者研究发现,收入水平越高的家庭,课外补习私人成本越高,课外补习私人成本负担率越小;特别是发达地区或经济社会地位较高的家庭,会将更多的教育支出投入课外补习当中。[③] 刘保中的研究则表明中低收入家庭和农村户籍家庭在子女总教育支出及"影子"教育支出上依然存在明显的劣势,投资意愿也相对较低。[④] 中国教育财政家庭研究的相关报告表明,2017年国内中小学生平均每年的家庭校外教育支出占到教育总支出的三分之一,社会经济背景较好的家庭更倾向于增加校外教育支出。[⑤] 这种现象带来的后果引起了一些学者的关注。宋海生和薛海平指出当课外补习的费用占家庭教育总支出的一半以上时,将给经济状况困难家庭带来严重的经济负担[⑥];同时,校外教育支出的差异有可能进一步加剧教育支出的不平等,影响学生获得的最终教育的水平和质量,进而有可能影响社会整体的教育公平。[⑦]

① 樊晓杰,林荣日.扶贫视角下影响家庭教育支付的基础教育政策及其工具分析[J].华中师范大学学报(人文社会科学版),2020(04):173—183.

② Chi W, Qian X. 2016. Human capital investment in children:An empirical study of household child education expenditure in China, 2007 and 2011 [J]. *China Economic Review*, 37:52-65.

③ 曲颖,薛海平.我国义务教育阶段课外补习私人成本研究[J].上海教育科研,2015(04):21—26.

④ 刘保中."扩大中的鸿沟":中国家庭子女教育投资状况与群体差异比较[J].北京工业大学学报(社会科学版),2020(02):16—24.

⑤ 魏易.校内还是校外:中国基础教育阶段家庭教育支出现状研究[J].华东师范大学学报(教育科学版),2020(05):103—116.

⑥ 宋海生,薛海平.初中生课外补习支出:现状、影响因素及政策启示[J].当代教育论坛,2018(04):83—92.

⑦ 钱晓烨,迟巍,史瑶.义务教育阶段城镇家庭教育支出的构成及不平等:来自2007和2011的实证证据[J].教育与经济,2015(06):25-33.

由上可知,家庭教育支出不平等状况会因地区经济和家庭经济状况而变化。目前,随着经济的快速发展和精准扶贫政策的推进,我国家庭教育支出的金额和结构也不断转变。特别是对于刚脱贫地区和贫困家庭,家庭经济收入的提升促使家庭教育支出不断增加,引起家庭教育支出结构的新变化。在这种背景下,贫困家庭是否会面临家庭教育支出及结构带来的新的教育不平等问题,如果存在家庭教育支出差异,这种差异有多少是由于"贫困身份"所导致的,目前还缺乏针对性和明确的研究,这为本研究提供了空间。

 三 数据来源与描述性统计

(一)调研样本概况

为准确收集我国实施精准脱贫政策后,贫困地区居民家庭教育相关信息,科学客观地评价其教育负担和教育支付能力,在借鉴以往研究成果的基础上,国家社科基金项目"我国农村贫困家庭教育支付能力及其影响因素研究"课题组基于编制的《贫困地区家庭教育状况调研表》进行了调研。该问卷分为家庭基本信息、家庭收入、家庭教育支出状况、家庭教育观念、家庭教育内容等五个维度。根据地理位置和经济发展水平,综合考虑了我国不同省份之间的经济社会发展状况,以贫困县为基本调查单位,分别选取了东部地区的福建平和县、江苏阜宁县,中部地区的湖北巴东县、孝昌县、大悟县以及江西吉安县,西部地区的甘肃秦安县、通渭县、临洮县和民乐县等 10 个国家级或省级贫困县。剔除无效样本后,进入统计分析的有效样本共 5 838 户,非建档立卡户(非贫困户)3 441 户和建档立卡户(贫困户)2 397 户,其中各县家庭调查样本情况如表8.1 所示。本次抽样调查可以回答本章研究的主要问题,为不同贫困地区、贫困群体提供更为可靠和科学的实证依据。

表 8.1　贫困家庭与非贫困家庭调研样本数量

省份	县份	是否为建档立卡贫困户		合计
		不是	是	
江西省	吉安县	450	238	688
（1县）		65.41	34.59	100
		13.08	9.93	11.78
甘肃省 （4县）	临洮县	31	19	50
		62	38	100
		0.9	0.79	0.86
	民乐县	27	15	42
		64.29	35.71	100
		0.78	0.63	0.72
	秦安县	87	55	142
		61.27	38.73	100
		2.53	2.29	2.43
	通渭县	27	11	38
		71.05	28.95	100
		0.78	0.46	0.65
福建省	平和县	822	428	1 250
（1县）		65.76	34.24	100
		23.89	17.86	21.41
江苏省	阜宁县	197	175	372
（1县）		52.96	47.04	100
		5.73	7.3	6.37
湖北省 （3县）	巴东县	949	714	1 663
		57.07	42.93	100
		27.58	29.79	28.49
	大悟县	17	15	32
		53.13	46.87	100
		0.49	0.63	0.55

（续表）

| 省份 | 县份 | 是否为建档立卡贫困户 | | 合计 |
		不是	是	
湖北省 （3县）	孝昌县	834	727	1 561
		53.43	46.57	100
		24.24	30.33	26.74
合计 （10县）		3 441	2 397	5 838
		58.94	41.06	100
		100	100	100

注：以县为统计单位，包含三行信息，第一行为频数，第二行为行百分比（％），第三行为列百分比（％）。

（二）家庭教育支出的描述性分析

基于早期研究，本章调查了贫困县家庭教育支出整体及10类家庭教育支出情况，结果如表8.2所示。家庭教育总支出的年均值为9 116.19元，其中，贫困家庭教育支出8 265.41元，非贫困家庭教育支出为9 707.85元。从家庭教育各项支出来看，贫困地区居民家庭的平均学费为2 537.43元，伙食、校服、交通费支出次之，平均为1 721.45元；校外补课、兴趣班和家教费支出排在第三，平均为1 331.04元。

表8.2 贫困家庭与非贫困家庭经济、教育支出概况（单位：元/年）

| 支出类别 | 支出项目 | 非建档立卡贫困户 | | 建档立卡贫困户 | | 全样本 | |
		平均值	中位数	平均值	中位数	平均值	中位数
	家庭总收入	70 507.19	58 000	69 329.69	58 000	70 023.16	58 000
	家庭教育总支出	9 708.85	5 822	8 265.41	5 400	9 116.19	5 600
校内教育支出	学费	3 057.44	1 000	2 537.43	1 000	2 843.93	1 000
	书费	529.31	280	318.46	200	442.74	200
	择校费	203.09	0	164.12	0	187.09	0
	住宿费	426.24	0	323.11	0	383.90	0
	伙食、校服、交通费	2 239.43	500	1 721.45	500	2 026.76	500

（续表）

支出类别	支出项目	非建档立卡贫困户		建档立卡贫困户		全样本	
		平均值	中位数	平均值	中位数	平均值	中位数
校外教育支出	补课、兴趣班、家教费	1 320.14	200	1 331.04	200	1 324.62	200
	学习用品及电子产品费用	745.94	200	656.92	200	709.39	200
扩展性教育支出	夏令营、暑假文化班费用	487.23	0	464.73	0	477.99	0
	教育储蓄和教育保险	700.02	50	748.14	10	719.78	50

四 实证结果分析

为了解贫困地区居民家庭教育支出结构的不平等状况,本文运用洛伦茨曲线、基尼系数的分解与边际效应估计以及 Oaxaca-Blinder 分解方法测度被调查贫困县家庭经济收入、家庭教育支出以及家庭教育支出结构的不平等程度,以及"建档立卡贫困户"政策对贫困县家庭教育支出的影响程度。

(一) 贫困家庭与非贫困家庭的教育支出分析

1. 洛伦兹曲线和基尼系数

本章使用基尼系数法测度家庭支出的不平等程度。该计算方法由意大利经济学家基尼(Gini, 1912)基于洛伦茨曲线所提出。洛伦兹曲线的函数表达式为:$y = L(x)$,x 和 y 的值均在 0 到 1 之间。以家庭教育支出为例,令 Z_{max} 为样本或总体中所有家庭的教育支出之和,0 为理论上的最小值。将家庭教育支出按照升序排列后,对某一支出水平,可以计算出它的累积支出值 z;此时,若 x 为教育支出不超过某个支出水平的样本或总体的累积百分比,则可得 $y = L(x) = z/Z_{max}$,即通过家庭教育支出的排序将家庭个数的累积百分比与其对应的收入累积百分比联系起来,这种函数关系构成了洛

伦茨曲线。而且,基尼系数可按照价值高低区分相同等份的家庭教育支出的不平等性,其计算公式为:

$$Gini = \frac{S_a}{S_a + S_b}$$

其中,S_a、S_b 分别表示家庭教育支出的洛伦茨曲线与绝对平均线、洛伦茨曲线与绝对不平均线所围成的面积。当 $Gini = 0$,$S_a = 0$ 时,表明家庭教育支出的洛伦茨曲线与绝对平均线重合,此时的家庭教育支出的分配是绝对平均的;当 $Gini = 1$,$S_b = 0$ 时,表明洛伦茨曲线与绝对不平均线重合,此时的家庭教育支出的分配是绝对不平均的,所有的收入都集中在一个人手中。显然 $0 \leqslant Gini \leqslant 1$。按照国际惯例,基尼系数 0.2 以下视为收入绝对平均,0.2—0.3 视为收入比较平均,0.3—0.4 视为相对合理,0.4—0.5 视为差距较大,当基尼系数达到 0.5 以上时,则表示差异悬殊。

基于基尼系数公式,可以探讨构成家庭教育支出结构中的任一类家庭支出对家庭教育总支出不平等的影响程度。参照 Lerman & Yitzhaki(1985)的研究,家庭教育支出的基尼系数可以表示如下:

$$G = \sum_{k=1}^{K} S_k G_k R_k$$

其中,G 表示基尼系数,S_k 表示第 k 项家庭教育支出来源对总收入的重要性,G_k 表示第 k 项家庭教育支出的分布均等性或不平等程度,R_k 表示第 k 项家庭教育支出与总支出分布之间的相关性。

2. 贫困家庭与非贫困家庭教育支出的洛伦兹曲线

通过对比调查样本中贫困家庭和非贫困家庭的家庭收入的洛伦兹曲线,发现这两类家庭的家庭收入和家庭教育总支出的洛伦兹曲线几乎重合,说明这两类家庭在教育总支出上的累积分布较为一致,已无明显差别。具体来看,40%的贫困家庭和非贫困家庭分别占家庭收入的 18.58%、19.58%,而 80%的这两类家庭的收入占比分别达到58.27%、59.12%,如图 8.1 所示。图 8.2 中的家庭教育总支出略微远离绝对平均线,说明教育总支出的不平等程度大于家庭收入。其中,20%的贫困家庭和非贫困家庭教育分别占家庭校内教育支出累计的 1.81%和 1.64%,而 80%的贫困家庭和非贫困家庭教育分别占家庭校内教育支出累计的 43.76％和 42.78％。

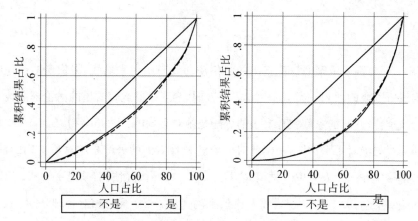

图 8.1/8.2　分别代表贫困家庭与非贫困家庭收入、教育总支出的洛伦茨曲线

从教育支出结构来看,贫困家庭和非贫困家庭的校内教育、校外教育以及扩展性教育支出上的累积分布趋势较为一致,但远离 45 度绝对平均线的趋势增大,且非贫困家庭的校外教育支出的不平等程度略微高于贫困家庭。具体来看,图 8.3 中 20％的贫困家庭和非贫困家庭教育分别占家庭校内教育支出累计的 1.4％和 1.35％,而 80％的贫困家庭和非贫困家庭教育分别占家庭校内教育支出累计的 37.27％和 38.4％。与校内教育支出不同的是,校外教育支出是较为灵活且非必要的教育投资,其不平等差异显著。被调查的贫困家庭和非贫困家庭教育总支出的洛伦兹曲线基本重合,且洛伦兹曲线变陡峭,说明校外教育支出的不平等程度增大,特别是 25％的贫困家庭和 20％的非贫困家庭没有补课、兴趣班、家教和学习用品及电子产品费用等校外教育支出,80％的贫困家庭和非贫困家庭教育分别占校外教育支出累积的 31.49％和 31.52％,如图 8.4 所示。扩展性教育支出主要是家庭为子女支付的夏令营、暑假文化班、教育储蓄和教育保险等费用,图 8.5 所示发现,贫困地区扩展性教育支出洛伦茨曲线更加陡峭,不公平程度加剧。在这两类家庭中,35％的贫困家庭和非贫困家庭没有家庭扩展教育支出,且非贫困家庭比贫困家庭不平等程度略高,80％的贫困家庭和非贫困家庭教育分别占扩展性教育支出累积的 23.67％和 14.2％,如图 8.5 所示。

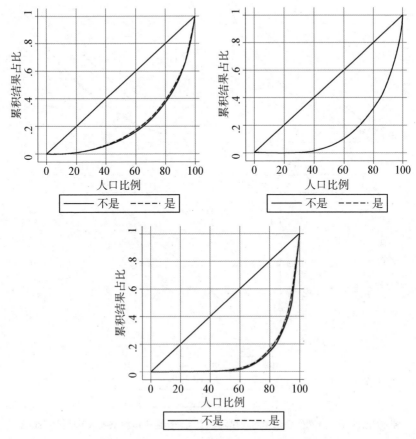

图 8.3/8.4/8.5　分别代表贫困家庭与非贫困家庭的校内、校外和扩展性教育支出的洛伦茨曲线

（二）不同地区贫困与非贫困家庭教育支出结构的平等性状况

众多研究表明，我国居民家庭经济收入存在地区性差异。因而，我们接下来将重点对比被调查的东中西地区贫困和非贫困居民家庭教育支出及结构的洛伦兹曲线。

1. 东中西部贫困家庭与非贫困家庭经济收入的洛伦茨曲线

从图 8.6、8.7 和 8.8 发现，被调查的东中西部家庭收入无明显差异，其中近 80％ 家庭的经济收入累计占比为 60％ 左右。具体来看，被调查的中部和西部地区贫困和非贫困家庭的经济收入的洛伦兹曲线几乎覆盖，而东部地区贫困家庭略比非贫困家庭远离绝对平均线，说明被调研的东部地区家庭收入的不平等程度略高于非贫困家庭。

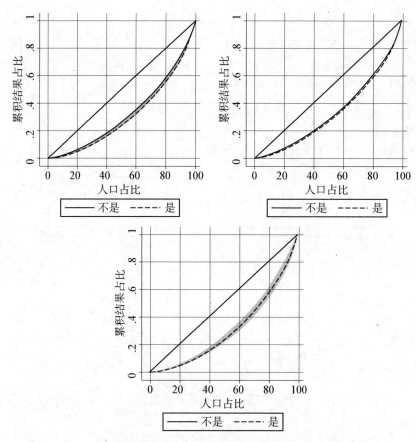

图 8.6/8.7/8.8　分别代表东中西部贫困家庭与非贫困家庭经济收入的洛伦茨曲线

2. 东中西部贫困家庭与非贫困家庭教育总支出的洛伦茨曲线

通过图 8.9、8.10 和 8.11,我们发现被调查的东中西部贫困地区的家庭教育总支出的不平等程度大于家庭收入,且西部地区贫困和非贫困家庭存在明显的差异。其中,东部地区的家庭教育支出不平等程度最大,80％的贫困和非贫困家庭教育支出累计占比分别为 44％和 43％,也就是 20％的贫困和非贫困家庭的教育总支出累计占比分别达到 56％和 57％;中部贫困和非贫困家庭教育支出不平等程度和差异较小,且最靠近绝对公平线,80％的贫困和非贫困家庭占教育累计总支出分别为 46％和 47％;而西部地区的贫困和非贫困家庭的教育支出存在明显差异,80％的贫困和非贫困家庭教育支出累计占比分别为 43％和 51％。

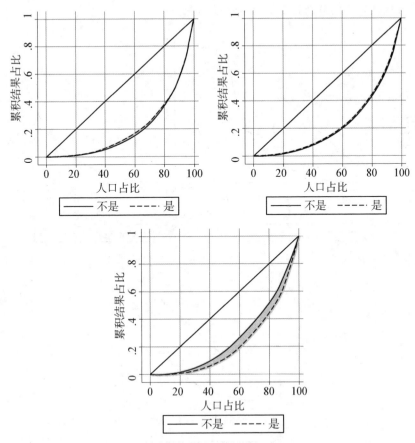

图 8.9/8.10/8.11　分别代表东中西部贫困家庭与非贫困家庭教育总支出的洛伦茨曲线

3. 东中西部贫困家庭与非贫困家庭校内教育支出的洛伦茨曲线

我们发现,东中西部的贫困地区家庭校内教育支出的洛伦茨曲进一步远离绝对平均线,说明区域内部不平等程度大于其家庭收入,且存在明显的地区差异,如图8.12、8.13和8.14所示。具体来看,东部贫困地区家庭整体的校内教育支出的不平等性最大,但贫困和非贫困家庭之间的差异小,80％的贫困和非贫困家庭校内教育支出累计占比分别为30％和29％。而中部这两类家庭收入的洛伦茨曲线趋势较为接近,且最靠近绝对公平线,80％的贫困和非贫困家庭占教育累计总支出分别为38％和37％,而西部被调查地区贫困和非贫困家庭的教育总支出的差异明显,80％的贫困和非贫困家庭教育校内教育支出分别为 39％和 45％。

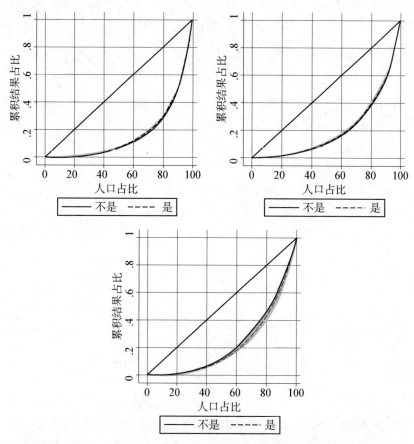

图 8.12/8.13/8.14　东中西部贫困家庭与非贫困家庭校内教育支出的洛伦茨曲线

4. 东中西部贫困家庭与非贫困家庭校外教育支出的洛伦茨曲线

我们发现，东中西部贫困地区家庭校外教育支出的不平等情况与其校内教育支出相似，如图 8.15、8.16 和 8.17 所示。具体来看，东部地区 80％的贫困和非贫困家庭校内教育支出累计占比分别为 31％和 30％，中部的家庭收入的洛伦茨曲线趋势较为接近，80％的贫困和非贫困家庭的校外教育累计总支出分别为 31％和 32％，而西部被调查地区家庭的校内教育支出的洛伦茨曲线差异明显，80％的贫困家庭的校外教育支出占比为 36％，而非贫困家庭的占比为 27％。

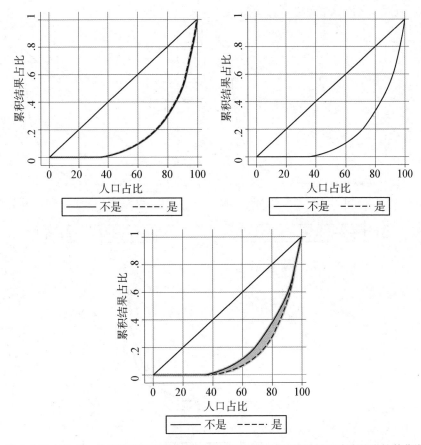

图 8.15/8.16/8.17　分别代表东中西部贫困家庭与非贫困家庭校外教育支出的洛伦茨曲线

5. 东中西部贫困家庭与非贫困家庭扩展性教育支出的洛伦茨曲线

值得注意的是,东中西部贫困地区家庭在扩展性教育支出的不平等程度非常悬殊,而且区域内部也存在一定差异。通过图 8.18、8.19 和 8.20 所示,家庭扩展性教育支出的洛伦茨曲线明显远离绝对平均线,具体来看,东部地区贫困家庭不平等程度略低于非贫困家庭,80%的贫困和非贫困家庭扩展性教育支出占比分别为仅约为 17%和 15%;而中部地区的家庭收入的洛伦茨曲线趋势与东部地区情况较为相似,80%的贫困和非贫困家庭占扩展性教育支出分别为 16%和 14%,而西部调查地区贫困家庭的洛伦茨曲线趋势比非贫困家庭更远离绝对平均线,80%的贫困家庭占扩展性教育支出的 7%,而非贫困家庭的此项占比为 13%。

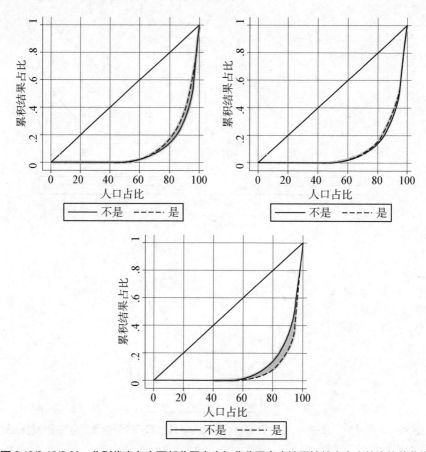

图 8.18/8.19/8.20　分别代表东中西部贫困家庭与非贫困家庭扩展性教育支出的洛伦茨曲线

　　通过家庭教育支出的不平等测度与可视化发现,贫困家庭与非贫困家庭的教育支出与各类教育支出没有明显的差异,但这两类家庭教育总支出和支出结构的不平等程度均大于家庭经济收入的不平等程度。而且,从不同区域来看,家庭的各类教育支出的不平等性程度更加明显,特别是扩展性教育支出存在的不平等程度悬殊。

(三) 各类家庭教育支出的基尼系数分解及其边际效应估计

　　为了探究家庭教育支出结构不平等的程度和影响,我们对被调查地区居民家庭的教育总支出和各类家庭教育支出的基尼系数和边际效应进行估计(参见表8.3)。整体来看,贫困地区居民家庭教育总支出的基尼系数为0.5444。按照基尼系数阈值的标准来看,说明被调查的贫困地区居民家庭教育总支出的差异悬殊。具体来看,家庭校内和校外教育支出对家庭教育总支出的基尼系数较高,是影响家庭教育支出平等性的主要因素,相关系数分别为0.9103和0.7559。根据基尼系数的边际效应,家庭校内、校外教育支出每增加1%,教育总支出的基尼系数将分别减少0.17%和0.9%,这表明对于贫困地区居民家庭来说,家庭校内和校外教育支出对教育总支出的不平等性有轻微均衡的作用。贫困地区扩展性教育支出虽然在家庭教育总支出占比仅有13.06%,但其基尼系数却高达0.813,且每增加1%,教育总支出的基尼系数将增加1.07%,说明扩展性家庭教育支出不平等性程度最高,且其增加将不利于家庭教育支出的平衡。

贫困家庭和非贫困家庭在教育支出不平等状况上较为相似,教育总支出的基尼系数分别为0.5404和0.5498,说明不平等程度差异悬殊。具体来看,这两类家庭的家庭校内教育支出的基尼系数分别为0.5898和0.601,而且家庭校内教育支出每增加1%,教育支出的基尼系数将分别减少1.83%和0.776%。但扩展性教育支出与家庭总支出的基尼系数分别为0.8036和0.8199,而且扩展性教育支出每增加1%,扩展性教育支出和教育总支出的基尼系数将分别增加1.45%和1.53%,说明虽然扩展性家庭教育支出在家庭教育支出的占比较低,但对家庭教育支出不平等性有较大的负向调节作用。值得注意的是,这两类家庭在校外教育支出的基尼系数和边际效应上存在差异,贫困家庭的校外教育支出的基尼系数(0.6843)高于非贫困家庭(0.6796),而且校外支出每增加1%,教育支出的基尼系数将增加0.422%,而非贫困地区居民家庭的基尼系数将减少0.755%,也就是说对于贫困家庭,校外教育支出对家庭教育支出基尼系数影响高于非贫困家庭,而且并未起到均衡调节的作用。

从不同地域来看,东部地区家庭教育支出基尼系数最高(0.606),中部地区家庭教育支出基尼系数次之(0.5215),西部地区最低(0.511),反映了地区经济越发达,家庭教育支出的基尼系数越高,教育总支出不平等程度越高。从家庭教育支出结构来看,校内教育支出在家庭教育支出的占比多,与教育支出基尼系数的相关性最高。在东部和西部地区,校外教育支出对家庭教育总支出分配也有一定的均衡作用,校外教育支出每增加1%,教育总支出的基尼系数将分别减少1.86%和2.24%。校内教育支出对中部地区家庭教育总支出的分配有显著的均衡作用,校内教育支出每增加1%,教育总支出的基尼系数将减少3.12%。而扩展性教育支出对东中西部地区家庭的教育支出并未起到均衡调节的作用,特别是对东部和中部地区家庭的基尼系数的相关度高达(0.764和0.757),而且扩展性教育支出每增加1%,教育总支出的基尼系数将分别增加2.33%和1.83%。

表8.3 各类家庭教育支出的基尼系数分解及边际效应估计

家庭教育支出类别	占总支出比重	基尼系数	排序	与总支出基尼系数相关性	边际效应
全样本 （N=9 775）					
校内教育支出	0.6465	0.5964(0.00343)	3	0.9103	−0.00170(0.00341)
校外教育支出	0.2229	0.6909(0.00346)	2	0.7559	−0.00903(0.00237)
扩展性教育支出	0.1306	0.813(0.00319)	1	0.7246	0.01073(0.00195)
家庭教育总支出		0.54437(0.00324)	4		
校内教育支出	0.6018	0.5898(0.00493)	3	0.8876	−0.01873(0.00485)
校外教育支出	0.2668	0.6843(0.00692)	2	0.8021	0.00422(0.00344)
扩展性教育支出	0.1314	0.8036(0.00527)	1	0.7466	0.01451(0.00261)
家庭教育总支出		0.5404(0.00613)			
非建档立卡贫困户 （N=5 545）					
校内教育支出	0.6248	0.601(0.00406)	3	0.9034	−0.00776(0.00376)
校外教育支出	0.2565	0.6796(0.00508)	2	0.7851	−0.00755(0.00282)
扩展性教育支出	0.1187	0.8199(0.00475)	1	0.7571	0.01531(0.00257)
家庭教育总支出		0.5498(0.00374)	4		

（续表）

家庭教育支出类别	占总支出比重	基尼系数	排序	与总支出基尼系数相关性	边际效应
西部地区 **(N＝440)**					
校内教育支出	0.7235	0.5731(0.01291)	3	0.9149	0.01885(0.01367)
校外教育支出	0.1999	0.6803(0.01812)	2	0.6671	−0.02238(0.01027)
扩展性教育支出	0.0766	0.8535(0.01053)	1	0.6264	0.00353(0.00562)
家庭教育总支出		0.511(0.01435)	4		
中部地区 **(N＝6582)**					
校内教育支出	0.603	0.5612(0.00421)	3	0.8811	−0.03123(0.00471)
校外教育支出	0.266	0.6765(0.00576)	2	0.7948	0.00827(0.00343)
扩展性教育支出	0.131	0.8093(0.00408)	1	0.7572	0.02296(0.00245)
家庭教育总支出		0.5215(0.00477)	4		
东部地区 **(N＝2771)**					
校内教育支出	0.6245	0.6725(0.00558)	3	0.923	0.01566(0.00543)
校外教育支出	0.2598	0.6933(0.00804)	2	0.811	−0.01859(0.00410)
扩展性教育支出	0.1157	0.8127(0.00636)	1	0.764	0.00293(0.00296)
家庭教育总支出		0.6056(0.00625)	4		

注：括号内为 bootstrap 方法计算的标准误，重复抽样次数为 50 次。本表的全样本数是建档立卡户数与非建档立卡户数之和。由于统计条件不同，东中西部样本总数略有出入。

（四）贫困家庭与非贫困家庭教育支出差异的 Oaxaca-Blinder 分解

建档立卡贫困户与非建档立卡户之间是否在各类教育支出上存在差异以及这些差异的内部结构如何是本研究关注的焦点。表 8.4 是基于 Oaxaca-Blinder 分解法对两类家庭在教育总支出、校内教育支出、校外教育支出以及扩展性教育支出等方面均值分解结果。

从各教育支出的均值差异上看。两类家庭仅在"家庭校内教育支出"上存在10％的显著差异，而在"家庭教育总支出""家庭校外教育支出"和"家庭扩展性教育支出"上则不存在统计上的显著差异。由此可知，两类家庭在教育支出上的差异并不显著，贫困户的身份并不意味着更低的教育支出水平，建档立卡贫困户的"家庭校外教育支出"和"家庭扩展性教育支出"均值甚至高于非建档立卡户，即便这种差异在统计上并不显著。现有的证据表明，贫困通过教育进而造成代际传递的机制在农村内部可能没有想象中的大，至少没有表现在具有贫困户身份的群体中。

差异的内部结构方面。分解方法可以将两类家庭在各项教育支出上均值的差异归因于"解释部分"和"未被解释部分"，前者可以称其为家庭特征效应，后者可理解为贫困户身份效应。由于其他三类教育支出的均值差异并不显著，这里只关注"家庭校内教育支出"的差异结构。两类家庭的"家庭校内教育支出"分别为6 679.70元和6 380.99元，均值差为298.71元，差异的25％(74.70471÷298.7086)为家庭特征因素所贡献，75％则由贫困户身份效应所贡献。该结果表明，相对于非建档立卡户，建档立卡贫困户在家庭校内教育支出上更低，且两类家庭在该项教育支出的差异主要由贫困户身份所贡献，这与国家大力推行的教育扶贫政策密不可分。本章所发现的结果也从一定程度上表明教育扶贫政策的有效性和必要性。政府通过教育扶贫政策降低了贫困户的"家庭校内教育支出"，同时，两类家庭因是否为贫困家庭，而导致在其他教育支出上呈现出差异。

表8.4 两类家庭教育支出均值的 Oaxaca-Blinder 分解

教育支出类型	系数	稳健标准误	z	P＞z	[95％ Conf.	Interval]
家庭教育总支出						
非建档立卡户	10 092.74	159.184	63.4	0	9 780.747	10 404.74
建档立卡户	9 936.369	181.578 5	54.72	0	9 580.482	10 292.26
差值	156.372 7	241.475 2	0.65	0.517	−316.91	629.655 5
解释部分	113.232 7	57.761 01	1.96	0.05	0.023 21	226.442 2
未解释部分	43.140 03	234.441 5	0.18	0.854	−416.356 8	502.636 8

（续表）

教育支出类型	系数	稳健标准误	z	P>z	[95% Conf.	Interval]
家庭校内教育支出						
非建档立卡户	6 679.7	122.750 4	54.42	0	6 439.114	6 920.286
建档立卡户	6 380.991	133.413	47.83	0	6 119.506	6 642.476
差值	298.708 6	181.291 7	1.65	0.099	− 56.616 63	654.033 8
解释部分	74.704 71	31.928 9	2.34	0.019	12.125 22	137.284 2
未解释部分	224.003 9	178.673 9	1.25	0.21	− 126.190 4	574.198 2
家庭校外教育支出						
非建档立卡户	2 257.938	48.968 49	46.11	0	2 161.961	2 353.914
建档立卡户	2 333.837	66.161 96	35.27	0	2 204.162	2 463.512
差值	− 75.899 54	82.312 32	− 0.92	0.356	− 237.228 7	85.429 65
解释部分	11.240 38	18.067 61	0.62	0.534	− 24.171 47	46.652 24
未解释部分	− 87.139 93	80.231 74	− 1.09	0.277	− 244.391 2	70.111 39
家庭扩展性教育支出						
非建档立卡户	1 268.853	45.930 79	27.63	0	1 178.83	1 358.875
建档立卡户	1 380.004	49.472 05	27.89	0	1 283.041	1 476.968
差值	− 111.151 4	67.506 45	− 1.65	0.1	− 243.461 7	21.158 77
解释部分	15.400 77	18.074 54	0.85	0.394	− 20.024 68	50.826 21
未解释部分	− 126.552 2	65.170 56	− 1.94	0.052	− 254.284 2	1.179 736

注：为便于解释，教育支出均使用绝对值进行分解。

五　研究发现与政策启示

　　家庭教育支出是实现共同富裕的基础。本章通过对全国 10 个贫困县的调查，对建档立卡贫困户与非贫困户家庭教育支出的不平等程度进行了测度。主要研究发现如下：

　　第一，各类家庭教育支出指标的基尼系数均高于家庭经济收入的基尼系数。这一发现与已有研究相呼应。例如，龙斧和梁晓青发现，当教育投资意愿与投资能力出现错位时，父母会依次降低家庭的日常消费、核心消费和边际消费来满足子女教育支出。对贫困地区家庭而言，这种错位将有可能导致教育支出的不平等大于其家庭收入不平等。[①]

第二，对建档立卡贫困家庭与非贫困家庭而言，其各类教育支出不平等程度无显著差异。基尼系数分解结果发现：对于建档立卡贫困家庭，增加家庭校内教育支出对家庭教育总支出有正向平衡的作用，但校外教育支出的增加未起到正向平衡作用；对于非贫困家庭，增加校外教育支出可以正向调节教育不平等；扩展性教育支出的增加对两类家庭教育总支出的平衡未起到显著作用。已有研究认为，从整体层面看，经济收入不同分位点上的家庭教育支出水平差异产生了"马太效应"。[②] 而本章对贫困县两类家庭家庭教育支出不平等程度的研究则进一步表明，家庭教育总支出在某个分位数区间内也存在不平等，且不同类型的支出对不平等程度的影响存在差异。其中，校内教育支出占比最高，但不平等程度较小；校外教育支出占比次之，不平等程度也次之；扩展性教育支出占比相对较小，但不平等程度最高。这一发现与已有研究相一致，即社会经济背景较差的家庭更加倾向于增加子女校内的支出，尤其是校内基础性的支出；而社会经济背景较好的家庭更加倾向于增加校外教育支出，以及校内的发展性、增值性支出。[③]

第三，相较于非贫困家庭，建档立卡贫困户的家庭教育总支出水平更低，家庭校内教育支出的差异是造成家庭教育总支出差异的主要原因。回归分解分析表明，两类家庭的教育支出差异主要由"建档立卡贫困户"身份带来。减少贫困家庭的教育支出负担是教育扶贫政策的落脚点，具体表现在对具有较强刚性特征的校内教育支出的减免或补贴，两类家庭在校内支出的显著差异彰显了自精准扶贫以来国家出台教育扶贫政

---

① 龙斧,梁晓青. 代际消费不平等:阶层化视角下子女教育支出对家庭消费的挤出效应[J]. 南方人口,2019,
34(04):26—36.

② 方超,黄斌. 挤入还是挤出:公共教育财政投入对家庭教育支出的影响[J]. 教育研究,2022,43(2):10.

③ 魏易. 校内还是校外:中国基础教育阶段家庭教育支出现状研究[J]. 华东师范大学学报(教育科学版),
2020(05):103—116.

策的必要性和有效性。这一发现也与其他研究相呼应。例如,有研究表明国家级贫困县的扶贫政策存在显著的正外部性,能够改善贫困县内部的收入分配情况。[①] 本章的结果也表明,教育扶贫政策对不同经济收入状况家庭的教育支出具有影响,进而影响各类支出的不平等状况,塑造不平等的新结构。

　　本章政策启示在于:实现脱贫攻坚与乡村振兴的有效衔接,需要持续发挥教育扶贫政策的基础作用。虽然我国已于 2021 年初实现全面脱贫,但减贫事业仍在进行,新问题也会不断涌现,尤其是贫困地区居民家庭教育支出及结构的差异可能导致的教育不平等问题。由此,对于家中有入学子女的建档立卡贫困家庭,相关部门应在坚持脱贫不脱政策的总方针下,确保帮扶政策对这类家庭校内教育支出进行支持的充足性。具体地,可以在贫困地区建立防返贫监测帮扶机制,并且特别关注贫困家庭取消"建档立卡贫困户"身份后对其家庭返贫带来的风险。由于"建档立卡贫困户"身份是导致贫困家庭的教育总支出和校内教育支出低于非贫困家庭主要原因,未来在制定取消"建档立卡户"身份政策时应优先考虑家庭子女的受教育情况。

---

① 徐舒,王貂,杨汝岱. 国家级贫困县政策的收入分配效应[J]. 经济研究,2020,55(4):16.

第九章

贫困地区家庭教育支付能力及其影响因素分析

摘要：本章基于我国东中西部 10 个贫困县农村家庭经济和教育等状况的实证调研数据，运用简单的数理统计分析法和回归分析法，研究了不同地区和不同类型农村贫困家庭教育支付能力及其影响因素。主要得出如下结论：1. 贫困地区家庭教育支出占比最大的三个项目是"学费"、"伙食、交通和校服等费"以及"校外补课、兴趣班和家教等费"，它们依次占比为 31.38%、21.62% 和 14.78%。2. 贫困地区家庭教育支付能力相对较弱，目前仍有 42.61% 的家庭处于低支付能力和中低支付能力水平上；中等和中高等支付能力共占 46.54%；而处于高支付能力的家庭占比只有 10.84%。3. 贫困地区家庭教育支付能力与"家庭经济收入"、"是否单亲家庭"、"上学孩子占家庭总人数比例"及"家长对学校教育的满意度"等四个因素的关系极为显著，与"户籍"、"家长是否与孩子常住在一起"及"对孩子的教育期望"等三个因素也有一定的关系，但是，家庭教育支付能力与上述各因素的关系有正向和负向之别。

关键词：贫困地区；农村家庭；教育支付能力；影响因素

一 研究背景

在高校实行收费上学的情况下，家庭教育支付能力是影响个体接受高等教育的一个重要因素。[①] 有学者采用世界银行贷款/英国政府赠款西部地区基础教育发展项目课题数据，应用一般线性方程和全对数方程两种回归模型，对家庭意愿教育支出和家庭人均纯收入两个变量进行回归分析，计算出家庭意愿教育支出的边际消费倾向和收

[①] 黄帮梅，杨林，骆华松，孔惠. 农村家庭高等教育支付能力分析——以云南省为例[J]. 经济问题探索，2008（10）：172—176.

入弹性，我国中西部农村家庭教育支付能力普遍较弱，处于民族县、贫困县和西部地区的农村家庭教育支付能力较低，少数民族和女生家庭对子女的教育支付能力较低。①

教育经济学代表人物加里·S.贝克尔在对分析不同经济阶段的个人高等教育需求所进行的定量研究模型中，影响选择的因素有家庭背景、求学直接成本、机会成本、预期收入、家庭所在地区的经济发展状况、学业成绩或学习能力等因素。② 在西部省份，学费和食宿费占农村居民家庭收入比重超80％；在西部农村，绝大部分家庭及个人都难以承担高等教育的费用；对低收入家庭而言，几年完全不消费也无法支付高等教育的费用。可见，我国西部农村家庭高等教育支付能力相当弱。③

学者将"希望子女的受教育程度达到何种水平"确定为教育需求。研究发现，家庭是否有孩子读小学或初中，对其他孩子上大学几乎没有影响；如果有孩子参加工作，会提高其他孩子的高等教育支付能力；如果有孩子读高中或读大学，则家庭的压力就比较沉重。同时，在发达地区农村家庭，百分之百的被调查者希望让子女接受高等教育。④

有学者设定以高等教育花费是否占到存款的50％为是否有负担的界限，设计并计算出了表示整个社会家庭高等教育支付能力不均等水平的高等教育支付能力基尼系数，表示整个社会高等教育经济负担总水平的高等教育经济负担总量系数以及表示整个社会家庭高等教育经济负担不均等水平的高等教育经济负担基尼系数。计算显示，当前我国高等教育经济负担的总量较大，且在城镇内部这种负担分布的不均等程度远大于农村内部。⑤

以上研究，为我们了解家庭教育支付能力提供了一定的参照。但是对于家庭背景如何影响家庭的教育支付能力和水平，还缺乏较为系统的研究，使得相关的研究对于

① 安静.我国农村中小学家庭教育支付现状实证分析[J].教育财会研究,2008(05):39—42.
② 闵维方.高等教育运行机制研究[M].北京:人民教育出版社,2002:441.
③ 汪艳.西部农村家庭及个人高等教育支付能力分析[D].武汉:中南民族大学,2008:22—28.
④ 王一涛,钱晨,平燕.发达地区农村家庭高等教育支付能力及需求意愿研究——基于浙江省的调查[J].高等教育研究,2011(03):46—50.
⑤ 黄照旭.我国不同收入家庭高等教育支付能力及经济负担分析[J].教育科学,2010(06):24—29.

通过优化家庭背景来促进家庭的教育支付能力,还缺乏可信的结论。本研究,将基于描述性分析和回归分析,对家庭背景的诸多因素如何影响家庭的教育支付能力,进行较全面和必要的分析。

二 调查对象基本情况

2018 年国家社科基金项目"我国农村贫困家庭教育支付能力及其影响因素研究"课题组对甘肃省临夏州临夏县、甘肃省张掖市临泽县、甘肃省白银市会宁县、江西省吉安市吉安县、湖北省大冶市等贫困县(区)的居民家庭进行了实地调查。调查共获得有效样本 11 554 份。通过数据分析,调查对象基本情况如下:

以汉族为主,汉族 11 477 户,占 99.33%,少数民族 77 户,占 0.67%;户口性质以农业为主,农业户口 10 023 户,占 86.75%,非农业户口 1 531 户,占 13.25%;家庭类型以非单亲家庭为主,非单亲家庭 10 902 户,占 94.36%,单亲家庭 652 户,占 5.64%;父亲受教育程度,初中以下的共 8 084 户,占 69.97%,高中/中职/中专共 2 470 户,占 21.38%,大专/本科共 985 户,占 8.53%,研究生及以上的共 15 户,占 0.13%;母亲受教育程度,初中及以下占 8 997 户,占 77.87%,高中/中职/中专共 1 765 户,占 15.28%,大专/本科共 783 户,占 6.78%,研究生及以上共 9 户,占 0.08%;与孩子住在一起的家庭有 10 353 户,占 89.61%。

三 家庭教育支付能力分析

通过数据分析,被调查样本家庭总收入的均值为 7.4 万元,最大值为 89 万元。家庭总支出的均值为 5.5 万元,最大值为 89 万元。家庭总收入均值减去总支出的均值,家庭年均净收入约为 1.9 万元。2018 年,被调查地区贫困家庭用于孩子教育的总支出占家庭总支出的比例：10％以下，1 253 户，占 10.84％；10％—20％，2 762 户，占 23.91％；20％—30％，2 615 户，占 22.63％；30％—40％，2 413 户，占 20.88％；40％以上，2 511 户，占 21.73％。根据第三章对家庭教育支付能力的等级划分标准，处于低支付能力、中低支付能力、中等支付能力和中高支付能力四类家庭的占比均比较均衡，其占比多在 20％—23％之间，而具有高支付能力的家庭不多，只占 10.84％。参见表 9.1。

表 9.1 样本家庭教育支出占家庭总支出的比重（2018 年）

区间	户数	占比	教育支付能力等级
10％以下	1 253	10.84％	高支付能力
10％—20％	2 762	23.91％	中高支付能力
20％—30％	2 615	22.63％	中等支付能力
30％—40％	2 413	20.88％	中低支付能力
40％以上	2 511	21.73％	低支付能力

在孩子上学费用的来源方面，依靠家庭收入的 11 080 户，占 95.90％；排在第二位的是家里多年积蓄，有 2 583 户，占 22.36％；排在第三位的是向亲戚朋友借，有 770 户，占 6.66％；其他项占比较少。这说明，贫困地区居民家庭主要依靠家人收入支持孩子上学。

在孩子上学各项支出类型方面，学费 3 185.63 元；书费 554.61 元；择校费 200.45 元；住宿费 448.63 元；伙食费、交通费、校服费 2 195.09 元；校外补课、兴趣班、家教费 1 500.82 元；学习用品及电子产品（电脑等）费用 764.77 元；夏令营、暑假文化班费用 528.28 元；教育储蓄和教育保险 773.30 元。从这些项目内容来看，贫困地区家庭对于孩子的教育支出，学费是最大项目，占比达 31.38％；伙食费、交通费、校服费等则是排名第二的项目，占比为 21.62％；而校外补课、兴趣班和家教等的支出也较在，占比达到 14.78％。参见表 9.2。

表 9.2 样本家庭教育支出类型及数额

教育支出类型	支出额(元)	各类教育支出/教育总支出的比重
学费	3 185.63	31.38%
书费	554.61	5.46%
择校费	200.45	1.97%
住宿费	448.63	4.42%
伙食费、交通费、校服费	2 195.09	21.62%
校外补课、兴趣班、家教费	1 500.82	14.78%
学习用品及电子产品(电脑等)费用	764.77	7.53%
夏令营、暑假文化班费用	528.28	5.20%
教育储蓄和教育保险	773.30	7.62%
总计	10 151.58	100%

在孩子上学后对家庭经济生活的影响方面,"没有什么影响"的有 2 730 户,占 23.63%;"有一定影响,但还可以承受"的有 7 341 户,占 63.54%;"影响较大,降低了生活质量"的有 1 284 户,占 11.11%;"影响严重,无法承受"的有 199 户,占 1.72%。可见,贫困地区家庭对于孩子上学的教育支付,压力不算太大,影响较大和严重的占比相对较少。

就家长可承受孩子的受教育程度而言,回答"完成义务教育"的共 2 219 户,占 19.21%;回答"完成高中/技校/中专"的有 1 785 户,占 15.45%;回答"上大学(本、专科)"的共 5 854 户,占 50.67%;回答"读到硕士"的有 639 户,占 5.53%;回答"读到博士"的有 1 057 户,占 9.15%。这说明,受大学及以上教育成为家长较重的负担;而高中以及下阶段,对贫困地区家庭来说负担并不太大。但也要注意,完成高中及以下教育,甚至义务教育阶段教育,仍然有一小部分家长感受到压力。

四　影响贫困地区家庭教育支付的主要因素分析

(一) 描述性分析

1. 影响家庭教育投资的主要因素。调查结果显示,家庭经济条件是影响家庭教育投资意愿的最主要因素,回答"家里的经济条件"的有 7 684 户,占 66.51%;排在第二位的是"对孩子的期望",有 5 837 户,占 50.52%,这说明父母是否愿意对孩子的教育进行投资,与父母本身的教育期望有很大关系;排在第三位的是"对当前教育的满意度",有 4 065 户,占 35.18%;排在第四位的是"孩子学习成绩好",有 3 389 户,占 29.33%;排在第五位的是"周围人的影响",有 932 户,占 8.07%;排在最末位的是"孩子的性别",有 249 户,占 2.16%。

2. 让孩子受教育的主要原因。对于家长"为什么送孩子去上学(多选题)"的问题,回答"将来找份体面的工作"有 4 734 户,占 40.97%;回答"光宗耀祖,出人头地"的有 1 866 户,占 16.15%;回答"将来可以多赚钱"的有 2 111 户,占 18.27%;回答"多学点科学知识,以适应社会需要"的有 10 140 户,占 87.76%;回答"自己受教育有限,希望孩子多受教育"的有 7 954 户,占 68.84%;回答"学会学习,发展自己的兴趣"的有 5 573 户,占 48.23%;回答"学会做人,学会与他人相处"的有 7 950 户,占 68.81%;回答"学会一门技术"的有 3 191 户,占 27.62%。

(二) 回归分析

"家庭背景"是一个含糊而且内涵宽泛的概念,父母的职业、社会地位、经济收入、受教育水平、家庭人口数量和结构、家庭所在地、种族、民族等都是家庭背景的组成部分,而户籍地和家庭出身等也曾是判断家庭背景的重要依据。由于我国具有高度重视社会关系和家族意识的历史传统,因而祖父母甚至其他亲戚、朋友的社会经济状况都可以视为"家庭背景"的一部分[①]。本研究中,将重点围绕以下几个方面,探究家庭背景对贫困地区家庭教育支付(投资)的影响。

1. 因变量

本研究中,因变量以"家庭教育总支出占家庭总支出比例"来衡量家庭的教育支付情况,即子女受教育给家庭带来的经济负担。其比例越高,表示家庭的总支出中较多用于孩子教育,也反映出家庭承担孩子受教育的经济压力相对较大;比例越低,表示家庭的总支出中较少用于孩子教育,说明家庭承担孩子受教育的经济压力较小。

2. 自变量

(1)家庭经济总收入。已有研究表明,家庭的经济收入水平对家庭教育支出及孩子受教育水平都有相当大的影响。杨娟等[②]指出,不同收入水平家庭的孩子初始能力差距不大,但贫困家庭由于经济约束对子女义务教育阶段投入较少导致其高等教育参与率较低;信贷约束制约了低收入家庭的教育投资与决策,即使教育回报率与大学学历溢价上升,低收入家庭可能也会因为无力支付教育成本而放弃接受高等教育(续继,宗庆庆,2016)[③]。

(2)户籍。长期以来,我国实行的城乡二元户籍制度,以及由此而来的城乡经济、文化和社会发展等方面的差异,导致城乡家庭处于不同的教育场域中,从而导致城乡家庭的教育理念和教育支出产生差异。张杨和施培菊(2015)[④]研究表明,我国城乡家庭子女接受高等教育的机会存在显著差异,家庭背景如经济资本、文化资本、社会资本等对子女受教育机会有较大影响。

[①] 张翼. 家庭背景对人们教育和社会阶层地位获得的影响[J]. 广州大学学报(社会科学版),2010(10):27—38.

[②] 杨娟,赖德胜,邱牧远. 如何通过教育缓解收入不平等? [J]. 经济研究,2015(09):86—99.

[③] 续继,宗庆庆. 转型期中国居民家庭收入与子女高等教育机会——基于家庭收入结构外生变化事实[J]. 世界经济文汇,2016(06):24—41.

[④] 张杨,施培菊. 城乡家庭背景对子女受教育机会影响的实证研究——以南京农业大学学生为样本[J]. 扬州大学学报(高教研究版),2015(01):30—35.

（3）父母受教育程度。杨娟和何婷婷（2015）[1]使用"中国家庭收入调查2002年数据"，研究发现父亲受教育年限每增加一年，其子女上大学的可能性增加6.92%。汪鲸和罗楚亮（2019）[2]的研究表明，父母受教育程度通常都具有比较高的解释作用。岳昌君和周丽萍（2017）[3]研究发现，父亲的受教育年限越高、家住城市、父亲职业层次越高及家庭收入越高等，其子女进入重点高中的机会比率都显著更高。

（4）是否与孩子住在一起。与孩子长期住在一起，可以理解为父母更为重视孩子的教育，因而更愿意为孩子的教育支出费用。

（5）上学孩子占家庭总人数比例。正在上学孩子占家庭总人数的比例越大，对家庭教育支出的影响也越大。

（6）教育期望。对孩子的教育期望也会影响家长的教育投入。在其他条件相同时，若家长对孩子的教育期望越高（希望孩子受教育的最高程度越高），将会给予孩子更多的学习支持，因而也会增加对孩子的教育投入。在我们的问卷中，表现为"希望孩子的最高受教育程度"选项。

（7）对孩子所在学校的教育满意度。家长对孩子所在学校的满意度越高，越有利于孩子学习成绩的提升，因而也就越愿意对孩子的教育进行投入。

表9.3是基于本课题调查的实际数据，对贫困地区家庭教育支付影响因素的回归结果。从中可见，家庭教育支付与家庭经济收入、是否单亲家庭、户籍、家长是否与孩子常住在一起、上学孩子占家庭总人数比例、家长对学校教育的满意度以及家长对孩子的教育期望等均有关系，其中家庭教育支出与家庭经济收入、是否单亲家庭、上学孩子占家庭总人数比例和家长对学校教育的满意度等的关系最为密切。

---

① 杨娟，何婷婷. 教育的代际流动性[J]. 世界经济文汇，2015(03)：32—42.
② 汪鲸，罗楚亮. 父母教育、家庭收入与子女高中阶段教育选择[J]. 劳动经济研究，2019(4)：32—52.
③ 岳昌君，周丽萍. 家庭背景对我国重点高中入学机会的影响——基于2014年高等教育改革学生调查的实证分析[J]. 华中师范大学学报（人文社会科学版），2017，56(03)：146—153.

表 9.3　影响贫困地区家庭教育支付的主要因素(回归结果)

影响因素	Coef.	T	Sig
家庭经济收入(取对数)	−0.424***	−24.35	0.000
是否单亲家庭	−0.250***	−4.81	0.000
户籍	−0.625*	−1.82	0.068
家长是否与孩子常住一起	0.021*	0.76	0.450
上学孩子占家庭总人数比例	2.081***	26.58	0.000
家长对学校教育的满意度	−0.0027***	−6.95	0.000
希望孩子的最高受教育程度	0.138*	1.86	0.063
Adj R-squared	0.1162		

注:*** 表示显著性水平为 0.001;** 表示显著性水平为 0.01;* 表示显著性水平为 0.05。

五　主要研究发现

基于以上分析,本章得出如下主要结论:

1. 我国贫困地区家庭教育支出占比最大的三个项目是"学费""伙食、交通和校服等费"以及"校外补课、兴趣班和家教等费",它们依次占比为 31.38%、21.62% 和 14.78%。

2. 我国贫困地区家庭教育支付能力相对较弱,目前仍有 42.61% 的家庭处于低支付能力和中低支付能力水平上;中等和中高等支付能力共占 46.54%;而处于高支付能力的家庭占比只有 10.84%。

3. 我国贫困地区家庭教育支付能力与"家庭经济收入""是否单亲家庭""上学孩子占家庭总人数比例"及"家长对学校教育的满意度"等四个因素的关系极为显著,与"户籍""家长是否与孩子常住在一起"及"希望孩子的最高受教育程度"等三个因素也有一定的关系,但是,家庭教育支付能力与上述各因素的关系有正向和负向之别。具体是:

　　(1)"家庭经济收入"因素对家庭教育支出占家庭总支出的比例有反向影响作用。经过 T 检验发现,当家庭收入增加 2.72 万元,家庭教育支出占家庭总支出的比例减少 0.424 个单位,说明经济收入较低的家庭,其家庭教育支出占家庭总支出的比例反而更高,这也说明,与高收入家庭相比,低收入家庭的教育支付能力较弱,教育支付压力更大。

　　(2)"是否为单亲家庭"因素负向影响家庭教育支出占家庭总支出的比例。相较于非单亲家庭,单亲家庭教育支出占家庭总支出的比例更低,这说明单亲家庭的教育支付压力相对较小。

　　(3)"上学孩子占家庭总人数比例"因素对家庭教育支出占家庭总支出的比例具有正向影响。"上学孩子占家庭总人数比例"每增加一个单位,家庭教育支出占家庭总支出的比例增加 2.081 个单位,可见家庭在读孩子占比对于家庭的教育支付能力有较为明显的影响。

　　(4)"家长对学校教育的满意度"因素显著负向影响家庭教育支出占家庭总支出的比例。对学校教育的满意度每提升一个单位,家庭教育支出占家庭总支出的比例将减少 0.0027 个单位。这说明,对学校教育越是满意或越是相信学校的教育质量,家长也就越会觉得无需进行额外的教育支付。

　　(5)"户籍"因素负向影响家庭教育支出占家庭总支出的比例。相较于城市户籍,农村户籍的家庭教育支出占家庭总支出的比例要低 0.625,这说明农村家庭对于孩子的教育支出相对城市户籍要低。

　　(6)"家长是否与孩子常住在一起"因素对家庭教育支出占家庭总支出的比例有正向影响。相较于家长不常与孩子住在一起的家庭,家长常与孩子住在一起的家庭教育支出占家庭总支出的比例要高 0.021。通过 T 检验发现,虽然家长不常与孩子住在一起的家庭,其家庭经济收入的均值(8.08 万元)比家长常与孩子住在一起的家庭收入均值(7.30 万元)要高 0.78 万元,但常与孩子住在一起的家长,可以较快地发现和满足孩子的教育需求,因而其家庭教育投入反而更多。

　　(7)"希望孩子的最高受教育程度"因素正向影响家庭教育支出占家庭总支出的

比例。希望孩子的最高受教育程度每提升一个单位,家庭教育支出占家庭总支出的比例将增加 0.138 个单位。

在此需要说明的是,当将父亲或母亲的受教育程度纳入模型后,父亲的受教育程度对家庭教育支出占家庭总支出的比例的影响并不显著($P = 0.991$),而母亲的受教育程度对这一比例的影响却是显著的($P = 0.001$),说明母亲的受教育程度更能影响家庭教育支出占家庭总支出的比例。但是,当将父亲或母亲的教育程度纳入模型后,与以上模型相比,模型的解释力并未得到有效提升。由于考虑到父亲或母亲的受教育程度会直接影响家庭经济收入,因此,当考虑了"家庭经济收入"因素对家庭教育支出占家庭总支出比例的影响之后,可以暂不考虑父亲或母亲受教育程度对这一比例的影响问题。

六　提升贫困地区家庭教育支付能力的对策

通过以上的描述性分析和回归分析,要提升贫困地区家庭的教育支付能力,应该从以下几个方面入手:

1. 通过经济扶持政策,增加贫困地区家庭收入。描述性分析表明,家庭的经济条件是影响贫困家庭为孩子教育投入的重要因素;而回归分析发现,低收入家庭的教育支付能力相对较弱,教育支付压力更大。因而,要提高贫困家庭的教育支付能力,首要的因素是增加其家庭收入,如进一步优化贫困家庭的帮扶政策或有效落实精准扶贫政策等。

2. 改革城乡户籍制,逐渐放松户籍约束。由于农业和非农业户籍对贫困地区家庭教育支付能力具有一定影响,因此建议国家逐渐放松城乡户籍管理制度。

3. 转变家庭观念,提升家长的教育期望。从描述性分析来看,家长对孩子的教育期望越高,他们就越是愿意提高孩子的教育投入水平。回归分析也表明,家长的教育期望正向影响家庭教育支出占家庭总支出的比例。因此,要通过广泛宣传,在贫困地区营造"知识改变命运""寒门出贵子""技能成就人生"等观念，让家长们意识到教育对孩子和整个家庭的重要意义，从而将更多的资源投入到孩子的教育中去。

4. 设立分阶段的贫困地区教育补助计划。通过数据分析，上大学及以上阶段的教育，已成为贫困地区贫困家庭最大的负担。因此，针对大学生的各类助学贷款、勤工俭学、奖学金等政策，应该更加常态化和制度化，并逐步扩大覆盖面，为贫困地区孩子接受大学及以上阶段教育提供更有力的保障。

第十章

家庭文化资本和经济资本对家庭教育支出的影响实证研究

摘要：在我国即将全面脱贫的大背景下，本章基于 2018 年国内 10 个贫困县 4 939 户家庭教育状况的实地调查数据，从家庭资本视角探析贫困地区家庭文化资本和经济资本因素对子女受不同基础教育阶段家庭教育支出的影响。研究发现，家庭文化资本和经济资本对家庭人均教育支出均有显著影响，其中家庭经济资本比文化资本的影响更大，但家庭文化资本的影响度随着子女受教育阶段的提升而增大；家庭经济资本中的家庭人均收入及家庭文化资本中的父母受教育程度是影响贫困地区居民家庭基础教育各阶段家庭教育支出的两个最主要因素；在学前教育阶段，家庭人均收入和家庭教育承受度是影响贫困地区居民家庭人均教育支出的两个最主要的因素；家庭人均收入、家庭教育承受度、建档立卡户和父母教育观念等对子女就读小学阶段的家庭人均教育支出均存在显著影响，而且贫困家庭在子女就读小学阶段时额外增加的校外教育支出，使其家庭教育承受度和教育期望均明显降低；家庭人均收入和父母受教育程度是影响初中阶段家庭人均教育支出的两大显著性因素，但家庭教育承受程度、建档立卡户、父母教育观念和父母教育期望等四个因素对家庭教育支出的影响不存在显著性差异；在高中时期，仅有家庭人均收入和父母受教育程度两个因素对家庭人均教育支出具有显著的差异性影响，而其他因素的影响不显著。本章认为，在我国全面脱贫之后，国家仍需继续加大为贫困地区尤其贫困家庭的子女提供优质的教育资源和良好的教育机会，而学生家长也要有意识和有目的地不断提高家庭文化资本，以切实降低家庭贫困代际传递的可能性。

关键词：贫困家庭；家庭经济资本；家庭文化资本；家庭教育支出

一 研究背景和研究问题

改善民生是我国政府治国理政的核心工作，改善贫困地区居民家庭的生存状况更是当前解决民生问题的第一要义。教育投入不足会导致个人的人力资本积累不足，而人力资本是影响经济收入的重要因素之一。近十几年来，我国教育投资体制在逐步转变和完善，如在义务教育阶段实施经费保障新机制，免除学生学费和学杂费，并给予寄宿生补助一定的生活费（即"两免一补"），以此减轻学生家庭的经济负担。但由于我国经济社会发展不平衡，贫困地区仍然面临教育投资十分有限的困境。[①]

2020年是我国打赢脱贫攻坚战、全面建成小康社会的决胜之年，按照既定目标，农村贫困人口将在年底全部脱贫。要真正实现这一宏伟目标，有许多手段，其中之一就是发展教育，而发展教育需要大量的经费投入，包括家庭教育投入。因此，我们有必要对家庭教育投入或支出状况进行研究。本章将着重研究贫困地区居民家庭的文化资本和经济资本对家庭教育支出的影响问题，包括但不限于：（1）在这两种家庭资本因素中，哪一种因素对家庭教育支出的影响更大？（2）在贫困地区居民家庭子女受教育的不同阶段中，这两种资本因素分别对家庭教育支出的影响是否存在教育阶段性差异？

二　核心概念

(一) 家庭资本及其分类

家庭资本不仅对个人发展影响深远，而且在学校建设、社会进步等方面都起到重要作用。家庭资本的概念源于1970年代后期的社会资本理论，该理论不仅对个人发展影响深远，而且在学校建设、社会进步等方面都起到重要作用。[②] 法国社会学家布迪厄首次对家庭资本做了定义，即可以为家庭成员的社会活动带来好处或影响的各种

---

① 于冬青，李秋丽. 农村地区家庭学前教育投资存在的主要问题及对策[J]. 教育理论与实践，2015，35（13）：30—33.
② 闫雪，李丽丽. 家庭教育投资误区及对策探析[J]. 黑龙江教育（理论与实践），2019，1269（Z1）：118—119.

有用资源①,其中,教育活动是社会活动的重要内容之一。国内外学者对家庭资本给出了不同的分类。美国学者科尔曼(Coleman)将家庭资本分为物质资本、人力资本和社会资本三类②;蒋国河等认为家庭资本主要包括家庭经济资本、家庭文化资本与家庭社会资本三类③;李春玲④、薛海平⑤提出家庭资本可分为家庭文化资本、家庭经济资本、家庭社会资本以及家庭政治资本等四类。以下笔者仅对与本文比较相关的家庭经济资本和家庭文化资本两个概念进行说明。

家庭经济资本是家庭资本中最重要的资本形式,也是其他家庭资本的物质基础。家庭经济资本是一个家庭所拥有的与经济有关的资源总和。⑥ 家庭文化资本则是家庭及其成员所拥有的知识、技术、气质以及文化背景等资源总和。⑦ 家庭文化资本不仅体现在家庭成员自身所获得的学历和文凭证书等方面,而且也体现在家长对其子女的教育观念、教育态度及教育期望等方面。⑧

(二) 家庭教育支出

家庭教育支出是指家庭成员参加所有教育活动的年度经济投入,一般是指家庭对子女的正规教育所支出的各类费用的总和,包括在校内的基本教育支出以及与课外学习相关的各种消费支出。⑨ 随着我国教育内容的日益多样化,家庭教育支出的内涵也在不断扩大,它不仅包括学费,书费,住宿费,伙食,校服、交通费,择校费,补课、兴趣

① 皮埃尔·布迪厄. 文化资本与社会资本[M]//张人杰,译. 国外教育社会学基本文选. 上海:华东师范大学出版社,1989.
② Coleman, J. S. Social Capital in the Creation of Human Capital [J]. American Journal of Sociology, (supplement), 1988:S95 - S120.
③ 蒋国河,闫广芬. 城乡家庭资本与子女的学业成就[J]. 教育科学,2006(08):26—34.
④ 李春玲. 社会政治变迁与教育机会不平等——家庭背景及制度因素对于教育获得的影响(1940—2001)[J]. 中国社会科学,2003(03):86—99.
⑤ 薛海平. 家庭资本与教育获得:基于影子教育中介效应分析[J]. 教育与经济,2018(04):69—78.
⑥ 薛晓源,曹荣湘. 文化资本、文化产品与文化制度——布迪厄之后的文化资本理论[J]. 马克思主义与现实,2004(01):43—49.
⑦ 朱伟珏. "资本"的一种非经济学解读——布迪厄"文化资本"概念[J]. 社会科学,2005(06):117—123.
⑧ 郭丛斌,闵维方. 家庭经济和文化资本对子女教育机会获得的影响[J]. 高等教育研究,2006(11):24—31.
⑨ 魏新,邱黎强. 中国城镇居民家庭收入及教育支出负担率研究[J]. 教育与经济,1998(04):1—10.

班、家教费等，还扩展到了夏令营、暑假文化班，学习用品及电子产品，教育储蓄和教育保险和其他类型家庭教育等项目。为了更加客观地分析贫困地区居民家庭的教育支出情况，我们的调研包含以上各类教育支出。

三　文献综述与研究假设

(一) 家庭经济资本、家庭文化资本与家庭教育支出的相关研究

众多的研究表明，父母教育程度、教育观念、教育投资回报、个人价值观和社会意识形态等文化资本因素[1]以及家庭经济状况、家庭对教育的支付承受能力、地区经济状况等经济资本因素，都可能影响家庭教育支出[2]。

日本学者桥本(Hashimoto)等利用日本 1989 年全国收入与支出的关系进行研究，发现家庭教育支出的平均弹性系数为 1.72，收入变动对家庭教育支出变动的影响显著。[3] 张俊浦等人实证研究得出高学历家长倾向于重视孩子的教育，愿意给孩子的教育投入更多。[4] 周强等人认为，随着户主受教育水平的提高，家庭在相应维度下的贫困发生率会明显下降，而且户主的受教育程度越高，减贫绩效也越明显。[5]

教育观念反映了家长对子女的教育关怀程度和对教育行为的看法。在绝大多数情况下，父母是未成年子女教育的主要决策者和支持者，父母的教育行为影响子女的

---

[1] 谷宏伟，杨秋平. 收入、期望与教育支出：对当前中国家庭教育投资行为的实证分析[J]. 宏观经济研究，2013(03)：68—74.

[2] 迟巍，钱晓烨，吴斌珍. 我国城镇居民家庭教育负担研究[J]. 清华大学教育研究，2012，33(03)：75—82.

[3] Hashimoto, Kei ji, and Julia A. Heath. Income elasticities of educational expenditure by income class: The case of Japanese households. Economics of Education Review 14. 1(1995)：63 - 71.

[4] 张俊浦，李燕琴. 西北农村家庭教育投资影响因素分析——以甘肃农村为例[J]. 河西学院学报，2008(03)：73—79.

[5] 周强，张全红. 中国家庭长期多维贫困状态转化及教育因素研究[J]. 数量经济技术经济研究，2017(04)：13.

学习绩效,而教育行为又决定于教育观念。① 农村父母对子女的教育决策出自他们在有限资源下最大化家庭预期收益的理性考虑②,在多数农民的思想观念里,教育是"有用"的,它的有用之处主要体现在经济回报这一物质层面。③ 但对于贫困地区家长的教育观念是如何影响家庭教育支出这一问题,尚未有明确的研究结论。

家庭教育期望是指父母对子女未来教育成就的现实性信念和判断。众多学者认为家庭教育经济支出、时间投入以及教育陪伴会随着教育期望的提升而增加。④ 崔超男对农村留守儿童家庭进行调查后发现,儿童学业成绩与父母教育期望呈相关关系,降低教育期望会促进儿童辍学率上升。⑤ 也有学者研究发现,子女就读的年级越高,家长对孩子的教育期望越低。由于经济压力与教育基础的限制,农村家庭存在着"高期望低支出、单项式参与"的特点。⑥

(二) 有关贫困地区不同教育阶段家庭教育支出的研究

已有研究发现,我国贫困地区居民家庭教育支出在不同教育阶段存在差异。在义务教育阶段,张瑛等人根据四川省和湖北省 2005—2006 年农村地区义务教育阶段家庭收入与教育支出的截面数据分析得出,贫困地区低收入家庭教育支出在一定程度上已超出了农户实际的经济承受能力。⑦ 楚红丽认为,中国初中阶段的教育投入会高于

① 许庆红,张晓倩,家庭社会经济地位、教育观念与中小学生学业负担[J].中国青年研究,2017(06):61—66,81.

② 杨振宇,张程.城乡迁移对农村籍父母教育观念与行为的影响[J].清华大学教育研究,2016,37(04):71—82.

③ 张红,李淑乾,石春霞.外出农民工对农村教育观念的影响[J].生态经济(学术版),2007(01):373—376.

④ 谷宏伟,杨秋平.收入、期望与教育支出:对当前中国家庭教育投资行为的实证分析[J].宏观经济研究,2013(03):68—74,88.

⑤ 崔超男.父母教育期望对农村留守儿童辍学意向的影响:学业成绩的中介作用[J].华北水利水电大学学报(社会科学版),2018,34(03):60—62.

⑥ 杨春华.农村家庭的教育期望与策略安排——基于苏北农村调查的分析[J].中国青年研究,2014(04):97—101.

⑦ 张瑛,路宏.农村家庭义务教育支出与负担实证分析研究——基于四川、湖北两省八县的调研报告[J].中国农业教育,2007(03):5—8.

小学阶段,同一阶段城市居民家庭的支出会高于农村家庭。[①]

在非义务教育阶段,任晓玲等研究发现,学前教育阶段的家庭教育支出对儿童发展有正向显著影响,其中经费支出是关键影响因素,时间支出和文化资本是两个重要影响因素。[②] 在高中教育阶段,雷万鹏对北京市等四省市的高中生教育补习支出的影响因素进行分析后得出,家庭年收入会显著影响家庭教育补习支出,家庭年收入每增长1%,教育补习支出随之增长0.19%。[③] 然而周雪涵等基于济南市高中生的家庭教育支出调查数据的研究发现,高中阶段家庭经济收入与家庭教育支出并不存在显著的相关性,但家庭社会经济地位与家庭教育支出呈正相关,中考成绩与家庭教育支出呈负相关,农村与城市之间无显著差异。[④]

(三) 研究假设

根据以上文献研究发现,国内外学者对家庭经济资本、文化资本与家庭教育支出的关系均有研究。但是,我国学者的研究主要涉及两个角度:一是多侧重于某类因素对家庭教育支出的影响研究,较少将二者综合起来进行全面的分析;二是多关注精准扶贫政策前期我国贫困县农村家庭教育支出情况,而对后期即将脱贫的贫困县或刚刚脱贫的县的农村家庭相关研究很少。基于此,本文提出以下研究假设。

假设一:贫困县居民家庭文化资本和经济资本均会显著影响家庭教育支出,而家庭经济资本的影响更大。

假设二:贫困县居民家庭文化资本和经济资本对家庭教育支出的影响存在教育阶段性差异。

---

① 楚红丽. 公共教育中的不公平问题——义务教育阶段不同收入家庭的教育支出负担率分析[J]. 教育学术月刊,2008(01):33—36,43.
② 任晓玲,严仲连. 家庭教育投入对农村学前期儿童发展的影响[J]. 教育理论与实践,2020,40(05):15—18.
③ 雷万鹏. 高中生教育补习支出:影响因素及政策启示[J]. 教育与经济,2005(01):39—42.
④ 周雪涵,张羽. 高中阶段家庭教育成本及其影响因素分析[J]. 清华大学教育研究,2015,36(05):110—117.

四　数据来源与研究思路

(一) 数据来源及基本数据特征

　　为了研究贫困地区居民家庭的教育负担和教育支付能力，国家社科基金项目"我国农村贫困家庭教育支付能力及其影响因素研究"课题组在借鉴以往研究成果的基础上编制了《2018年农村家庭教育状况调查表》并进行问卷调查。该问卷分为贫困县居民家庭基本信息、家庭收入、家庭教育支出、家庭教育观念、家庭教育内容等五大维度。在问卷发放时，综合考虑了我国不同省份之间的经济社会发展状况，以贫困县为基本调查单位，分别选取了东部地区的福建平和县、江苏阜宁县，中部地区的湖北巴东县、孝昌县、大悟县以及江西吉安县，西部地区的甘肃秦安县、通渭县、临洮县和民乐县等10个国家级或省级贫困县。

　　本次调查共采集到10个贫困县13 379户家庭的基本信息。为了更好地分析基础教育四个阶段的家庭教育支出情况，剔除不符合要求的无效样本后，筛选出家庭子女均处于基础教育学习阶段的4 939户家庭样本，其中学前阶段样本1 218户、小学阶段2 552户、初中阶段745户和高中阶段424户。同时，将"建档立卡户"作为衡量家庭经济状况的重要参考指标。"非建档立卡家庭"有2 784户，"建档立卡户"2 155户，详见表10.1。

表 10.1　本研究数据来源及样本量(单位:户)

样本类型	学前阶段	小学阶段	初中阶段	高中阶段	整体情况
非建档立卡家庭(即普通家庭)	664	1 406	426	288	2 784
建档立卡家庭(即贫困家庭)	554	1 146	319	136	2 155
整体样本量	1 218	2 552	745	424	4 939

表 10.2 具体呈现了本研究中贫困家庭和普通家庭各教育阶段人均收入和人均教育支出的统计结果。在被调查的 10 个贫困县中，2018 年贫困家庭人均收入为 16 590 元，普通家庭人均收入为 17 747 元。当子女在初中阶段时，贫困家庭的人均收入最低，平均为 14 602 元。而子女在幼儿园阶段时，贫困家庭的人均收入最高，为 18 210 元。与之相比，普通家庭人均收入普遍高于贫困家庭，其中，当其子女在初中阶段时，普通家庭的人均收入最低，平均为 16 376 元；当子女在高中阶段时，普通家庭的人均收入最高，为 22 093 元。

表 10.2 本研究普通家庭和贫困家庭人均收入和人均教育支出(单位:元)

样本类型	学前阶段	小学阶段	初中阶段	高中阶段	整体情况
普通家庭人均收入	18 953	16 703	16 376	22 093	17 747
贫困家庭人均收入	18 210	16 322	14 602	16 915	16 590
整体样本家庭人均收入	18 615	16 532	15 617	20 432	17 242
普通家庭人均教育支出	10 127	8 196	8 500	15 016	9 409
贫困家庭人均教育支出	9 452	7 087	7 592	14 087	8 212
整体样本家庭人均教育支出	9 820	7 698	8 111	14 718	8 886

贫困地区居民家庭子女人均教育支出在非义务教育阶段明显高于义务教育阶段，普通家庭人均教育支出高于同一阶段贫困家庭支出。具体来看，小学阶段普通家庭人均教育支出最低，平均为 8 196 元，初中阶段为 8 500 元；而贫困家庭在小学阶段的家庭教育支出为 7 087 元，初中阶段为 7 592 元；当子女处于非义务教育的高中阶段时家庭的教育支出明显增加，普通家庭教育支出达到人均 15 016 元，贫困家庭为 14 087 元；幼儿园阶段的普通家庭人均支出为 10 127 元，贫困家庭为 9 452 元。

(二) 关键变量

本文的关键变量有家庭文化资本、家庭经济资本以及受访家庭基本特征，因变量是家庭人均教育支出，即家庭教育总支出除以家庭上学孩子数量，在实证模型中，对家庭人均教育支出取对数。

家庭文化资本以父母的教育观念、教育期望及其最高学历等三个变量来测量。家庭教育观念定义为父母对其子女教育的态度和对教育的看法。并通过"供养孩子上学是父母应尽的责任""孩子不上学没文化是不行的"等11道题目和十分制打分量表进行测量。同时,对教育观念内部一致性系数(Cronbach' α)进行检验,发现每个问题的α值都在0.8以上,说明教育态度问题的内部一致性信度良好。最后,运用线性综合法得出父母教育态度的最终得分。而本文对教育期望定义为父母对其子女教育获得的期望,以"您(父母)希望孩子的最高教育程度"来衡量,其中"9 = 能读到什么程度就算什么/初中毕业,12 = 高中/技校/中专,15 = 大专,16 = 大学,20 = 硕士,24 = 博士";父母教育最高学历根据"0 = 小学以下,6 = 小学,9 = 初中,12 = 高中/中职/中专,16 = 大专/本科,20 = 研究生及以上"来衡量。

家庭经济资本以家庭人均收入、子女教育对家庭经济影响程度以及当前家庭经济承受子女教育最大程度等三个观测变量进行测量,分别对应调查问卷中的"2018 年家庭人均收入""是否为建档立卡贫困家庭"和"根据您(父母)家庭现在的收入,可以承受孩子教育的受教育程度"3 道题目进行测量,家庭教育承受度与父母受教最高程度的衡量标准相同。

同时,将受访家庭的基本特征作为控制变量,包括调查家庭的民族、户籍、子女数量、家庭所在地区等。其中,民族变量以汉族为参照,户籍以是否为农业户籍分别构建虚拟变量。

(三) 研究思路

本章对调查数据进行多角度分析,以了解家庭教育支出的影响因素及其差异。具体的研究思路如下:首先,计算贫困县家庭文化资本和经济资本对家庭教育支出的影响差异,并利用方差分析结果来判断不同影响因素的差异显著性问题;其次,以多元线性回归的方法深入分析家庭文化资本和经济资本在学前、小学、初中和高中等四个基础教育阶段产生的不同影响;最后根据研究发现,提出若干有针对性的建议。

五 实证分析

（一）关键变量描述性统计

表10.3具体呈现了家庭文化资本和经济资本的各个因素、家庭人均教育支出分别在教育不同阶段的描述统计值和卡方检验结果。从父母对子女的教育观念指标来看，子女就读于义务教育阶段的父母教育观念整体高于非义务教育阶段，特别是子女就读小学阶段的父母教育观念得分达到5.46，而高中阶段得分最低，只有4.61；家庭教育期望随着子女受教育程度的提升而略有提升，在初中以下阶段时，父母期望子女不仅完成九年义务教育，而且希望子女可以接受高中以上的教育；在高中阶段时，父母希望子女接受大专及以上的教育。

表 10.3 关键变量的描述性统计（基于 2018 年 10 个贫困县的调研数据）

教育阶段	样本整体		幼儿园阶段		小学阶段		初中阶段		高中阶段		四个教育阶段差异 P 值
变量	均值	标准差	均值	标准差	均值	标准差	均值	标准差	均值	标准差	
父母教育观念	5.0762	2.1917	4.6552	1.9678	5.4558	2.3183	4.7312	2.0147	4.6072	1.8901	0.000***
父母教育期望	8.8745	7.4573	8.9401	7.8713	8.6454	7.4120	8.9503	6.9888	9.3316	7.2293	0.000***
父母受教育程度	10.6675	2.9170	11.6880	2.9523	10.4393	2.7695	9.6765	2.6138	10.8514	3.3019	0.000***
贫困家庭人均收入对数	9.5026	0.7348	9.5881	0.7145	9.4490	0.7503	9.4305	0.7019	9.7066	0.6951	0.000***
建档立卡户数量	0.4363	0.4960	0.4548	0.4982	0.4491	0.4975	0.4282	0.4951	0.3208	0.4673	0.000***
家庭教育承受度	15.1930	4.0313	15.8383	4.3150	14.8499	4.0065	14.6644	3.6754	16.3326	3.4464	0.000***
民族	0.9951	0.0695	0.9926	0.0857	0.9965	0.0593	0.9946	0.0731	0.9953	0.0686	0.4592
户籍	0.8504	0.3567	0.8612	0.3458	0.8758	0.3299	0.8577	0.3496	0.6533	0.4765	0.000***
家中孩子数量	1.7086	0.6395	1.5025	0.5488	1.8021	0.6351	1.7530	0.7095	1.6604	0.6397	0.000***
中东西部地区	1.7589	0.4900	1.8317	0.4119	1.6740	0.5226	1.8309	0.4191	1.9340	0.5103	0.000***
家庭人均教育支出对数	8.7385	0.9104	8.9130	0.7698	8.5882	0.9328	8.6458	0.9212	9.3053	0.8180	0.000***

注：括号内为标准误，*** $p<0.01$，** $p<0.05$，* $p<0.1$。

从父母两者中受教育最高程度的指标来看,父母自身多为未完成高中教育的文化程度,但子女在幼儿园和高中阶段的父母自身受教育水平略高于子女在小学和初中阶段的父母的文化程度。从家庭教育承受度来看,高中以下阶段,家庭可以承受子女完成大专以上程度的学习,子女在高中阶段的家庭可以支持子女完成大学教育。值得注意的是,在基础教育各个阶段中,贫困地区父母对子女的教育期望低于家庭教育承受度。最后,通过相关数据的卡方检验得知,影响家庭教育人均支出的家庭经济资本和文化资本因素在各教育阶段均存在显著性差异。

(二) 贫困县居民家庭文化资本和家庭经济资本对家庭教育支出的影响

为了进一步探讨贫困地区居民家庭的文化资本和经济资本对家庭教育支出的影响,本文从两个角度进行分析。一是建立多元线性回归模型,在对民族、户籍、所在地区、子女数量等变量进行控制的前提下,分别分析家庭文化资本和家庭经济资本对家庭人均教育支出的影响(结果如表 10.4 所示)。二是分析贫困地区居民家庭子女在基础教育四个阶段中人均教育支出的差异性(见表 10.6)。

表 10.4 贫困县家庭文化资本与经济资本多元回归分析

变量	模型 1	模型 2	模型 3	模型 4
	家庭文化资本	家庭经济资本	家庭文化与经济资本(1)	家庭文化与经济资本(2)
父母教育观念	-0.037^{***} (−6.342)		-0.020^{***} (−2.583)	-0.049^{***}
父母教育期望	0.003 (1.550)		0.002 (1.034)	0.013
父母受教育程度	0.058^{***} (13.419)		0.015^{***} (3.447)	0.049^{***}
家庭人均收入对数		0.388^{***} (21.740)	0.285^{***} (15.505)	0.230^{***}
建档立卡户		-0.070^{***} (−2.841)	-0.068^{***} (−2.977)	-0.037^{***}

（续表）

变量	模型 1	模型 2	模型 3	模型 4
	家庭文化资本	家庭经济资本	家庭文化与经济资本(1)	家庭文化与经济资本(2)
家庭教育承受度		0.013*** (3.870)	0.002 (0.509)	0.007
民族			0.339** (2.113)	0.026**
户籍			−0.137*** (−4.138)	−0.054***
子女数量			−0.458*** (−24.455)	−0.322***
中东西部地区			−0.001 (−0.028)	−0.001
截距	8.260*** (131.807)	4.892*** (30.638)	6.516*** (24.469)	
观测值	4 939	4 939	4 939	4 939
R 方	0.046	0.117	0.233	0.233

注：括号内为标准误，*** p<0.01，** p<0.05，* p<0.1。

模型 1 只考虑"家庭文化资本"变量对贫困地区居民家庭教育支出的影响。其结果显示，父母教育观念和教育程度的系数和显著性方面均有较好的解释力，但父母教育观念与家庭教育支出呈负向影响。而父母的教育期望对贫困地区居民家庭教育支出却没有显著性影响。

模型 2 只考虑"家庭经济资本"变量对贫困地区居民家庭教育支出的影响。该模型结果显示，家庭人均收入对数、建档立卡户和家庭教育承受度对家庭人均教育支出的影响显著，而且普通家庭与贫困家庭对家庭教育支出的影响存在明显的差异。

模型 3 则综合考虑了所有变量。该模型结果显示，家庭人均收入、建档立卡户、父母教育观念、父母受教育程度对家庭教育支出的影响显著但各系数有所降低，而父母教育期望与家庭教育承受度对家庭教育支出的影响不显著。其中，家庭人均收入（0.285）和父母受教育程度（0.015）对家庭教育支出的影响最大。

为了衡量家庭经济资本和文化资本各因素对家庭教育支出的影响,模型 4 是将模型 3 进行了标准化处理,进一步验证了家庭经济资本相较于家庭文化资本是影响贫困地区居民家庭人均教育支出更重要的因素。具体来看,家庭经济资本中的家庭人均收入(0.230)和家庭文化资本中的父母受教育程度(0.049)对于家庭人均教育支出的影响最为显著,而普通家庭比贫困家庭对家庭教育支出的影响更大(0.037),而父母教育观念对家庭人均教育支出的影响呈现了显著的负向影响(0.049)。

以上研究结果验证了假设一的成立。

为了进一步检验模型的有效性,本章通过膨胀因子分析法(VIF)判断模型中变量多重共线性问题。检验结果如表 10.5 所示,模型中各变量的容忍度的值介于复 0 和 1 之间,VIF 均小于 10,说明模型中各自变量间不存在明显的共线性问题,这说明了各自变量对因变量的影响是基本独立的,同时也说明了上述回归模型及其分析是有效的。

表 10.5 多元回归模型中变量的膨胀因子

变量	VIF	1/VIF
父母教育观念	2.33	0.4287
中东西部地区	2.32	0.4311
子女数量	1.25	0.8003
父母受教育程度	1.25	0.8018
家庭人均收入的对数	1.24	0.8066
家庭教育承受度	1.12	0.8957
户籍	1.11	0.9042
父母教育期望	1.01	0.9894
建档立卡户	1.01	0.9916
民族	1	0.9976
VIF 均值	1.36	

（三）贫困县居民家庭子女在四个教育阶段中的人均教育支出差异

随着子女年龄增长和所在的教育阶段的变化，贫困地区居民家庭教育支出会呈现出不同的特点，但家长是否会因为子女就读年级的高低不同而影响他们对其子女的教育期望呢？对于这一问题，国内外学者的观点尚未达成一致。因而，接下来本章将基于第二个研究假设，尝试探究各教育阶段家庭文化资本和经济资本对家庭人均教育支出的影响及差异性。

表 10.6 是多元回归非标准化分析结果，表 10.7 是对家庭文化资本、家庭经济资本、家庭教育人均支出同时进行标准化处理后所得到的回归系数，各数据经过标准化处理后消除了量纲、数量级等差异化影响，使不同变量之间更具有可比性，所得结果也更具有解释力。通常认为，标准化处理后的回归系数以绝对值大小来衡量，绝对值越大，可认为它对因变量的影响就越大。本章采用标准化回归系数来比较家庭文化资本与家庭经济资本对各教育阶段居民家庭人均教育支出的作用大小。

表 10.6　贫困县居民家庭文化资本与经济资本在各教育阶段的多元回归分析

变量	阶段 1	阶段 2	阶段 3	阶段 4
	学前阶段	小学阶段	初中阶段	高中阶段
父母教育观念	-0.026^{*} (-1.729)	-0.024^{**} (-2.117)	-0.017 (-0.787)	0.004 (0.211)
父母教育期望	0.002 (0.598)	0.001 (0.276)	-0.004 (-0.845)	0.004 (0.709)
父母受教育程度	0.014^{*} (1.803)	0.012^{*} (1.661)	0.024^{**} (2.042)	0.033^{***} (2.774)
家庭人均收入对数	0.236^{***} (8.097)	0.274^{***} (10.104)	0.319^{***} (6.676)	0.290^{***} (4.219)
建档立卡户	-0.038 (-0.978)	-0.094^{***} (-2.822)	0.012 (0.207)	0.081 (1.177)
家庭教育承受度	-0.013^{***} (-2.759)	0.010^{**} (2.149)	-0.011 (-1.150)	-0.005 (-0.404)
民族	0.367 (1.624)	0.414 (1.531)	0.243 (0.616)	0.227 (1.186)

（续表）

变量	阶段 1	阶段 2	阶段 3	阶段 4
	学前阶段	小学阶段	初中阶段	高中阶段
户籍	− 0.046 (− 0.764)	− 0.155*** (− 3.014)	0.073 (0.800)	− 0.027 (− 0.351)
子女数量	− 0.537*** (− 13.150)	− 0.398*** (− 15.116)	− 0.465*** (− 10.405)	− 0.473*** (− 8.250)
中东西部地区	0.052 (0.614)	− 0.083 (− 1.612)	0.013 (0.116)	− 0.063 (− 0.790)
截距	7.201*** (16.241)	6.473*** (15.674)	6.178*** (9.274)	6.810*** (8.431)
观测值	1 218	2 552	745	424
R 方	0.249	0.189	0.250	0.332

注:括号内为标准误,*** p<0.01,** p<0.05,* p<0.1。

表 10.7 贫困县居民家庭文化资本与经济资本在各教育阶段的多元回归分析(标准化回归系数)

变量	学前阶段	小学阶段	初中阶段	高中阶段
父母教育观念	− 0.067*	− 0.060**	− 0.037	0.010
父母教育期望	0.015	0.005	− 0.027	0.031
父母受教育程度	0.052*	0.034*	0.069**	0.132***
家庭人均收入	0.219***	0.220***	0.243***	0.246***
建档立卡户	− 0.024	− 0.050***	0.006	0.046
家庭教育承受度	− 0.075***	0.044**	− 0.043	− 0.019
民族	0.041	0.026	0.019	0.019
户籍	− 0.021	− 0.055***	0.028	− 0.016
子女数量	− 0.383***	− 0.271***	− 0.358***	− 0.370***
中东西部地区	0.028	− 0.047	0.006	− 0.039
截距				
观测值	1 218	2 552	745	424

注:*** p<0.01,** p<0.05,* p<0.1。

在学前教育阶段，与家庭文化资本因素相比，家庭经济资本因素中的家庭人均收入对家庭教育支出的影响更大。根据表10.6和表10.7可知，家庭人均收入和家庭教育承受度是影响贫困地区居民家庭人均教育支出的两个最主要的因素（P<0.05），而结合表10.7中标准化处理后的相关系数分别为0.219和-0.075来看，父母受教育程度和父母教育观念对家庭人均教育支出影响的显著性降低（P<0.1）。

影响贫困县居民家庭义务教育阶段中的小学阶段人均教育支出的因素相对较多。本研究发现，贫困家庭在子女就读小学阶段时额外增加的校外教育支出会使其家庭教育承受度和教育期望明显降低。在小学教育阶段除了家庭人均收入和家庭教育承受度这两个主要因素外，建档立卡户（即贫困家庭）也是影响家庭教育支出的一个显著性因素，而父母教育观念对家庭教育支出的影响系数和显著性均略有增加，而父母教育期望对家庭教育支出的影响却不显著。从表10.7可知，在小学教育阶段，家庭人均收入的标准化系数为0.220，家庭教育承受度的显著性和系数仅为0.044，建档立卡户系数为-0.050；但父母教育教育观念对家庭人均教育支出依然为负影响，为-0.060，父母受教育程度的系数仅为0.034。整体看来，贫困县居民家庭经济资本因素标准化系数和为0.214，对家庭人均教育支出呈显著性正影响，而家庭文化资本整体标准化系数和为-0.021，对家庭人均教育支出却呈现负影响，这也进一步证明了家庭经济资本比家庭文化资本对家庭人均教育支出的影响更大。

初中教育阶段是决定子女是否继续接受教育的重要过渡时期。随着子女在校内外教育支出的增加，初中阶段的家庭教育投入明显高于小学阶段。本研究发现家庭人均收入和父母受教育程度是影响初中阶段家庭人均教育支出的两大显著性因素，标准化系数分别为0.243和0.069，相较于小学阶段均有所提升。但家庭教育承受程度、建档立卡户、父母教育观念和父母教育期望等四个因素对家庭教育支出的影响不存在显著性差异。

在非义务教育阶段的高中时期，仅有家庭人均收入和父母受教育程度两个指标对家庭人均教育支出具有显著的差异性影响，其标准化相关系数为0.246和0.132。在这一阶段，这两个指标的相关系数也分别代表了家庭经济资本和家庭文化资本对家庭教育支出的影响。在高中阶段,子女的校内学杂费和校外补习等教育支出使家庭人均教育支出大幅增加,加上新高考制度的调整给贫困地区孩子就读高中阶段的居民家庭带来更大的经济压力等原因,使贫困地区高中阶段的教育收益率降低[1],进而导致贫困地区"新读书无用论"的抬头等,这些都可能是导致父母教育观念、父母教育期望、建档立卡户以及家庭教育承受度等四个因素对家庭教育支出的影响不再显著的原因所在。

以上研究结果也验证了假设二的成立。

六　基本结论与建议

经过以上研究,本文主要得出如下结果:(1)家庭经济资本和文化资本对家庭人均教育支出均有显著的差异性影响,而且家庭经济资本的影响较大,而家庭文化资本的影响随着子女受教育阶段的提升而增加。(2)家庭经济资本中的家庭人均收入及家庭文化资本中的父母受教育程度是影响贫困地区居民家庭基础教育各阶段家庭教育支出的两个最主要因素。(3)在学前教育阶段,家庭人均收入和家庭教育承受度是影响贫困地区居民家庭人均教育支出的两个最主要的因素,这一结论与任晓玲等学者的研究发现相吻合。[2] 另外,贫困地区居民家庭在子女就读学前教育阶段时的教育投资负担率和投资能力不仅受到家庭收入水平的影响,而且也受到教育投资观念的影响,这一结论也印证了于冬青等学者的研究结果。[3] (4)影响小学教育阶段家庭教育支出的因素较多,除了家庭人均收入和家庭教育承受度这两个最主要因素外,建档立卡户和父母教育观念等对其子女处于小学阶段的家庭人均教育支出也存在显著影响。(5)贫

① 蒋承,刘霄,戴君华,等.当前农村高中教育的发展瓶颈与应对策略[J].中国教育学刊,2018(01):56—60.
② 任晓玲,严仲连.家庭教育投入对农村学前期儿童发展的影响[J].教育理论与实践,2020,40(05):15—18.
③ 于冬青,李秋丽.农村地区家庭学前教育投资存在的主要问题及对策[J].教育理论与实践,2015,35(13):30—33.

困家庭在子女就读小学阶段时额外增加的校外教育支出,使其家庭教育承受度和教育期望均明显降低,这证实了早期学者提出的"贫困地区低收入家庭教育支出在一定程度上已超出了农户实际的经济承受能力"①的研究结论。(6)家庭人均收入和父母受教育程度是影响初中阶段家庭人均教育支出的两大显著性因素,但家庭教育承受程度、建档立卡户、父母教育观念和父母教育期望等四个因素对家庭教育支出的影响不存在显著性差异。(7)在高中时期,仅有家庭人均收入和父母受教育程度两个因素对家庭人均教育支出具有显著的差异性影响,而且其他因素的影响不显著。

总体而言,贫困地区居民家庭的文化资本依然薄弱,父母的教育水平、教育观念和教育期望等对其家庭教育投入的影响较小,我国在全面脱贫之后,国家仍需设法重视和提升相对低收入地区居民的经济生活水平,同时继续加大为贫困地区尤其贫困家庭的子女提供优质的教育资源和良好的教育机会,而各教育阶段子女的父母也要有意识和有目的地提高自身文化教育水平,树立正确的教育观念、教育态度和合理的教育期望,并重视子女的非物质教育投入,从而以提高家庭文化资本为手段降低家庭贫困代际传递的可能性。

---

① 张瑛,路宏.农村家庭义务教育支出与负担实证分析研究——基于四川、湖北两省八县的调研报告[J].中国农业教育,2007(03):5—8.

第十一章

家庭教育支出对多维贫困
家庭贫困脆弱性的影响研究

摘要：有关贫困地区农村家庭教育投入的影响，长期存在"教育致富"和"教育致贫"两种观点。目前，家庭教育支出对家庭贫困脆弱性的影响仍存在不确定性。本章基于我国 10 个贫困县的调研数据，通过构建贫困脆弱性指标，衡量贫困县家庭多维贫困状况，并在分析家庭贫困脆弱性的基础上，预测和研究了家庭教育总支出、校内外教育支出对各种维度贫困家庭未来贫困脆弱性的影响。研究发现，被调查的 10 个贫困县家庭的贫困脆弱类型整体呈现"偏 U"字形分布，仍有 18.89％的家庭致贫风险依然较高。家庭当前贫困程度越高，其未来多维贫困脆弱性也会越高，特别是三维贫困家庭的贫困脆弱性分布远超整体平均水平。家庭教育总支出可以显著降低家庭的多维贫困脆弱性，对高度贫困脆弱的家庭影响更加显著。家庭校内外教育支出对多维贫困家庭脆弱性的影响存在显著差异。贫困地区家庭校外教育支出是影响贫困家庭未来贫困脆弱性更为关键的因素。在高度贫困脆弱的一维贫困家庭中，校内外教育支出对家庭贫困脆弱性都存在显著性影响；在二维贫困家庭中，校内教育支出对贫困家庭的影响随着家庭贫困脆弱度的提升而减弱，而校外教育支出则随着家庭贫困脆弱性的上升而增强；在三维贫困家庭中，其校外教育支出可以显著降低其未来贫困风险，特别是对高度贫困脆弱家庭的降低作用更加明显。最后，基于研究发现，本章提出了若干政策建议。

关键词：贫困县；家庭教育支出；多维贫困脆弱性

一　研究背景与问题

近年来，我国实施精准扶贫的相关政策，贫困地区农村居民的收入水平快速增长。根据国家统计局（2019）的数据，2018 年我国扶贫开发工作重点县农村居民人均可支配收入 10 284 元，贫困地区农村居民人均可支配收入是全国农村平均水平的 71.0％，比 2012 年提高了 8.8 个百分点，与全国农村平均水平的差距进一步缩小。① 但正如习近平总书记所说，"脱贫攻坚战不是轻轻松松一冲锋就能打赢的""脱贫攻坚工作需要加强"。这就意味着巩固脱贫成果需要全面考虑贫困的本质，应该将经济收入和其他能力因素综合起来。

我国目前主要采用静态特定时间的经济指标去测量家庭经济收入状况和贫困状况，但在全面实现脱贫后，这种仅以经济收入作为衡量贫困的模式将受到挑战。可以预见，致贫程度和未来致贫风险的评估与测量将成为学界关注的重点。

教育扶贫是阻断贫困代际传递的治本之策。教育扶贫不仅要用教育去扶贫，也要关注教育对脱贫的影响。目前，贫困地区，特别是农村贫困地区普遍存在"教育致富"和"教育致贫"两种主流观点。但是，家庭教育投入对农村家庭贫困脆弱性的影响依然存在不确定性。本研究通过 2018 年我国 8 个国家级和 2 个省级贫困县农村家庭的实证调研数据，分析农村家庭的贫困状况和贫困程度，对农村家庭进行多维贫困分类，计算其未来贫困脆弱性，并尝试分析和预测农村家庭教育总支出以及校内外教育支出对多维贫困家庭未来贫困脆弱性的影响。

二　若干概念与文献综述

（一）多维贫困的相关研究

1970 年代，阿玛蒂亚·森（Sen A.）提出了多维贫困理论，该理论的核心观点是人的贫困不仅仅是收入贫困或消费贫困，而且也包括获得安全饮用水、体面地出入公共场所、接受基本的教育以及享受道路、卫生设施等多个方面。该理论认为，贫困不应该局限于收入水平低下和物资匮乏，而更应该考虑发展机会的缺失和能力贫困。教育作

---

① 国家统计局官网［EB/OL］．［2019 - 08 - 12］．http://www. stats. gov. cn/ztjc/zthd/sjtjr/d10j/70cj/201909/t20190906_1696324. html.

为提升人力资本的最主要方式,对贫困地区人力资本的形成与提高及其经济结构的快速转变都具有重要意义。此后学术界逐渐从多维视角对贫困问题展开研究。① 汤森(Townsend)基于多维贫困理论提出,在考察贫困时,除了物资、教育和健康外,还应包括贫困个体面临风险时的脆弱性以及表达自身需求能力的缺失。②

基于相关理论,现有针对贫困脆弱性的研究主要有两维、三维、六维等不同的划分。张金萍等从农户家庭特征和地理区位特征的双视角对多维贫困影响因素的空间分布进行了研究。③ 联合国开发计划署在《人类发展报告(2010)》中提出的多维贫困指数(MPI)包含健康、教育、生活水平等三个维度。④ 同时,王小林等从经济维度(收入和就业)、社会发展维度(教育、健康、社会保障、信息获得)以及生态环境维度(新发展理念、生态补偿脱贫的实践经验以及人们追求更加美好生态环境的需求)来衡量贫困。⑤ 此外,汪三贵等从收入、消费、资产、教育、健康等多个维度对建档立卡贫困户的贫困状况进行精准识别。⑥ 李响等从人力资本、自然资本、金融资本、物质资本、社会资本、环境/背景脆弱性等 6 个维度对贵州省县级多维贫困进行度量。⑦ 石丹等选取了收入、教育、医疗、养老、住房和支出这 6 个维度的 10 项指标对湖北省精准扶贫情况进行研究。⑧ 但家庭教育支出对贫困地区农村不同贫困程度家庭的影响,仍缺乏研究和明确的结论。⑨ 本研究拟采用经济收入、健康、教育等三个维度来分析农村家庭贫困状况和贫困程度。

① Sen A. Development as Freedom [M]. Oxford:Oxford University Press,1999.

② Townsend P. The International Analysis of Poverty [M]. The International Analysis of Poverty. Harvester Wheatsheaf,1993.

③ 张金萍,等.海南省农村多维贫困及影响因素的空间分异[J].地理科学进展,2020,39(06):1013—1023.

④ United Nations Development Programme. Human development report [R]. 2010.

⑤ 王小林,冯贺霞.2020 年后中国多维相对贫困标准:国际经验与政策取向[J].中国农村经济,2020(03):2—21.

⑥ 汪三贵,郭子豪.论中国的精准扶贫[J].贵州社会科学,2015(05):147—150.

⑦ 李响,等.农村家庭多维贫困脆弱性度量及其空间分布——基于 CHNS 数据的实证分析[J].高技术通讯,2019,29(11):1136—1147.

⑧ 石丹,刘睿彬.基于多维贫困测度的湖北省精准扶贫成效评价[J].统计与决策,2020,36(04):44—48.

⑨ 刘艳华,徐勇.中国农村多维贫困地理识别及类型划分[J].地理学报,2015,70(06):993—1007.

(二) 贫困脆弱性的相关研究

家庭未来的贫困状况只能事前预测，无法直接观察。目前衡量贫困的指数多采用静态特定时间点的家庭经济状况来测量，并未全面考虑家庭其他非经济因素的影响。

所谓脆弱性，就是破坏某种稳定状态或满意状态的风险或不确定性程度。因而，家庭贫困脆弱性就是破坏一个家庭经济及福利稳定状态或满意状态的风险或不确定性程度。奥尔汪等人通过"脆弱性"这一概念来解释家庭未来某些福利和经济损失的概率，如家庭由于不确定事件引起的未来福利损失就可以被定义为脆弱性。[①] 贫困脆弱性作为衡量家庭脆弱性的一个重要方面，不仅考虑现在的家庭特征和经济状况，更将未来家庭可能面临的各方面风险也考虑在内，从而预测家庭未来陷入贫困的可能性。[②③] 因而，本章基于多维贫困理论，重点研究多维贫困家庭在未来因教育而陷入贫困的概率，即多维贫困脆弱性研究。

贫困脆弱性取决于家庭贫困的特点和家庭应对贫困风险的能力，即贫困脆弱程度主要是由于缺乏抵抗风险的手段，从而更容易遭受风险的伤害，这是一种动态的贫困范式。[④] 因而，这个指标可以对家庭从不贫困状态进入贫困状态以及继续维持贫困状态进行分析。[⑤] 目前，国内外学者主要采用预期的脆弱性（VEP）、低期望效用的脆弱性（VEU）和风险暴露的脆弱性（VER）等三种方法对贫困脆弱性进行测量。[⑥] 有学者研究发现，家庭的贫困脆弱性受到环境、物质、经济、政治、社会和文化等多种因素的综合影响[⑦]，

---

① Alwang J, Siegel P B, Jorgensen S L. Vulnerability: a view from different disciplines [J]. Social Protection & Labor Policy & Technical Notes, 2001:1 - 60.

② 斯丽娟. 家庭教育支出降低了农户的贫困脆弱性吗？——基于 CFPS 微观数据的实证分析[J]. 财经研究, 2019(11).

③ 李丽忍, 陈云. 我国农村家户多维贫困脆弱性的测度分析[J]. 统计与决策, 2019, 35(11): 76—81.

④ 沈小波, 林擎国. 贫困范式的演变及其理论和政策意义[J]. 经济学家, 2005(06): 91—96.

⑤ 世界银行. 2000/2001 世界发展报告[M]. 北京: 中国财政经济出版社, 2001.

⑥ 李丽, 白雪梅. 我国城乡居民家庭贫困脆弱性的测度与分解[J]. 数量经济技术经济研究, 2010(08): 61—73.

⑦ 林文, 邓明. 贸易开放度是否影响了我国农村贫困脆弱性——基于 CHNS 微观数据的经验分析[J]. 国际贸易问题, 2014(06): 23—32.

主要包括经济发展不平衡①、个体与家庭特征②、人力资本③、社会保障政策④、公共转移支付能力⑤、外界援助与医疗保险⑥等方面。

(三)"教育致富"与"教育致贫"的相关研究

1960年代,以舒尔茨为代表的众多学者提出了"人力素质贫困理论"。该理论认为贫困地区落后的主要根源在于人力资本的匮乏⑦,贫困脆弱性也是造成贫困的原因之一。⑧ 当前,在学前教育、义务教育和高中教育阶段,我国农村家庭的经济负担相当大部分与孩子的教育有关。家庭教育支出是暂时性的,而且与其他消费支出不同,它是为了未来的收益进行的投资。⑨ 但当前有关教育支出与农村家庭未来贫困可能性两者之间的关系没有得到明确结论⑩,主要存在相对立的"教育致贫"与"教育减贫"两种观点。

持"教育致贫"观点的学者认为,一方面由于教育的溢出效应会降低政府对贫困地区及弱势家庭的教育投资激励,从而加剧教育投入不平衡的程度。⑪ 另一方面,由于农村地区基本公共服务较差,整体教育质量偏低,这也变相增加了贫困家庭在子女教

---

① Gloede O, Menkhoff L, Waibel H. Shocks, individual risk attitude, and vulnerability to poverty among rural households in Thailand and Vietnam [J]. World Development, 2015, 71: 54 - 78.

② 李丽, 白雪梅. 我国城乡居民家庭贫困脆弱性的测度与分解[J]. 数量经济技术经济研究, 2010(08): 61—73.

③ Imai K S, Gaiha R, Thapa G, et al. Financial crisis in Asia: Its genesis, severity and impact on poverty and hunger [J]. Journal of International Development, 2013, 25(8): 1105 - 1116.

④ 徐超, 李林木. 城乡低保是否有助于未来减贫———基于贫困脆弱性的实证分析[J]. 财贸经济, 2017 (05): 5—19.

⑤ Celidoni M. Vulnerability to poverty: An empirical comparison of alternative measures [J]. Applied Economics, 2013, 45(12): 1493 - 1506.

⑥ 韦惠兰, 罗万云. 精准扶贫视角下农户生计脆弱性及影响因素分析———基于甘肃省贫困地区的实证调查 [J]. 河南师范大学学报(哲学社会科学版), 2018, 45(02): 65—71.

⑦ 刘维忠. 新阶段新疆农村扶贫开发模式与对策研究[D]. 北京: 中国农业大学, 2010: 4.

⑧ 黄承伟, 王小林, 徐丽萍. 贫困脆弱性: 概念框架和测量方法[J]. 农业技术经济, 2010(08): 4—11.

⑨ 张永丽. "教育致贫"悖论解析及相关政策建议———以甘肃省14个贫困村为例[J]. 西北师大学报(社会科学版), 2017, 54(02): 20—29.

⑩ 文宏, 谭学兰. 农村家庭"因教致贫"现象解读与政策建议———基于脆弱性理论视角[J]. 西北农林科技大学学报(社会科学版), 2015, 15(02): 113—120.

⑪ 张锦华. 教育溢出、教育贫困与教育补偿———外部性视角下弱势家庭和弱势地区的教育补偿机制研究 [J]. 教育研究, 2008(07): 21—25.

育方面的支出,从而会显著增加家庭陷入贫困的概率。[1] 武向荣基于2012年宁夏农村贫困地区家庭教育支出数据得出其家庭教育平均负担率为42.01%,直接影响子女接受高等教育的机会,进而潜在影响家庭未来经济收入。[2] 王建军等根据阿玛蒂亚·森的多维贫困理论提出,政府人均教育支出越高及中小学拥有的教育设施越好,则家庭陷入贫困的可能性就越低。[3] 祝伟等认为贫困家庭教育资源的投入不足会增加陷入贫困陷阱的可能性,从而减少由人力资本带来的收入增长。[4] 张栋浩等提出中国农户家庭在教育投入上的波动可能会导致非贫困农户与贫困农户同时面临返贫的可能。[5] 周渝霜基于中国家庭金融调查(CHFS)2017年数据实证结果发现,家庭教育支出与负债会加重家庭未来陷入贫困的可能性。[6]

持"教育减贫"观点的学者认为无论是公共投资教育还是个体投资教育,都将提高受教育者的人力资本存量和家庭的资源禀赋,降低子代的贫困脆弱性,从而阻断贫困的代际传递。[7] 从教育直接效应来看,家庭对子女的人力资本投资可以促使子女接受更好的教育,从而以提高子女技术水平的方式实现家庭整体经济收益的增加;从教育溢出效应来看,教育的家庭投资提升可以促进人力资本增加,进一步提高社会生产率,促进整体社会经济增长,反过来又会在一定程度上缓解家庭个体的贫困。斯丽娟基于2016年中国家庭追踪调查(CFPS)数据计算得出家庭教育支出显著降低了农户的贫困脆弱性,且对贫困家庭的降低程度大于非贫困家庭。[8] 然而,当下研究更多集中于公

① 张永丽,刘卫兵."教育致贫"悖论解析及相关精准扶贫策略研究——以甘肃14个贫困村为例[J].经济地理,2017,37(09):167—176.
② 武向荣.农村贫困地区家庭教育支出及负担的实证研究——基于宁夏两个国家级贫困县的调查[J].教育理论与实践,2015,35(16):21—25.
③ 王建军,杨辉平,虎晓坪.新疆县域多维贫困研究[J].新疆财经,2016(02):36—46.
④ 祝伟,夏瑜擎.中国居民家庭消费性负债行为研究[J].财经研究,2018,44(10):67—81.
⑤ 张栋浩,尹志超.金融普惠、风险应对与农村家庭贫困脆弱性[J].中国农村经济,2018(04):54—73.
⑥ 周渝霜.教育支出与贫困脆弱性——基于CHFS微观数据的实证思考[J].区域治理,2019(52):64—66.
⑦ 解雨巷,解垩,曲一申.财政教育政策缓解了长期贫困吗?——基于贫困脆弱性视角的分析[J].上海财经大学学报,2019,21(03):4—17.
⑧ 斯丽娟.家庭教育支出降低了农户的贫困脆弱性吗?——基于CFPS微观数据的实证分析[J].财经研究,2019,45(11):32—44.

共教育投入,而聚焦于家庭教育支出的相关研究较少。家庭教育支出的多寡与贫困家庭脆弱度的强弱关系是否与公共教育支出规律相契合仍需要进一步研究。

基于此,本章提出第一个研究假设(H1):家庭教育支出可以显著降低多维贫困家庭的贫困脆弱性,而且家庭贫困维度越高,其作用越显著。

(四) 家庭校内外教育支出对贫困家庭的影响

随着家长教育观念的更新,家庭对于教育支出越来越多。丁小浩等人将家庭教育支出分为校内支出与校外支出两大类,校内教育支出包括学杂费、书本费、伙食费、交通费、住宿费、择校费等;校外教育支出包括投入兴趣班、家教等校外补习的费用。[1] 迟巍等学者研究得出义务教育阶段校外补习支出已与校内教育支出持平[2],而邓海建以西安市为案例研究得出,近十年来家庭教育校外支出远超出了校内支出。[3]

面对农村相对薄弱的教育资源,农村家庭往往会通过校外影子教育加以弥补。[4] 近年来,校外教育在我国农村地区蓬勃发展,越来越多的农村家庭也开始重视对于子女的校外教育支出。薛海平等指出,2004 年我国城镇家庭校外教育平均支出为 1 187.68 元,接近总教育支出的 1/3,已然成为城镇在校生家庭重要的支出之一;2016 年人均补习支出 2 311.97 元。[5] 李娟研究表明,新疆农村家庭的孩子校外教育支出已经成为家庭教育费用的主要部分。[6] 另外,刘保中研究发现,校外教育支出从学前到小学再到初中呈现出比较明显的递增趋势,但中低收入家庭和农村户籍家庭在支出上呈现劣势状态。[7]

---

① 丁小浩,翁秋怡. 权力资本与家庭的教育支出模式[J]. 北京大学教育评论,2015,13(03):130—142.
② 迟巍,钱晓烨,吴斌珍. 家庭教育支出平等性的实证研究[J]. 教育与经济,2011(04):34—37,44.
③ 邓海建. 教育支出何以"校内回落校外涨"[N]. 中国教育报,2014-06-04(002).
④ 晓磊,张强. 高学历家庭影子教育支出是否更多——基于倾向值匹配的考察[J]. 北京工业大学学报(社会科学版),2018,18(06):78—87,96.
⑤ 薛海平,丁小浩. 中国城镇学生教育补习研究[J]. 教育研究,2009(01):39—46.
⑥ 李娟. 新疆多民族背景下家庭校外教育支出差异分析[J]. 合作经济与科技,2013(09):123—124.
⑦ 刘保中. "扩大中的鸿沟":中国家庭子女教育投资状况与群体差异比较[J]. 北京工业大学学报(社会科学版),2020,20(02):16—24.

目前,多数研究表明校外教育与家庭贫困呈负相关关系。薛海平等发现校外教育的增加能够帮助学生文化课成绩和特长能力的提升,有助于降低家庭原本的贫困程度。[1] 周春芳等认为增加农村弱势群体的子女教育支出,有利于打破教育投资的"马太效应",从而阻断贫困的代际传递。[2] 然而少数学者提出相反的观点,如万里洋和吴和成的实证研究表明,包括课外辅导费用在内的高昂的教育支出在城市家庭消费中的比例越来越高,对于城市弱势家庭来讲是导致家庭致贫甚至返贫的关键因素。[3]

整体来看,目前已有研究更多集中于校内外教育支出现状、影响因素及区域间差异性的研究,且多以城市家庭为研究对象。对于校内外教育支出与贫困家庭贫困脆弱性之间的关系仍未有明确定论。基于此,本章又提出如下两个研究假设:

H2:家庭校外教育支出比校内教育支出更能降低家庭的贫困脆弱性。

H3:家庭校内外教育支出对多维贫困家庭的贫困脆弱性影响更显著。

三 数据来源与研究设计

(一) 数据来源

本章的数据来自于课题组对我国 2018 年部分贫困县家庭教育支出和家庭贫困状况的相关调研。调查选取了东中西部 10 个贫困县(即东部地区的福建平和县、江苏阜宁县;中部地区的湖北巴东县、孝昌县、大悟县及江西吉安县;西部地区的甘肃秦安县、通渭县、临洮县和民乐县等),家庭样本量为 9 836 个。

---

[1] 薛海平,李静. 家庭资本、影子教育与社会再生产[J]. 教育经济评论,2016,1(04):60—81.

[2] 周春芳,苏群,王翌秋. 农户分化背景下农村家庭子女教育投资的异质性研究——兼论影子教育对教育结果均等化的影响[J]. 教育与经济,2017(02):62—68.

[3] 万里洋,吴和成. 中国城市家庭脱贫可持续性发展研究——基于贫困脆弱性视角[J]. 东北大学学报(社会科学版),2020,22(02):23—30,49.

(二) 变量定义

本研究在家庭多维贫困界定与识别上,采用经济收入、身心健康、能力提升机会三个维度,构成多维贫困家庭指标体系。在经济收入指标上,我们把"建档立卡贫困户"或"家庭人均收入低于 14 元/人/天"(国际贫困支出标准 2 美元/人/天)认定为"贫困家庭"。在身心健康指标上,我们采用家庭成员的身体状态和心理健康状况来衡量,如家庭有残疾人或单亲家庭则被视为健康贫困。在能力提升机会指标上,我们采用下面两者之一来衡量,只要符合其中一项,则被视为该指标贫困(简称机会贫困):一是家庭成人没有机会获得非正规教育、培训等人力资本提升机会;二是家庭目前可以承受孩子受教育的最高程度低于高中水平。最后,按照贫困维度将农村家庭划分为零维贫困、一维贫困和多维贫困三类。

本章因变量为多维贫困脆弱性,将通过家庭目前基本状况,计算并衡量其未来陷入贫困的可能性。自变量是家庭教育支出、校内教育支出和校外教育支出。教育支出数据根据调查问卷中"2018 年家庭用于孩子教育的总费用多少元?"获得;教育校内支出通过"2018 年您的孩子上学支出的学费、书费、择校费、住宿费、伙食费、交通费、校服费等费用共多少元?"获得;校外教育支出通过"家庭教育总费用减去校内支出"得出。在涉及的模型中,均将校内支出和校外支出分别取对数处理。

此外,样本家庭的个体特征包括民族、户籍、家庭孩子的数量、家庭所在地区等。变量中民族以汉族为参照、户籍以农业户籍等分别构建虚拟变量。家庭所在地区基于家庭地址,分别归为东中西部,并以东部为参照构建两个虚拟变量。

(三) 研究设计

为了分析家庭教育总支出、校内外教育支出对多维贫困家庭贫困脆弱性的影响,本研究对实证调查数据进行了多角度分析。具体的研究思路如下:首先,根据多维贫困的相关概念,设计贫困县家庭多维贫困指标,并计算调查家庭的多维贫困脆弱性,再根据贫困脆弱率阈值将贫困家庭进行分类;其次,采用 Probit 回归和 FGLS 的方法,分析家庭教育支出对全部贫困家庭特别是高度贫困家庭贫困脆弱性的影响;再次,分析家庭校内外教育支出对各种贫困维度家庭未来贫困脆弱性的影响。

四 实证分析

（一）贫困地区多维贫困家庭的贫困脆弱性分析

本章使用预期的贫困脆弱性方法（VEP）对样本家庭的贫困脆弱性进行分析。其中，VEP方法是通过 T 时期的家庭特征计算 T＋1 时期家庭陷入贫困的概率来获得相应的脆弱性度量。该方法将现有家庭的特征、经济状况与未来家庭可观测到的风险相联系，测算未来家庭可能陷入贫困的可能性。[1] 其优点在于能够反映一个家庭的贫困动态变化，同时数据的可得性相对较好。只要基于贫困线便可测定其值，因此比其他贫困脆弱性的衡量方法更为便捷。[2] 其主要思路是使用三阶段广义最小二乘法估计，即通过建立收入均值和收入波动模型，再估计人均收入对数，并对回归后的残差平方再进行 OLS 回归。

$$lnincome = X_i\beta + e_i \tag{1}$$

其中，$income$ 代表家庭人均收入水平，X_i 为家庭个体特征和影响家庭状况的因素，包括民族、户口、是否为建档立卡户、是否为单亲家庭、是否为残疾家庭、是否与孩子生活一起、家庭人口数量和家庭所在地区等因素与家庭的暂时性和持久性收入等。在上述回归的基础上，构建两次异方差结构权重，重新对残差平方和收入对数进行加权回归，最后获得估计值，即：

$$e_i^2 = x_i\theta + \varepsilon_i \tag{2}$$

[1] Kurosaki T. Consumption Vulnerability and Dynamic Poverty in the North — West Frontier Province, Pakistan [R]. 2002.

[2] Chaudhuri. S, Jalan J, Suryahadi. Assessing Household Vulnerability to Poverty from Cross Sectional Data: A Methodology and Estimates from Indonesia. A. Discussion Paper, Columbia University. 2002.

$$E[lnincome_i \mid X_i] = X_i\beta_{FGLS} \tag{3}$$

$$V[lnincome_i \mid X_i] = e_i^2 = X_i\theta \tag{4}$$

$$VEP_i = \emptyset\left[\frac{lnPoorlevel - lnincome_i}{\sqrt{x_i\theta}}\right] \tag{5}$$

假定贫困地区农村家庭的收入对数服从正态分布。$lnPoorlevel$ 为本章设定的贫困标准的对数值。由于本章的研究目的在于分析贫困地区农村家庭未来的贫困脆弱性,因而没有采用我国现行脱贫标准(即农民年人均纯收入。2018 年全国脱贫标准约为人均纯收入 3 200 元的水平),而是采用了 2018 年集中连片特困地区农村居民人均可支配收入 10 260 元的标准来计算其贫困脆弱性。

贫困脆弱性的阈值是界定是否脆弱的标准。根据已有的相关研究,贫困脆弱性的阈值分为 29％、49％和 79％三级,即预测未来贫困发生的概率低于 29％则为不脆弱;29％—49％为低度脆弱;49％—79％为中度脆弱;79％以上的为高度脆弱。[①]

研究发现,贫困县家庭的贫困脆弱类型分布呈现"偏 U"字形(图 11.1),即未来不容易致贫的家庭占比为 81.11％,未来有可能面临贫困的家庭占比为 18.89％,其中低度贫困脆弱家庭占 6.40％,中度贫困脆弱家庭占 0.46％,高度贫困脆弱家庭占 12.02％。结合家庭多维贫困状况,零维贫困家庭全部为不脆弱家庭;在一维贫困家庭中,不脆弱家庭占比为 85.41％,而低度、中度和高度贫困脆弱家庭占比分别为 7.22％、0.16％和 7.22％,均高于全国平均水平;在二维贫困家庭中,不脆弱家庭占比为 65.11％,但高度脆弱家庭占比也很高,达到 22.67％,低度和中度脆弱家庭占比分别为 10.86％和 1.36％,也偏高;三维贫困家庭的脆弱性分布与二维贫困家庭分布趋势相反,高度脆弱家庭占比高达 61.48％,远超整体平均水平,低度和中度脆弱家庭的占比却低于二维贫困中同类型家庭,而不脆弱家庭的占比只有 33.97％,远低于之整体平均水平,这一结果不仅说明多维贫困家庭未来致贫的可能性远高于其他家庭,而且说明家庭当前贫困程度越高,其未来贫困脆弱性也会越高。

[①] 周君璧,施国庆,2017.

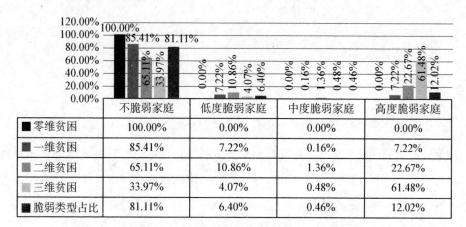

	不脆弱家庭	低度脆弱家庭	中度脆弱家庭	高度脆弱家庭
■ 零维贫困	100.00%	0.00%	0.00%	0.00%
■ 一维贫困	85.41%	7.22%	0.16%	7.22%
■ 二维贫困	65.11%	10.86%	1.36%	22.67%
■ 三维贫困	33.97%	4.07%	0.48%	61.48%
■ 脆弱类型占比	81.11%	6.40%	0.46%	12.02%

图 11.1 我国调查样本县（贫困县）贫困家庭的多维贫困脆弱性分布

以下笔者根据贫困县家庭多维贫困脆弱性情况，对家庭教育支出、校内支出和校外支出的分布情况进行了描述性统计，如表 11.1 所示。在不脆弱家庭中，2018 年零维贫困家庭的家庭教育总支出为 13 800 元，低于其他三种维度贫困家庭和整体水平。在低度脆弱家庭类型中，三维贫困家庭的教育支出达到 15 400 元，高于一维和二维贫困家庭；中度脆弱家庭样本量较少，一维贫困家庭教育支出最高，达到 18 800 元，二、三维贫困家庭的教育总支出低于整体 10 000 元水平；而在高度脆弱家庭中，三种维度贫困家庭的教育支出差异较小，均为 11 000 元左右。另外，除中度贫困脆弱的一维贫困家庭外，其他贫困脆弱性的家庭校外支出均高于家庭教育的校内支出。

表 11.1 多维贫困家庭的教育支出和贫困脆弱率描述性统计

脆弱度	多维贫困度 指标	零维贫困 中位数	样本量	一维贫困 中位数	样本量	二维贫困 中位数	样本量	三维贫困 中位数	样本量	整体情况 中位数	样本量
不脆弱家庭	家庭教育总支出	13 800	2 266	15 000	3 846	15 500	1 726	15 100	142	15 000	7 980
	校内支出	3 215.5		3 600		3 500		3 325		3 500	
	校外支出	8 300		8 650		9 700		10 310		8 900	
	贫困脆弱率	0		0		0		0		0	

（续表）

脆弱度	多维贫困度指标	零维贫困		一维贫困		二维贫困		三维贫困		整体情况	
		中位数	样本量	中位数	样本量	中位数	样本量	中位数	样本量	中位数	样本量
低度脆弱家庭	家庭教育总支出			13 200		12 450		15 400		13 050	
	校内支出			4 000	325	3 630	288	2 150	17	3 750	630
	校外支出			7 700		7 675		11 300		7 700	
	贫困脆弱率			0.46		0.34		0.39		0.46	
中度脆弱家庭	家庭教育总支出			18 800		9 630		9 650		10 000	
	校内支出			6 000	7	3 080	36	1 850	2	3 060	45
	校外支出			4 500		4 390		7 800		4 500	
	贫困脆弱率			0.60		0.79		0.76		0.79	
高度脆弱家庭	家庭教育总支出			11 100		11 100		10 000		11 000	
	校内支出			2 600	325	2 550	601	2 100	257	2 500	1 183
	校外支出			4 850		5 620		5 000		5 350	
	贫困脆弱率			1		1		1		1	

（二）家庭教育总支出对贫困地区家庭贫困脆弱性的影响

首先说明：本节旨在分析家庭教育总支出对贫困县家庭贫困脆弱性的影响，因而重点关注贫困脆弱率 $Vul_i \geqslant 0.29$ 的全部贫困脆弱家庭和 $Vul_i \geqslant 0.79$ 的高度脆弱贫困家庭，并采用 Probit 模型估计教育总支出对家庭贫困脆弱性的影响。在全部贫困脆弱家庭的模型 1 中，如果 $Vul_i \geqslant 0.29$，则定义 $Vul_i = 1$；如果 $Vul_i < 0.29$，则定义为 $Vul_i = 0$；在高度脆弱家庭的模型 2 中，如果 $Vul_i \geqslant 0.79$，则定义 $Vul_i = 1$；如果 $Vul_i < 0.79$，则定义为 $Vul_i = 0$；而模型 3 和模型 4 采用 FGLS 对 Probit 模型 1 和 2 估计的边际效应。

表 11.2 是家庭教育总支出对全部贫困脆弱和高度贫困脆弱家庭的脆弱性影响数据。从模型 1 和模型 3 可见，家庭教育支出与贫困脆弱全部家庭呈显著负相关关系，分别为 -0.176 和 -0.047，说明教育总投入可以显著降低家庭贫困脆弱率，有助于缓

解贫困家庭的未来贫困代际传递。特别是对高度脆弱家庭的影响比整体贫困家庭减少了 0.005（见模型 2）。因此，整体来看，家庭教育总支出可以显著降低贫困家庭的贫困脆弱性，而且对高度贫困脆弱的家庭影响更加显著，说明假设 H1 成立。其他数据特征见表 11.2。

表 11.2　家庭教育总支出对贫困县家庭多维贫困脆弱性的影响（回归结果）

被解释变量	Probit 模型 1	Probit 模型 2	FGLS 模型 3	FGLS 模型 4
	贫困脆弱全部家庭	高度贫困脆弱家庭	贫困脆弱全部家庭	高度贫困脆弱家庭
家庭教育支出	− 0.176*** （− 11.417）	− 0.181*** （− 11.681）	− 0.047*** （− 11.067）	− 0.045*** （− 11.136）
民族	− 0.228 （− 1.347）	− 0.023 （− 0.128）	− 0.054 （− 1.390）	− 0.050 （− 1.292）
户口	0.629*** （12.791）	0.729*** （14.215）	0.154*** （19.729）	0.169*** （22.603）
家庭人数	0.111*** （11.387）	0.111*** （11.338）	0.025*** （9.495）	0.023*** （9.173）
留守儿童	− 0.009 （− 0.276）	− 0.011 （− 0.351）	− 0.007 （− 0.711）	− 0.005 （− 0.536）
父母教育最大程度	− 0.403*** （− 21.444）	− 0.412*** （− 21.679）	− 0.085*** （− 19.658）	− 0.080*** （− 19.604）
截距	1.737*** （7.155）	1.499*** （6.003）	0.867*** （14.052）	0.816*** （13.647）
样本量	9 836	9 836	9 836	9 836
R 方			0.283	0.284

注：括号内为标准误，*** p<0.01，** p<0.05，* p<0.1。

（三）家庭校内外教育支出对东中西部贫困县家庭多维贫困脆弱性的影响

首先根据家庭贫困程度进行分组，再通过多元回归模型分析子女教育的校内支出和校外支出对不同脆弱类型家庭的影响。以下模型 3、4、5 和 6 是分别对应东中西部脆弱率 $Vul_i < 0.29$ 的贫困不脆弱家庭类型中的零、一、二和三维贫困家庭；模型 7、8

和 9 分别对应的是东中西部脆弱率 $Vul_i \geqslant 0.29$ 的贫困脆弱家庭类型中的一、二和三维贫困的全部家庭；模型 10、11 和 12 分别对应东中西部脆弱率 $Vul_i \geqslant 0.79$ 的高度贫困脆弱家庭类型中的一、二和三维贫困家庭，结果如表 11.3 所示。

研究发现，在不脆弱家庭中，零维和一维贫困家庭的校内外教育支出对家庭贫困脆弱性并无显著影响（模型 3）。而在贫困脆弱家庭整体和高度贫困脆弱的一维贫困家庭中，校内外教育支出对家庭贫困脆弱性则存在显著性影响。在全部贫困家庭中（模型 7），校内外教育支出会显著降低家庭未来贫困脆弱性。家庭校外教育支出的回归系数为 -0.030，家庭校内教育支出的影响显著且回归系数为 -0.037，说明在全部贫困家庭中，家庭校内外教育支出每提升 1 个单位，家庭未来的贫困脆弱率将整体降低 0.067。但在高度贫困脆弱的一维贫困家庭中（模型 10），校内外教育支出对高度贫困脆弱性的影响明显降低，说明对于这类家庭而言，家庭教育支出对其未来贫困脆弱的影响较弱。总之，家庭校内外教育支出对降低一维贫困家庭的未来贫困脆弱性更为显著。

在二维贫困家庭中，家庭校外教育支出对各类型家庭呈现出负向影响。具体来看，在不脆弱贫困的家庭中（模型 5），校外教育支出影响显著且回归系数为 -0.002。在全部贫困脆弱家庭中（模型 8）和高度脆弱家庭（模型 11）中，校外教育支出对贫困脆弱率呈现显著且负向增强作用，回归系数分别为 -0.028 和 -0.033。但是，家庭校内教育支出对全部贫困脆弱家庭的回归系数为 -0.017，显著性降低，而家庭校内教育支出对高度贫困脆弱家庭的影响则不存在显著差异。整体来看，在二维贫困家庭中，校外教育支出对降低家庭贫困脆弱性有显著影响，但校内教育支出对贫困家庭的影响随着家庭贫困脆弱度的提升而减弱。

在三维贫困家庭中，家庭校外支出对全部贫困脆弱家庭和高度贫困脆弱家庭有显著负向影响。在高度贫困脆弱家庭中，校外教育支出对降低家庭贫困脆弱率的影响最大，降低了 0.042 个单位。在全部贫困脆弱家庭中，校外教育支出对其贫困脆弱率的降低依然有显著影响，但其系数为 0.022。值得一提的是，校内教育支出对三维贫困家庭的贫困脆弱率影响不显著。因此，在贫困地区的三维贫困家庭中，校外教育支出

表 11.3 家庭校内外教育支出对东中西部贫困县各维贫困家庭的影响（回归结果）

变量	不脆弱家庭				贫困脆弱家庭			高度贫困脆弱家庭		
	3	4	5	6	7	8	9	10	11	12
	零维贫困	一维贫困	二维贫困	三维贫困	一维贫困	二维贫困	三维贫困	一维贫困	二维贫困	三维贫困
家庭校内支出	0.000 (1.459)	0.000 (0.518)	-0.000 (-0.587)	-0.002 (-0.638)	-0.037*** (-5.842)	-0.017** (-2.417)	0.009 (1.129)	-0.002* (-1.870)	-0.006 (-0.663)	-0.002 (-0.133)
家庭校外支出	-0.000 (-1.412)	-0.000 (-0.815)	-0.002** (-2.592)	0.004 (1.140)	-0.030*** (-4.332)	-0.028*** (-4.433)	-0.022*** (-3.832)	-0.002* (-1.766)	-0.033*** (-4.413)	-0.042*** (-5.093)
民族	0.001*** (2.699)	-0.013 (-1.082)	-0.021 (-1.164)		0.093 (1.271)	-0.201*** (-10.431)	-0.035 (-1.455)	0.001 (0.246)	-0.140 (-1.542)	-0.116*** (-2.998)
户口	0.002*** (5.189)	0.004*** (6.991)	0.003 (1.309)	0.017 (1.414)	-0.215*** (-6.238)	-0.202*** (-9.177)	-0.028 (-1.594)	-0.008*** (-3.309)	-0.204*** (-5.199)	0.082 (1.114)
家庭人数	-0.000* (-1.772)	0.000 (0.869)	-0.001 (-1.163)	-0.002 (-0.407)	0.061*** (9.712)	0.043*** (8.051)	0.002* (1.680)	0.002** (1.971)	0.047*** (7.989)	0.007 (1.841)
留守儿童	-0.001 (-0.820)	-0.001 (-1.333)	-0.002 (-1.062)	0.034*** (3.084)	0.056** (2.397)	0.025 (1.111)	0.019 (0.809)	0.007 (1.237)	0.060** (2.250)	0.000 (0.008)
父母教育最大程度	-0.000 (-0.815)	-0.003*** (-5.633)	-0.004*** (-5.501)	-0.013* (-1.821)	-0.008 (-0.638)	-0.009 (-0.698)	0.004 (0.396)	-0.001 (-0.319)	-0.011 (-0.774)	-0.033* (-1.732)
截距	0.002 (0.778)	0.026** (2.070)	0.066*** (3.372)	0.035 (0.635)	1.051*** (9.115)	1.319*** (14.609)	1.075*** (13.830)	1.013*** (84.491)	1.096*** (7.721)	1.351*** (7.275)
观察样本	2,264	3,846	1,726	142	657	925	276	325	1,037	298
R方	0.007	0.024	0.030	0.078	0.200	0.110	0.052	0.035	0.084	0.080

注：括号内为标准误，*** $p < 0.01$，** $p < 0.05$，* $p < 0.1$。

对降低高度贫困家庭的未来贫困脆弱性的作用更大。通过分析各维贫困家庭的校内外教育支出对贫困家庭未来脆弱率的影响,验证了假设 H2 和假设 H3 的成立。

五 结论与建议

(一) 主要结论

通过以上研究,本文主要得出如下结论:(1)被调查的 10 个贫困县家庭的贫困脆弱类型整体呈现"偏 U"字形分布,即未来不容易致贫的家庭占 81.11%,未来比较容易致贫的家庭占 18.89%,其中低度贫困脆弱性家庭占 6.40%,中度贫困脆弱性家庭占 0.46%,高度贫困脆弱性家庭占 12.02%。(2)多维贫困家庭未来致贫的风险远高于其他家庭,而且家庭当前贫困程度越高,其未来多维贫困脆弱性也会越高,特别是三维贫困家庭的贫困脆弱性分布远超整体平均水平。(3)家庭教育总支出可以显著降低家庭的多维贫困脆弱性,对高度贫困脆弱的家庭影响更加显著。(4)家庭校内外教育支出对贫困地区多维贫困家庭脆弱性的影响存在显著差异。(5)在不脆弱家庭中,校内外教育支出对零维和一维贫困家庭的贫困脆弱性并无显著影响。(6)贫困地区家庭校外教育支出是影响贫困家庭未来贫困脆弱性更为关键的因素。(7)在高度贫困脆弱的一维贫困家庭中,校内外教育支出对家庭贫困脆弱性都存在显著性影响;在二维贫困家庭中,校内教育支出对贫困家庭的影响随着家庭贫困脆弱度的提升而减弱,而校外教育支出则随着家庭贫困脆弱性的上升而增强;对于三维贫困家庭,其校外教育支出可以显著降低其未来贫困风险,特别是对高度贫困脆弱家庭的降低作用更加明显。

(二) 相关建议

1. 建立多维贫困识别标准和巩固脱贫成果的相关机制

我国即将实现全面脱贫,但从长远来看,未来仍需采取多种手段来巩固扶贫成果,包括建立多维贫困标准。这不仅需要考虑贫困建档立卡和家庭的经济收入维度,还应结合家庭提升机会能力和健康等多方面因素，精准识别家庭贫困程度，使扶贫更加具有针对性和准确性。建议国家有关部门尽早建立多维贫困识别标准，同时建立和完善如何巩固脱贫成果的相关机制。

2. 科学调控基础教育资源，促进教育资源分配均衡化

国家应该充分发挥基本公共服务中教育的长效扶贫机制，将发展教育作为未来全面脱贫后巩固脱贫工作的重点之一。近年来，我国基础教育综合使用各种政策工具，不断向贫困地区、中西部地区和低收入群体倾斜，保障和提高了贫困家庭子女的受教育机会。在未来巩固脱贫成果时，一方面需要科学调控贫困地区的基础教育资源，保障其基本教育资源供给，并不断提升城乡教育机会的公平度。可以根据多维贫困家庭的实际状况，进一步完善教育扶贫专项政策，如多维贫困家庭可以适当减免其基础教育阶段的校内外教育支出等；另一方面，还可以尝试设立补偿性或公益性的校外教育项目，使贫困家庭子女能够享受到更丰富的社会教育资源，切实保障贫困家庭子女的生存和发展权益，特别应设法减轻高维贫困家庭的校外教育负担，从而通过教育手段有力阻断家庭贫困的代际传递。

第十二章

家庭资本视角下不同家庭背景对教育获得的影响路径

摘要:本章基于 2016 年中国劳动力动态调查(CLDS2016)数据,使用多项式 logit 模型,实证家庭背景对教育获得的影响及其中间机制。研究发现,在我国,教育获得的二元路径,即资源转化模式和文化再生产模式均存在,但两者表现有所不同:家庭社会经济地位显著影响子代接受教育的初期阶段,家庭文化资本则影响子代接受教育的全过程。同时,重点中学是家庭背景与教育获得的中间机制,且对二元路径的影响作用存在差异:在基础教育阶段,家庭经济资本和文化资本处于优势地位的学生更容易进入重点学校,而在高中升大学阶段,重点中学在家庭文化资本与高等教育获得中起部分中介作用,在家庭经济资本与高等教育获得中不存在中介作用。此外,重点学校的累积和增强效应显著,即前一阶段就读学校类型对后一阶段教育获得机会和质量都有积极影响,而且一直就读于重点初中和重点高中的学生,升大学存在明显优势。总的来看,先赋性家庭因素和制度性学校因素均显著影响个体教育获得,并且表现出双重优势累积效应。因此,本章认为应进一步深化教育改革,继续推进基础教育阶段的均衡发展,以政策干预缩小先赋性因素和制度化学校因素造成的教育获得阶层差距,进而保障教育平等和社会公平。

关键词:家庭背景;重点学校;教育获得;中介作用;累积优势

一 研究背景

教育获得,尤以高等教育的获得,历来是学界研究的核心问题,它不仅是社会流动的动力机制[1],也反映着整个社会的公平状况。从以往研究来看,学界主要从宏观(政

---

[1] Deng Z, Treiman D J. The impact of cultural revolution on trends in educational attainment in the People's Republic of China [J]. American Journal of Sociology, 1997,103(2):391 – 428.

策)和微观(个体)两个层面探讨我国的高等教育获得。九年义务教育和高考招生制度的确立与完善,延长了我国居民的平均受教育年限,这一点在学界已普遍达成共识,2000 年到 2015 年,中国 6 岁以上人口的平均受教育年限从 7.60 年延长至 9.08 年,增加了 1.48 年。[①] 同时,高等教育的大规模扩招增加了大众接受高等教育的机会。但各阶层间教育机会的分配是否相对均衡,不同阶层获得的教育质量是否存在显著差异,尤其是在高等教育扩张后,先赋性因素对教育机会获得的影响有何变化,目前学界尚未达成一致认识。[②③]

高等教育获得本质上是一种机会获得,因此,"谁"能上大学,上"何类"大学,他们是否存在群体性差异,这种群体性差异可能的机制是什么,成为研究者关注的重中之重。一方面,若教育扩张中更多的升学机会、更高质量的教育机会仍由优势阶层占有,那么,"寒门难出贵子"的境况将愈演愈烈,社会底层通过教育改变命运的期望将逐渐破灭;另一方面,有研究发现我国精英高校中社会较低层级的子女接受高等教育的机会有所提升,这批人还通过获得精英教育改变了其自身的社会地位,促进了社会结构的转变,被誉为中国教育界一场"无声的革命"。[④] 但这一观点也遭到质疑,有学者指出改革开放后基础教育资源分配不均、重点学校制度等因素造成了城乡教育不平等的固化,实质上则更不利于社会较低层级子女的高等精英教育获得。[⑤]

是"寒门再难出贵子"还是"无声的革命"? 这一争论实际上将问题引入了一个更深层次的讨论,家庭背景如何影响子女的教育获得? 同时,由于教育连续性与累积性的特点,高等教育入场券的获得并非一夕之功,需要通过层层筛选。此外,制度化的文凭获得则需要依托学校这个场域才得以实现,学校在家庭背景转化为学生教育获得这

---

① 数据来源:《中国 2010 年人口普查资料》和《全国 1‰人口抽样调查资料(2015 年)》。
② 李煜. 制度变迁与教育不平等的产生机制——中国城市子女的教育获得(1966—2003)[J]. 中国社会科学,2006(04):97—109,207.
③ 方长春,风笑天. 社会出身与教育获得——基于 CGSS 70 个年龄组数据的历史考察[J]. 社会学研究,2018,33(02):140—163,245.
④ 梁晨,等. 无声的革命:北京大学与苏州大学学生社会来源研究(1952—2002)[J]. 中国社会科学,2012(01):98—118,208.
⑤ 应星,刘云杉. "无声的革命":被夸大的修辞与梁晨、李中清等的商榷[J]. 社会,2015,35(02):81—93.

一过程中扮演何种角色,且随着入学阶段的变化,其作用会否会发生变化,学界现有的解释仍存在不足之处,值得进一步探究。

二　文献回顾

(一) 家庭背景与教育获得:二元路径

家庭背景与教育获得关系方面,学界已有比较丰富的研究成果。科尔曼研究发现,决定学生学业表现的首要因素是学生的家庭背景。[①] 此后,家庭背景与子女学业表现、教育获得之间的因果关系是否存在跨国差异,成为学界讨论的热点。部分研究发现,无论是发达国家,还是发展中国家,家庭背景与教育获得之间均存在关联性[②],也有学者指出,不同于发达国家,部分发展中国家家庭背景对教育获得的影响非常微弱。[③④] 无论是强联系还是弱联系,总的来说,家庭背景的影响为显性这一观点已被证实。

家庭背景如何转化成为子代教育获得优势?李煜提出了资源转化与文化再生产的二元路径,即家庭背景中所包含的经济、文化两种资源,通过不同的作用机制对子代的教育获得产生影响。[⑤] 刘精明在研究我国基础教育机会不平等时,也认为家庭资源存在外依性和内生性两种属性,并指出这两种属性的资源对孩子教育获得的影响机制

---

① Coleman J S, Campbell E Q, Hobson C J et al. Equality of educational opportunity [M]. Washington, D. C. , U. S. Government Printing Office, 1966.

② Buchmann C, Hannum E. Education and stratification in developing countries: A review of theories and research [J]. Annual Review of Sociology, 2001,27:77 - 102.

③ Heyneman S P. Influences on academic achievement: A comparison of results from Uganda and more industrialized societies [J]. Sociology of Education, 1976,49(3):200 - 211.

④ Heyneman S P, Loxley W A. The effect of primary-school quality on academic achievement across twenty-nine high- and low-income countries [J]. American Journal of Sociology, 1983,88(6):1162 - 1194.

⑤ 李煜. 制度变迁与教育不平等的产生机制——中国城市子女的教育获得(1966—2003)[J]. 中国社会科学,2006(04):97—109,207.

存在差异。资源转化模式中，高资本家庭会利用自身社会经济资源的优势，在升学和择校的过程中通过"直接"排斥，如利用特权获得直升名额、花大量金钱购买入学资格等方式获得教育机会，和"隐性"排斥，如低收入阶层因付不起学费、机会成本高而选择早早退学的方式减少竞争。这种家庭社会地位、经济资本等外依性资源还可以通过理性选择与资源交换等方式而直接造成教育机会的不平等。[①] 在我国，基础教育阶段受"划学区、就近入学"政策的影响，家庭资本高的家庭会选择更多投资于孩子受教育的早期阶段，如通过购买重点学校的学区房、将孩子送入更为优质的民办学校等方式，使孩子"赢在起跑线"[②]，同时，资源转化模式在国外也同样存在。[③④⑤] 以巴西为例，研究发现，父母的财富水平显著正向地影响子女的入学机会和就读学校的质量。[⑥]

相比而言，文化再生产模式显得更为隐蔽。教育水平更高的父母更重视子女的受教育过程，他们通过投入更多的人力、更高的教育期待以及创造更好的文化氛围将资源优势转化成子女个人的学习动力、学习表现，进而转化为教育机会。这也就是刘精明所提及的内生性资源内化于家庭成员的知性与情感结构之中，并通过改变儿童的自主性与努力程度，促使儿童产生能力分化，进而获得更高的教育水平。[⑦] 大量实证研究结果表明，家庭文化资本对教育获得存在积极影响。国外一项历时 11 年的跟踪调查研究发现，家庭的文化资本与学生的受教育程度、大学入学率、大学毕业率以及研究

① 刘精明. 中国基础教育领域中的机会不平等及其变化[J]. 中国社会科学, 2008(05): 101—116 + 206—207.
② 方长春. 家庭背景如何影响教育获得: 基于居住空间分异的视角[J]. 教育学报, 2011, 7(06): 118—126.
③ Hill M S, Duncan G J. Parental family income and the socioeconomic attainment of children [J]. Social Science Research, 1987, 16(1): 39 - 73.
④ Plug E, Vijverberg W. Does family income matter for schooling outcomes? Using adoptees as a natural experiment [J]. Economic Journal, 2005, 115(506): 879 - 906.
⑤ Kaushal N, Nepomnyaschy L. Wealth, race/ethnicity, and children's educational outcomes [J]. Children & Youth Services Review, 2009, 31(9): 963 - 971.
⑥ Torche F, Costa-Ribeiro C. Parental wealth and children's outcomes over the life-course in Brazil: A propensity score matching analysis [J]. Research in Social Stratification & Mobility, 2012, 30(1): 79 - 96.
⑦ 刘精明. 中国基础教育领域中的机会不平等及其变化[J]. 中国社会科学, 2008(05): 101—116, 206—207.

生入学率均存在着显著的正相关关系[①];另一项针对荷兰的社会调查发现,家庭文化资本主要是通过父母的阅读行为来影响其子女的教育获得[②];李德显和陆海霞基于CFPS的数据研究发现,家庭文化资本和社会资本对子女高等教育入学机会的获得存在显著影响[③];郭丛斌和闵维方也发现,家庭经济资本和文化资本两种资本占有量占优的家庭,其子女的教育层次主要为高等教育,反之,子女的教育层次主要为中等和初等教育。[④] 此外,家庭文化资本对子女高等教育机会获得的影响明显大于家庭经济资本。

所以,家庭背景影响子女教育获得的二元路径中,家庭经济资本主要通过经济投资使子女在早期教育阶段占据优势,以获得高质量的教育资源,提升学业表现和成就,同时,在升学过程中的一些关键环节,家庭经济资本还可以通过资源交换或者某种特权帮助子女获得教育机会,最终造成教育获得的阶层差异;家庭文化资本则主要通过父母的言传身教以及教育期望等无形的文化滋养来激发子女的学习热情,提升子女的学习能力,这种方式往往是在潜移默化中实现的。需要注意的是,资源转化和文化再生产两种模式存在的前提都是制度化学校教育和择优录取人才选拔方式的建立,否则这种代际传递则有可能中断。[⑤] 因此,在考察这二元路径时,除了关注这种路径本身的实现方式外,还要探究学校制度的作用机制。

(二) 学校制度与二元路径

从已有文献来看,学校的教育质量对学生的学业表现存在积极影响,并通过物质性的资源优势、人力资本优势和同伴效应优势三大机制共同作用于学生的教育获得。

① Dimaggio P, Mohr J. Cultural capital, educational attainment, and marital selection [J]. American Journal of Sociology, 1985,90(6):1231-1261.

② Graaf N D D, Graaf P M D, Kraaykamp G. Parental cultural capital and educational attainment in the Netherlands [J]. Sociology of Education, 2000,73(2):92-111.

③ 李德显,陆海霞. 高等教育机会获得与家庭资本的相关性研究——基于中国家庭追踪调查 CFPS 数据的分析[J]. 全球教育展望,2015,44(04):50—60.

④ 郭丛斌,闵维方. 家庭经济和文化资本对子女教育机会获得的影响[J]. 高等教育研究,2006(11):24—31.

⑤ 李煜. 制度变迁与教育不平等的产生机制——中国城市子女的教育获得(1966—2003)[J]. 中国社会科学,2006(04):97—109,207.

物质性资源优势方面,亚历山大和埃克兰德(Alexander 和 Eckland)研究结果表明,中学阶段的学校地位与大学升学率之间存在显著正相关关系[1];另一项有关美国高中学校差异对学生教育成果影响的调查也指出,学校的质量水平对学生的高中毕业率和大学升学率有着显著影响。在控制学生背景等一系列因素的情况下,来自教育质量较高学校的学生就读 4 年制大学的可能性比较低质量学校的学生高 68%。[2] 人力资本优势方面,凯恩等人(Kane 等人)在美国洛杉矶联合学区运用随机分配实验评估教师对学生考试成绩的影响,研究发现教师对学生的影响被低估了 50%[3];阿伦森和巴罗(Aaronson 和 Barrow)等指出教师对能力较低的学生影响更大。[4] 同伴效应方面,普拉格和维奇弗伯格(Plug 和 Vijverberg)认为在整个发达国家中普遍存在着一种"近朱者赤"的模式,即无论学生自身的背景如何,如果把孩子送到身边同学来自上层阶级家庭的学校,孩子就能有更优秀的学业表现[5];也有研究表明,学生在高中时的学业表现与其同学家庭背景之间表现出很强的正相关,其程度要高于与其自己家庭背景的相关性。[6]

从我国的经验来看,学校教育影响个人最终教育的获得主要表现为中学阶段的重点学校制度。重点学校制度源于 1953 年毛泽东召开中共中央政治局全会提出"要办重点中学"。1977 年邓小平作出"办教育要两条腿走路,要办重点小学、中学和大学,通过严格考试选拔优秀人才重点培养"的指示。在特殊时期,重点学校确实部分解决

---

① Alexander K L, Eckland, B K. High school context and college selectivity：Institutional constraints in educational stratification [J]. Social Forces, 1977,56(1):166 - 188.

② Palardy G J. High school socioeconomic segregation and student attainment [J]. American Educational Research Journal, 2013,50(4):714 - 754.

③ Kane T J, Staiger D O. Estimating teachers impacts on student achievement：An experimental evaluation [R]. National Bureau of Economic Research Working Paper No. 14607,2008.

④ Aaronson D, Barrow L, Sander W. Teachers and student achievement in the Chicago public high schools [J]. Journal of Labor Economics, 2007(1):95 - 135.

⑤ Plug E, Vijverberg W. Does family income matter for schooling outcomes? Using adoptees as a natural experiment [J]. Economic Journal, 2005,115(506):879 - 906.

⑥ Ewijk R V, Sleegers P. The effect of peer socioeconomic status on student achievement：A meta-analysis [J]. Educational Research Review, 2010,5(2):134 - 150.

了新中国建设急需人才的困境。但到 1990 年代,考虑到重点学校不利于社会公平,政府开始取消义务教育阶段的重点学校制度,但重点学校并未从此消失。由于教育资源地域和城乡之间分配不均,重点中学仍以实验学校、星级学校或示范学校等方式存在。已有研究表明,早期阶段重点学校学习机会的获得对后续教育的路径分流和进入重点大学有着决定性影响,且存在累积性优势效应。①

作为现代教育体系最重要的一环,学校制度在家庭背景影响个人教育获得过程中发挥了何种作用? 学校教育是延续了家庭背景的影响,还是逐渐替代了家庭背景的作用? 对此,目前学界主要有冲突论和功能主义两种解释。冲突论代表人物布迪厄认为,学校在再生产各阶级之间不平等的文化资本的同时,促进了阶级关系结构的再生产,学校延续了家庭背景的影响②③;功能论者认为,学校教育弱化了家庭背景的影响,并将学生的能力学习来源转向同伴群体等家庭以外的因素。④⑤ 功能论中的文化流动理论还指出,文化资本的习得是一个长期过程,除受自身家庭的影响外,学生还可以通过在学校社会化过程中习得和累积个人的文化资本。⑥⑦ 这两种解释机制在后来的经验研究中都得到部分证实,目前尚未有统一的结论。

综上所述,现有研究主要存在以下两个方面的不足:第一,在对家庭背景转化为子女教育获得优势的双重路径讨论时,过多关注家庭内生性和外依性资源本身如何作用于教育结果,忽视了其中可能存在的其他中间机制,如学校制度;第二,随着教育阶段

① 吴愈晓. 教育分流体制与中国的教育分层(1978—2008)[J]. 社会学研究,2013,28(04):179—202,245—246.
② 布迪厄,J. C. 帕斯隆. 再生产,一种教育系统理论的观点[M]. 邢克超,译. 北京:商务印书馆,2002.
③ 布迪厄,J. C. 帕斯隆. 继承人——大学生与文化[M]. 邢克超,译. 北京:商务印书馆,2002.
④ Mare R D. Social background and school continuation decisions [J]. Journal of the American Statistical Association,1980,75(370):295–305.
⑤ 刘录护,扈中平. 个人教育获得:学校取代抑或延续了家庭的影响——两种理论视野的比较[J]. 华南师范大学学报(社会科学版),2012(01):21—28,159.
⑥ Aschaffenburg K,Maas I. Cultural and educational careers:The dynamics of social reproduction [J]. American Sociological Review,1997,62(4):573.
⑦ 余秀兰,韩燕. 寒门如何出"贵子"——基于文化资本视角的阶层突破[J]. 高等教育研究,2018(02):8—16.

的上升，这种资源转化模式和文化再生产模式会发生何种变化，学校教育究竟是替代还是增强了家庭背景的影响这一结论尚不明晰。

 ## 三　研究设计

（一）理论框架与研究假设

家庭背景与教育获得之间的因果关系已被证实，同时，李煜和刘精明提出的双重路径也得到了国内许多研究结论的支持，但这一双重路径是否具有稳定性？家庭背景对教育获得的影响随着入学阶段的变化是否会发生变化？对此，梅尔指出，随着入学阶段的上升，家庭背景与入学的直接关联在减小[①]；国内学者研究也发现，家庭的经济和文化资本对教育获得的影响随着入学阶段的上升而逐渐下降。[②] 所以本章提出以下假设：

假设1：家庭经济资本和家庭文化资本对整个教育获得过程的作用存在差异。该假设包含了以下两个假设：

假设1a：家庭经济资本对于教育获得的影响随着入学阶段的上升，逐渐下降。

假设1b：家庭文化资本对于教育获得的影响随着入学阶段的上升，保持稳定。

异质性教育理论认为学校质量的差异会影响学生的学业表现和学业结果，进而影响最终的教育获得；家庭背景更优的家庭，可以在早期将家庭经济优势兑换成优质教育资源，进而提高子女的早期教育质量。因此，早期的教育质量差异是家庭背景与教育获得之间的中介机制。[③] 所以，学校究竟是强化还是替代了家庭背景的作用，家庭

---

① Mare R D. Social background and school continuation decisions [J]. Journal of the American Statistical Association，1980，75(370)：295－305.
② 唐俊超. 输在起跑线——再议中国社会的教育不平等(1978—2008)[J]. 社会学研究，2015，30(03)：123—145，244.
③ 唐俊超. 输在起跑线——再议中国社会的教育不平等(1978—2008)[J]. 社会学研究，2015，30(03)：123—145，244.

背景双重路径的影响是否依然存在差异？对此，本文提出第二组和第三组假设：

假设2：重点学校是家庭背景与教育获得的中间机制。考虑到双重路径的影响差异，提出以下假设：

假设2a：重点中学替代了家庭经济资本对教育获得的作用，表现为重点中学是家庭经济资本与教育获得的完全中介变量。

假设2b：文化资本的影响具有相对稳定性，重点中学无法完全替代家庭文化资本对教育获得的影响，表现为重点中学在家庭文化资本对教育获得的影响中起到了部分中介作用。

重点学校具有调节作用，提出以下假设：

假设3：重点中学会增强家庭经济/文化资本对教育获得的作用。

(二) 数据、变量及方法

1. 数据及变量

本章使用的数据为2016年中国劳动力动态调查（CLDS2016）的第三轮调查数据，样本覆盖全国29个省份（除港澳台、西藏和海南），个体样本量为21 086，年龄范围为15—64岁（1940—1999年），问卷中详细询问了劳动力个体教育史的信息。数据处理方面，由于出生年份为1940—1949年的样本比较少，本章将研究群体的年龄范围限定为1950—1999年，删掉关键变量存在缺失值以及"无法回答"的样本后，最终得到小学升初中、初中升高中以及高中升大学三个升学阶段的样本，分别为8 559、6 974、2 591。需要说明的是，本研究涉及的升学阶段均指正规教育，不包括在职教育；此外，本研究的高等教育不涉及研究生教育，即只考虑学生从高中升入本科的第一个学校类型。

本章的被解释变量为每一阶段的入学情况。三类升学模型中做如下编码：小升初阶段，未升入初中＝0，普通初中＝1，重点初中＝2；初升高阶段，未升入高中＝0，职业高中＝1，普通高中＝2，重点高中＝3；上大学阶段，未升入大学＝0，大专＝1，普通大学＝2，重点大学＝3。其中，职业高中包含中专、职业高中以及技术学校；重点中学为省/

直辖市、县/市级、区、乡、镇重点中学；重点大学为 985 和 211 高校。这与唐俊超[1]以及吴愈晓[2]划分略有区别，他们定义的重点中学为县、地级和省/直辖市属重点学校；重点大学为教委直属和中央或国家部委直属高等院校。解释变量分为以下四类：家庭社会经济地位、家庭文化资本、学校等级以及出生队列。其中，家庭社会经济地位使用 14 岁时父母的 ISEI 来测度，将父/母的职业类型转换为 ISCO88 国际职业分类代码，再转换成为 ISEI，并取双方 ISEI 的较高值；家庭文化资本则使用父辈中受教育年限的较高值，将父辈的受教育程度换算为对应的受教育年限，未受教育 = 0，小学或私塾 = 6，初中 = 9，普通高中、职业高技术学校 = 12，大专 = 15，大学本科 = 16，研究生及其以上 = 19，并删掉回答为"不清楚"以及缺失样本；升学前就读学校等级，就读重点高中/初中 = 1，其他类型高中/初中 = 0；出生队列，按照样本出生年份，每 10 年划分为一个出生队列，分别为 1950—1959、1960—1969、1970—1979、1980—1989、1990—1999，其中 1950—1959 年的为参照组。控制变量如下：出生时的户籍（城镇 = 1，农村为参照组）、性别（女性 = 1，男性为参照组）、调查样本所在区域（分东部、中部、西部以及东北部，东北部为参照组）、家中兄弟姐妹的数量。

描述性统计结果显示，小升初、初升高、上大学三个阶段升学的学生比例分别为 91.22%、26.73% 和 15.02%，小升初的比例远高于其余两个升学阶段，这主要与九年义务教育的普及有关，但随着教育阶段的延续，能够进入下一阶段的人群比例越来越少，这表明高等教育的获得需经历层层筛选；升学的样本中，普通初中和重点初中的样本比为 0.92 : 1，职业高中、普通高中和重点高中的样本比为 0.86 : 2.18 : 1，大专、普通本科和重点本科的样本比为 1.58 : 3.86 : 1，在能够继续升学的样本中，能够升入重点高中及重点本科的学生比例分别都低于普通高中和普通本科的比例，同时，职业高中和大专的人数分别都低于普通（专业）教育，这表明，我国的教育资源的不均衡分

---

① 唐俊超. 输在起跑线——再议中国社会的教育不平等(1978—2008)[J]. 社会学研究，2015，30(03)：123—145，244.
② 吴愈晓. 教育分流体制与中国的教育分层(1978—2008)[J]. 社会学研究，2013，28(04)：179—202，245—246.

布不仅存在于职业教育和普通（专业）教育之间，也存在于普通（专业）教育内部。从样本的年龄分布来看，80后和90后的样本略低；从家庭背景来看，随着升学阶段的延续，父母受教育程度和14岁时家庭ISEI的均值都有所上升，前两个升学阶段上升得不明显，上大学样本均值变化比较明显。参见表12.1。

表 12.1 描述性统计

变量	小升初	初升高	上大学	变量	小升初	初升高	上大学
样本数量	8 559	6 974	2 591	升学前的学校类型			
未升学	9.78%	73.27%	84.98%	普通初中		52.40%	
升学类型				重点初中		12.00%	
普通初中	43.26%			普通高中			11.51%
重点初中	46.96%			重点高中			31.94%
职业高中		5.71%		出生队列			
普通高中		14.41%		50后	23.54%	17.68%	22.11%
重点高中		6.61%		60后	32.06%	32.28%	29.88%
大专			3.63%	70后	24.63%	24.08%	20.28%
普通本科			8.89%	80后	14.15%	18.93%	19.23%
重点本科			2.30%	90后	5.62%	7.04%	8.31%
性别				出生时户籍			
男	44.33%	47.89%	49.49%	农村	85.12%	79.71%	61.78%
女	55.67%	52.11%	50.31%	城镇	14.88%	20.29%	38.03%
区域				家庭背景			
东北部	7.02%	7.30%	6.16%	父母受教育程度	5.197	6.024	7.236
东部	41.50%	43.83%	47.35%	14岁时父母的 ISEI	32.382	33.908	38.067
西部	30.18%	28.03%	26.25%	兄弟姐妹数量	3.368	3.151	2.844
中部	21.30%	20.91%	20.24%				

注：表中不同升学阶段父母的受教育程度、14岁时父母的ISEI、兄弟姐妹数量为均值，其余变量为百分比。

2. 研究方法

已有研究一般使用二元 logit 模型来分析学生的教育获得，本研究进一步区分学生的升学类型，如重点、非重点或职业院校，多项式 logit 模型更适用于本研究。

四 实证结果

（一）基础回归结果

教育获得的二元路径：家庭经济资本与文化资本。家庭经济资本方面，在其他因素不变的情况下，与没有上初中的学生相比，14 岁时的家庭社会经济地位（ISEI）每上升 1 个单位，学生进入普通初中和重点初中的优势比分别增加 0.9％和 1.0％（p<0.01），这与唐俊超[①]的系数大小基本保持一致；初升高阶段，14 岁时的家庭社会经济地位每上升 1 个单位，学生进入职业高中、普通高中和重点高中的优势比相对应会增加 1.0％、1.2％和 1.2％（p<0.01）；上大学阶段，14 岁的家庭社会经济地位不再显著影响学生上大学的优势比。文化资本方面，在其他因素不变的情况下，与没有上初中的学生相比，小升初阶段，父母的受教育年限每增加 1 年，学生进入普通初中和重点初中的优势比分别增加 9.7％和 15.1％（p<0.01）；初中升高中阶段，父母的受教育年限每增加 1 年，学生进入职业高中、普通高中和重点高中的优势比分别会增加 13.3％、7.7％和 11.7％；上大学阶段，父母的受教育年限每增加 1 年，学生进入大专、普通本科和重点大学（985 或 211 院校）的优势比相对应分别增加 14.1％、5.3％和 18.7％。从优势比的大小看，父母受教育年限越高，孩子上重点学校的优势比更大，经济资本的影响则差异不大，因此接受假设 1。从连续的三个阶段看，外生性的家庭经济资本主要影响孩子教育的早期阶段，逐步转化为后期上重点学校的优势，最后内化为孩子自身

[①] 唐俊超. 输在起跑线——再议中国社会的教育不平等（1978—2008）[J]. 社会学研究，2015，30（03）：123—145，244.

的优势，影响下一阶段优质教育质量的获得；文化资本的影响则贯穿孩子受教育的整个过程，父辈的受教育程度越高，子代接受教育的优势比也会相对应地增加，因此假设1a和1b得到支持。

学校制度与二元路径：初中升高中阶段，在加入是否就读重点初中的变量后，R^2从0.124上升为0.175，重点初中的回归系数显示，在其他因素保持不变的情况下，上职业高中、普通高中以及重点高中（相比于没有上高中）的学生，就读重点初中的要比没有就读重点初中的优势比依次增加25.0%、-76.1%和1041%，职业高中回归系数不显著；高中升大学阶段，在加入是否就读重点高中的变量后，R^2从0.188上升到0.231，重点高中的回归系数显示，在其他因素保持不变的情况下，上大专、普通本科和重点本科（相比于没有上大学）的学生，就读重点高中的学生要比没有就读重点高中的优势比依次增加104.3%、479.8%和976%（表12.2显示的是加入重点学校变量的回归结果，不含重点学校变量的回归结果见附录）。同时，对比表12.2和附录中14岁时家庭社会经济地位和父母受教育年限两个变量，可以发现，在加入重点学校这一变量后，上重点高中/本科的样本中，回归系数变化不大，略有下降；上普通本科的样本中，家庭经济背景变量系数下降且变得不显著，上大专的样本中，系数略有下降仍然不显著。这表明，家庭背景影响教育获得的二元路径稳定存在，同时，前一阶段是否就读重点初（高）中是影响学生在下一阶段是否就读重点学校的中介机制，假设2被证实。上大学的回归模型显示，在加入重点高中这一变量之后，上普通大学和重点大学的样本中，家庭经济资本和文化资本变量的优势比均有所下降，14岁时家庭的ISEI这一变量在上普通本科的样本中变得不再显著，文化资本的变量仍显著。这表明，重点中学在家庭经济资本与教育获得中起到了完全中介作用，而在文化资本与教育获得中起到了部分中介作用，假设2a和2b被证实。

不同出生队列的差异及控制变量。在其他因素保持不变的情况下，小升初阶段，出生队列变量的优势比都显著大于1，且越靠后的出生组优势比越大，这与我国居民现在的受教育程度有很大关系，《2015年全国1‰人口抽样调查资料》显示，截止到2015年，我国6岁以上人口的平均受教育年限为9.08年，略高于义务教育的年限。初升高阶段,变量部分显著,这可能与国家的政策、经济环境变化有关。上大学阶段,70后和80后出生组变量都显著且优势比远高于1,90后上大专类型中90后出生组不显著且优势比小于1。从上大学机会在不同出生队列中的分布来看,80后的优势比最大,90后的优势比低于80后,特别是重点大学的优势比下降得尤为明显,而普通大学的优势比则下降比较平缓,这可能与我国20世纪末高等教育扩招有关,80后首先享受到高等教育扩招的福利,故其优势比最大;随后,高等教育扩招的质量问题开始显现,高等教育(尤其是优质的高等教育)开始注重"质"而非"量"的发展,减缓了盲目扩招的趋势,因此,90后的优势比有所下降。

区域因素方面,在其他因素不变的情况下,与没有上初中的学生相比,东部和西部地区的学生上初中要比东北部地区的学生更有优势,中部地区的学生上普通初中没有显著优势,上重点初中比东北部的学生更具劣势。初升高阶段,中部地区学生比东北部地区的学生,存在显著的劣势,东部和西部的学生则没有显著的差异。上大学阶段,与没有上大学的学生相比,不同地区的学生在上大专学校方面不存在显著差异,东部和中部地区的学生上普通大学比东北部地区的学生更有优势,西部地区学生则没有显著优势;上重点大学方面,东部、西部和中部地区的学生均比东北部地区学生更具优势。这表明,尤其在重点大学方面,我国的地区差距非常显著,教育资源在我国地区间分布严重不均衡。户籍方面,在其他因素不变的情况下,出生时为城镇户籍的学生相比于农村户籍的学生,随着学习阶段的延续,优势比逐渐减弱,但城乡差异仍显著存在。性别方面,在其他因素不变的情况下,与没有上初/高中的学生相比,女性比男性上初/高中(重点/非重点/职业学校)都具有劣势;上大学阶段,与没有上大学的学生相比,男女在大专和普通本科两者里面,没有显著差异;而上重点大学的学生里面,女性比男性的优势比要减少60.2%,这证实了家庭对不同性别孩子的教育投资选择的差异。兄弟姐妹数量方面,只有在学生进入重点大学的系数是不显著的,这可能是因为,家长对于孩子"上好大学"的偏好,无论家中孩子数量的多寡,只要孩子能够上好大学,家庭一定会给予支持;其他升学阶段兄弟姐妹数量变量的回归系数至少在5%的显著水平下显著,这表明,受家庭资源的约束,家中子女数的多寡显著影响学生继续升学的可能性，这证实了教育决策理性选择理论。

以上参见表 12.2。

表 12.2　基础回归结果

类别	模型 1：小学升初中		模型 2：初中升高中			模型 3：高中升大学		
	普通初中	重点初中	职业高中	普通高中	重点高中	大专	普通本科	重点本科
	(1)	(2)	(3)	(4)	(5)	(6)	(7)	(8)
14 岁时家庭的 ISEI	1.009*** (0.002)	1.010*** (0.003)	1.010*** (0.004)	1.012*** (0.002)	1.012*** (0.003)	1.001 (0.007)	1.007 (0.005)	1.009 (0.007)
父母受教育年限	1.097*** (0.008)	1.151*** (0.014)	1.132*** (0.018)	1.077*** (0.012)	1.117*** (0.019)	1.141*** (0.044)	1.053* (0.030)	1.187*** (0.054)
性别（男）	0.484*** (0.027)	0.367*** (0.031)	0.771** (0.089)	0.789*** (0.065)	0.609*** (0.074)	1.266 (0.298)	0.815 (0.143)	0.398*** (0.121)
兄弟姐妹数量	0.939*** (0.014)	0.941** (0.024)	0.919** (0.035)	0.916*** (0.022)	0.892*** (0.033)	0.830** (0.068)	0.819*** (0.0517)	1.002 (0.123)
户籍（农村）	9.639*** (1.069)	11.36*** (1.557)	3.784*** (0.536)	4.207*** (0.409)	3.408*** (0.486)	1.953** (0.508)	2.048*** (0.412)	2.112** (0.780)
出生队列（50后）								
60 后	1.801*** (0.128)	1.915*** (0.262)	0.979 (0.236)	1.053 (0.133)	1.199 (0.253)	1.079 (0.565)	3.530** (1.962)	2.307 (2.065)
70 后	1.971*** (0.153)	2.757*** (0.383)	1.959*** (0.453)	0.804 (0.110)	0.926 (0.205)	3.532*** (1.643)	8.111*** (4.343)	6.290** (5.568)
80 后	6.730*** (0.699)	10.45*** (1.690)	3.092*** (0.759)	1.080 (0.164)	1.692** (0.389)	3.971*** (1.915)	22.04*** (11.68)	10.95*** (9.778)
90 后	15.64*** (2.805)	31.05*** (6.990)	4.334*** (1.184)	1.439** (0.263)	2.550*** (0.654)	0.489 (0.361)	18.54*** (10.15)	5.704* (5.546)
区域（东北部）								
东部	1.291*** (0.095)	1.754*** (0.204)	0.746* (0.130)	0.981 (0.114)	1.078 (0.174)	0.963 (0.327)	1.502* (0.366)	3.505** (1.828)
西部	1.503*** (0.095)	1.475*** (0.151)	1.124 (0.151)	1.023 (0.099)	0.887 (0.127)	0.780 (0.212)	1.074 (0.223)	4.375*** (2.111)
中部	1.084 (0.120)	0.610** (0.129)	0.317*** (0.0991)	0.518*** (0.0873)	0.461*** (0.123)	0.782 (0.434)	2.007* (0.760)	3.877* (2.933)

（续表）

类别	模型1:小学升初中		模型2:初中升高中			模型3:高中升大学		
	普通初中	重点初中	职业高中	普通高中	重点高中	大专	普通本科	重点本科
	(1)	(2)	(3)	(4)	(5)	(6)	(7)	(8)
前一阶段学校等级								
是否为重点初中			1.250 (0.186)	0.239*** (0.041)	11.41*** (1.429)			
是否为重点高中						2.043*** (0.563)	5.798*** (1.042)	10.76*** (3.429)
常数项	0.248*** (0.027)	0.032*** (0.006)	0.025*** (0.008)	0.185*** (0.035)	0.023*** (0.007)	0.011*** (0.007)	0.006*** (0.004)	0.000*** (0.000)
样本量	8 559		4 485			1 485		
Pseudo R²	0.166		0.175			0.231		
Log Likelihood	−6 743.851		−4 063.246			−906.043		

注：(1)括号内为稳健标准误，回归系数已转化为优势比，* $p<0.1$，** $p<0.05$，*** $p<0.01$；(2)性别以男性为参照组，户籍以农村为参照组，区域以东北部地区为参照组；(3)前一学校等级变量由于存在较多缺失值，回归模型放入是/否为重点高/初中变量之后，初升高以及上大学的有效样本数变为4485和1485，与全样本有一定出入，其后回归表格不再说明；实证结果表明，在原模型中加入前一阶段学校等级后，模型变量的回归系数依然稳健，未加入学校等级的回归结果见附录。

（二）重点学校制度的进一步分析：机制与渠道

表12.3高中升大学回归模型中，(1)到(3)列包含是否为重点初/高中的变量，(4)到(6)列则加入了两者的交互项。(1)到(3)列中，重点高中变量显著，重点初中仅在上普通本科的样本中显著；(4)到(6)列中，重点高中和交互项在上普通本科和重点本科的样本中显著。从表12.2第(6)列中是否为重点初中变量的回归结果可以得知，上重点初中的学生具有更大的优势进入重点高中，所以，在初升高这一阶段，重点初中的优势已转化为重点高中的优势，所以重点初中变量在表12.3中的第(3)和(6)列中均不显著。交互项显著为正，这表明重点学校制度存在增强效应，那些同时就读于重点初中和重点高中的学生，上大学存在明显优势。

表 12.3　重点学校制度的交互分析(一):增强效应

变量	模型3:高中升大学			模型3:高中升大学		
	大专	普通本科	重点本科	大专	普通本科	重点本科
	(1)	(2)	(3)	(4)	(5)	(6)
14岁时家庭的 ISEI	1.001 (0.007)	1.007 (0.005)	1.009 (0.007)	1.002 (0.007)	1.008 (0.005)	1.010 (0.007)
父母受教育年限	1.145*** (0.044)	1.058* (0.030)	1.194*** (0.055)	1.142*** (0.043)	1.058** (0.030)	1.196*** (0.055)
前一阶段学校等级						
是否为重点初中	0.605 (0.244)	0.503*** (0.118)	0.539 (0.218)	1.529 (0.571)	0.559 (0.236)	1.519 (0.999)
是否为重点高中	2.798** (1.126)	8.802*** (1.986)	15.67*** (6.623)	5.926*** (2.340)	11.07*** (3.160)	25.34*** (11.42)
重点初中*重点高中				1.288 (0.450)	4.174*** (0.855)	8.184*** (2.972)

注:(1)括号内为稳健标准误,回归的相关系数已转化为优势比,* p<0.1,** p<0.05,*** p<0.01;(2)因篇幅受限,回归中的其他变量均不在本表格中显示,特此说明。

表12.4中,初升高阶段,14岁时家庭经济地位与重点初中交互项均不显著,父母受教育程度与重点初中变量仅在上普通高中样本中显著,高中升大学阶段,父母受教育程度与重点高中交互项均不显著,14岁时家庭社会经济地位与重点高中变量仅在上大专样本中显著,这表明,重点学校制度,并没有进一步放大家庭社会经济地位/父辈受教育程度等先赋性因素对于优质教育的获得,假设3不能被证实。

表 12.4　重点学校制度的交互分析(二):家庭背景的影响

	A. 初中升高中					
	(1)	(2)	(3)	(4)	(5)	(6)
	职业高中	普通高中	重点高中	职业高中	普通高中	重点高中
14岁时家庭的 ISEI	1.011*** (0.004)	1.011*** (0.003)	1.012** (0.005)	1.010*** (0.004)	1.012*** (0.002)	1.012*** (0.003)

（续表）

A. 初中升高中					
(1)	(2)	(3)	(4)	(5)	(6)
职业高中	普通高中	重点高中	职业高中	普通高中	重点高中
1.132*** (0.018)	1.077*** (0.012)	1.118*** (0.019)	1.138*** (0.020)	1.076*** (0.013)	1.149*** (0.031)
1.418 (0.472)	0.134*** (0.0513)	11.16*** (3.201)	1.515 (0.461)	0.156*** (0.065)	16.37*** (4.923)
0.997 (0.008)	1.014* (0.008)	1.001 (0.007)			
			0.976 (0.031)	1.048 (0.045)	0.956 (0.032)

（行标题：父母受教育年限；重点初中；父母受教育程度*重点初中；14岁时家庭的 ISEI * 重点初中）

B. 高中升大学					
(1)	(2)	(3)	(4)	(5)	(6)
大专	普通本科	重点本科	大专	普通本科	重点本科
1.005 (0.008)	1.006 (0.006)	1.014 (0.013)	1.001 (0.007)	1.006 (0.005)	1.009 (0.007)
1.143*** (0.044)	1.053* (0.030)	1.187*** (0.054)	1.218*** (0.052)	1.027 (0.036)	1.191** (0.084)
3.725** (2.242)	5.760*** (2.392)	15.91*** (12.94)	13.19*** (8.527)	3.641*** (1.703)	11.24*** (10.48)
0.986 (0.013)	1.000 (0.009)	0.991 (0.016)			
			0.831*** (0.053)	1.047 (0.050)	0.994 (0.082)

（行标题：14岁时家庭的 ISEI；父母受教育年限；重点高中；父母受教育程度*重点高中；14岁时家庭社会经济地位*重点高中）

注：(1)括号内为稳健标准误，回归的相关系数已转化为优势比，* $p < 0.1$，** $p < 0.05$，*** $p < 0.01$；(2)因篇幅受限，回归中的其他变量均不在本表格中显示，特此说明。

五　结论及不足

本章通过使用多项式 logit 模型，研究家庭出身与教育获得二元路径关系以及重点学校的中介作用，并探讨不同的出生队列间教育获得的差异，得出以下结论。

第一，教育获得的二元路径与重点学校的中介机制。教育获得中的文化再生产模式和资源转化模式均存在,这与李煜[①]所提及的相一致,但两者表现有所不同,家庭社会经济地位显著影响子代接受教育的初期阶段(小升初和初升高),家庭文化资本则影响子代接受教育的全过程,这与唐俊超[②]的结论有一定的区别,他认为,家庭社会经济地位、家庭文化背景对教育获得将随着入学阶段的上升而下降。同时,重点学校制度在教育的过程中存在中介作用,且对二元路径的影响机制不同,在教育的初期,拥有高社会经济资本以及文化资本的学生更容易进入重点学校,但随着教育阶段的延续,重点学校制度逐渐替代了家庭社会经济地位的影响,家庭文化资本受重点学校制度的影响则相对较小,这表明,重点学校制度仅在高等教育获得阶段,对家庭经济资本起到了完全中介作用,而在文化资本与教育获得这一路径中是起到部分中介作用。第二,重点学校制度还存在增强效应,但重点学校制度与家庭背景的交互项不显著,表明其对教育获得不存在调节作用。第三,个人教育获得还受出生队列的影响,我国教育在城乡和区域间存在明显差异,这可能与我国的户籍制度以及教育资源的区域分布不均衡有关。

本章存在以下不足之处:首先,从教育获得的出生队列差异来看,不同的升学阶段表现不同,在小升初阶段,越靠后的出生队列,教育机会显著扩张;初升高阶段,队列因素不显著;上大学阶段,70后和80后的教育机会显著扩张,80后优势比最大,这可能与20世纪末的高等教育扩招有一定关系,本章未对此进一步展开研究。其次,本章的回归结果显示,90后上重点学校的优势比小于80后,但这并不能用来回答80后与90后是否上好大学机会差异这一问题。这与本章所使用的数据有关,样本中90后比例远低于80后,高等教育扩招后,整个80后人群均受其影响,而样本中90后本章数据中调查的最晚出生样本的年份为1999年,有部分人还正在接受高中教育,本章可能无法考察整个90后人群。

---

① 李煜. 制度变迁与教育不平等的产生机制——中国城市子女的教育获得(1966—2003)[J]. 中国社会科学,2006(04):97—109,207.
② 唐俊超. 输在起跑线——再议中国社会的教育不平等(1978—2008)[J]. 社会学研究,2015,30(03):123—145,244.

附录:基础回归结果(不含重点中学变量)

	模型2:初中升高中			模型3:高中升大学		
	职业高中	普通高中	重点高中	大专	普通本科	重点本科
	(3)	(4)	(5)	(6)	(7)	(8)
14岁时家庭阶层	1.005 (0.030)	1.068** (0.022)	1.119*** (0.031)	1.024 (0.063)	1.050 (0.042)	1.040 (0.077)
父母受教育年限	1.150*** (0.017)	1.094*** (0.012)	1.158*** (0.018)	1.161*** (0.037)	1.076** (0.025)	1.233*** (0.051)
性别(男)	0.827 (0.093)	0.785** (0.063)	0.554*** (0.058)	1.233 (0.282)	0.707* (0.110)	0.363*** (0.099)
兄弟姐妹数量	0.908** (0.034)	0.914*** (0.022)	0.874*** (0.030)	0.875 (0.070)	0.820*** (0.047)	1.029 (0.117)
户籍(农村)	4.144*** (0.558)	4.351*** (0.406)	3.515*** (0.435)	1.912* (0.494)	2.036*** (0.362)	2.112* (0.679)
出生队列(50后)						
60后	1.079 (0.263)	1.043 (0.130)	1.305 (0.265)	1.137 (0.582)	1.712 (0.684)	1.453 (1.007)
70后	2.282*** (0.529)	0.779 (0.105)	1.212 (0.252)	3.762** (1.675)	3.342** (1.273)	4.956* (3.258)
80后	3.466*** (0.846)	1.029 (0.150)	1.896** (0.410)	4.159** (1.882)	8.793*** (3.309)	8.004** (5.339)
90后	3.994*** (1.089)	1.259 (0.220)	3.079*** (0.731)	0.486 (0.352)	8.805*** (3.519)	6.022* (4.473)
区域(东北部)						
东部	3.878*** (1.111)	1.900*** (0.284)	2.185*** (0.496)	1.272 (0.628)	0.705 (0.215)	1.363 (0.722)
西部	3.334*** (0.984)	1.574** (0.245)	2.300*** (0.544)	1.655 (0.833)	0.725 (0.231)	0.464 (0.279)
中部	2.797*** (0.837)	1.640** (0.261)	2.619*** (0.612)	1.408 (0.715)	1.001 (0.319)	1.293 (0.722)

(续表)

	模型2:初中升高中			模型3:高中升大学		
	职业高中	普通高中	重点高中	大专	普通本科	重点本科
	(3)	(4)	(5)	(6)	(7)	(8)
常数项	0.009*** (0.003)	0.103*** (0.022)	0.018*** (0.006)	0.006*** (0.004)	0.037*** (0.019)	0.002*** (0.002)
样本量	4606			1562		
Log Likelihood	−4556.059			−1080.389		
AIC	9190.117			2238.778		
BIC	9441.087			2447.573		
Pseudo R^2	0.107			0.164		

注:(1)资料来源:作者根据 CLDS 数据回归结果计算整理得到;(2)括号内为稳健标准误,回归系数已转化为优势比,* $p<0.05$,** $p<0.01$,*** $p<0.001$;(3)性别、户籍、出生队列以及区域变量括号内为参照组。

第十三章

农村教育人力资本与乡村振兴：基于技术创新的中介视角

摘要:本章首先从理论层面分析了农村教育人力资本与乡村振兴的内在关系,提出了相应的研究假设,再基于我国31个省域2017—2020年的面板数据,通过科学评价指标体系测算出乡村振兴指数,使用计量回归方法探讨了农村教育人力资本与乡村振兴的内在关系,得出以下主要结论:第一,乡村振兴的综合发展指数出现了增长的趋势,增长率达到2.38%。第二,农村教育人力资本能够正向促进乡村振兴,分类型看初中教育经费的投入对乡村振兴的影响最大,同时中级农村教育人力资本对乡村振兴的影响亦最大。第三,农村教育人力资本每提高一个单位,将导致技术创新水平提高4.705 0个单位。第四,农村教育人力资本能显著作用于技术创新水平,对我国乡村振兴水平具有部分中介效应。另外,职业教育对乡村振兴的边际效应为0.000 2。最后,本文提出了加大农村教育经费投入、为农村引入科技含量高的产业和大力实施数字乡村战略等政策建议。

关键词:农村教育人力资本;乡村振兴;技术创新;中介效应

一 研究背景与问题

习近平总书记指出"乡村振兴,人才是关键",并特别强调要推动乡村人才振兴,把人力资本开发放在首要位置,打造乡村振兴人才队伍。2021年中共中央办公厅、国务院办公厅印发的《关于加快推进乡村人才振兴的意见》指出,在农业生产经营、农村产业融合发展、乡村公共服务、乡村治理和农业农村科技等领域培育支撑我国实施乡村振兴发展战略所需人才。通过对教育进行投资,可以提高人的能力与未来的收入,能为人才队伍建设提供资金支持,进而为乡村振兴提供人才保障;中共中央、国务院印发的《乡村振兴战略规划(2018—2022年)》指出:乡风文明是推进乡村振兴的保障,乡村是中华文明的重要载体,对于形成新时代的文明乡风具有重要意义,在传承中华民族优秀传统文化的过程中,乡村学校和教师是重要媒介,发展农村教育事业,提升教育人力资本水平,培养更多优秀人才,加强乡村文化建设对于乡村振兴战略具有重要的意义。

在乡村振兴背景下,我国农村教育事业迎来新契机,但同时面临着困难和挑战。目前我国乡村教育体系发展改革滞后、优质教育资源紧缺、乡村人才发展制度环境较落后等突出问题对乡村振兴的纵深发展产生了掣肘影响。从教学设施来看,目前仍有一些农村地区缺乏必备的教学工具,现代化的教学设备也较为稀缺。从教学主体来看,乡村教育师资力量较为单薄,存在人少活多的现象,工作任务繁重,工资待遇较低,使得乡村教师"来不了""留不住""难发展"。振兴乡村教育就是振兴乡村的关键所在,解决乡村教育中所存在的问题,任重而道远。

目前关于教育人力资本与乡村振兴的研究主要集中在以下三点:第一,分析教育与乡村振兴的内在逻辑,从制度逻辑、价值逻辑、经济逻辑等角度分析了教育如何促进乡村振兴[1][2][3]。第二,基于协调耦合理论测算了不同类型的教育,如职业教育与乡村振兴的耦合协调程度,并分析了影响二者耦合的因素。[4][5] 第三,探究乡村振兴背景下教育提升人力资本的路径。[6] 总体来看,目前学术界关于教育对乡村振兴作用的研究主要侧重于逻辑角度、耦合协调角度、路径分析角度,而较少的研究将教育、教育人力资本、乡村振兴放在同一框架下进行分析,难以挖掘教育影响乡村振兴的主要途径,且很少将教育人力资本当成中间途径展开讨论。另外,大多数研究都是基于职业教育这一特殊类型的教育来分析乡村振兴的相关问题,未从更广泛的意义上即教育的本身来

---

[1] 石献记,朱德全. 职业教育服务乡村振兴的多重制度逻辑[J]. 国家教育行政学院学报,2022(04):43—51,95.

[2] 朱德全,沈家乐. 职业教育服务乡村振兴的经济逻辑:新内源性动能与作用机理[J]. 教育与经济,2022,38(03):25—34.

[3] 兰慧君,司晓宏,周丽敏."小城镇"推动西部乡村教育振兴的价值逻辑——基于教育生态视角[J]. 当代教育论坛,2022(08):1—12.

[4] 叶蓓蓓,冯淑慧. 中等职业教育高质量发展与乡村振兴的耦合协调:评价与对策[J]. 国家教育行政学院学报,2022(07):55—64.

[5] Yang Y U. On Coordinated Development of Vocational Education and Rural Revitalization [J]. Journal of Changjiang Institute of Technology, 2019.

[6] 熊晴,朱德全. 民族地区职业教育服务乡村振兴的教育逻辑:耦合机理与价值路向[J]. 教育与经济,2021,37(03):3—9.

探讨乡村振兴的实现路径。目前我国乡村振兴进入快速推进期，教育能否与乡村振兴协同发展？农村教育人力资本推动乡村振兴的内在逻辑是什么？农村教育人力资本在推动乡村振兴的过程中，能否有效诱发技术创新？回答好这些问题，对于我们理解乡村振兴的基本逻辑与实现路径具有重要价值。

与既有文献相比，本章的技术创新点可能有以下两点：第一，采用实证的方法分析不同类型的教育与乡村振兴的关系，细化了研究的范畴且为相关研究提供了微观视角。第二，把广义的乡村振兴与教育人力资本以内生要素结合起来，以技术创新水平作为衔接桥梁，采用中介效应论证农村教育人力资本如何通过技术创新这一方式推动乡村振兴发展。本章后续安排如下：第二节进行理论回顾，并提出研究假设；第三节进行研究设计，并阐述变量涵义和特征；第四节进行实证回归，并阐明实证结果；最后一节则结合前述研究提出政策建议。

二 理论回顾与研究假设

（一）理论回顾

1. 教育与乡村振兴

近些年，随着乡村振兴的推进，关于如何通过发展乡村教育对乡村振兴提供发展新动能，如何构建有助于乡村振兴的农村教育模式、体系等相关问题引起了学者们的广泛关注。首先，一些研究探讨了不同类型的教育如何助力乡村振兴，如曾妮基于"后发现代化"的视角分析了教育如何助力乡村振兴，具体来看，劳动教育可以通过对教育目标、教育对象和教育主体的理念更新，推动农村现代化。[①] 还有学者研究了更具农村特色的教育即农业职业教育以及农村家庭教育等对乡村振兴的影响。[②③] 其次，关

---

① 曾妮. 劳动教育如何助力乡村振兴？ ——基于"后发现代化"的视角[J]. 教育科学研究,2022(07):33—39.
② 费汝海. 乡村振兴背景下农业职业教育的价值取向抉择[J]. 中国农业资源与区划,2022,43(05):217.
③ 高书国,边玉芳. 乡村振兴背景下乡村家庭教育指导服务体系构建[J]. 教育发展研究,2022,42(10):26—32.

于乡村振兴与教育耦合度的测算，叶蓓蓓和冯淑慧运用综合评价模型、耦合协调模型和空间相关性分析方法，以职业教育为例，对 2010—2020 年我国 31 个省域的中等职业教育高质量发展水平与乡村振兴水平以及二者的耦合协调度进行测算。[①] 除此之外，也有学者提出了教育促进乡村振兴的具体实施办法，杨（Yang）等通过分析乡村振兴与职业教育的协调关系，提出了完善职业院校招生制度、加强成人教育等方法来实施乡村职业教育，促进乡村振兴[②]；罗仁福等提出加大教育阶段教育投入力度提高农村教育服务可得性和发挥现代信息技术优势，整合利用优质教育资源等方式来提高农村教育人力资本质量。[③]

2. 人力资本与乡村振兴

乡村振兴的关键在于人才振兴，人力资本是乡村振兴的关键要素[④]，引导和鼓励教育人力资本向乡村配置，提高人力资本配置效率，是统筹实现乡村振兴总要求的有效手段[⑤]，但是目前乡村教育体系发展改革滞后、乡村人才发展制度环境较落后等突出问题对乡村振兴的纵深发展产生了掣肘影响。如何提升农村人力资本、构建促进教育人力资本向乡村流动和配置的体制机制，实现乡村振兴宏伟目标，是学者们研究的热点话题。朱璋龙等选取江苏省 24 个乡村振兴典型村庄（含社区）进行案例分析，从乡村人力资本投资视角，诠释了乡村人力资本投资结构对高水平乡村振兴发展影响及组态影响路径。[⑥] 与此同时一些学者采用计量经济学方法，分析了农村人力资本在促进乡村振兴中的效应，例如姚旭兵等基于人力资本异质性、区域异质性双重视角，使用

① 叶蓓蓓，冯淑慧. 中等职业教育高质量发展与乡村振兴的耦合协调：评价与对策[J]. 国家教育行政学院学报，2022(07)：55—64.

② Yang Y U. On Coordinated Development of Vocational Education and Rural Revitalization [J]. Journal of Changjiang Institute of Technology，2019.

③ 罗仁福，等. 乡村振兴背景下农村教育和人力资本发展路径[J]. 农业经济问题，2022(07)：41—51.

④ 杜育红，杨小敏. 乡村振兴：作为战略支撑的乡村教育及其发展路径[J]. 华南师范大学学报（社会科学版），2018(02)：76—81.

⑤ 赖德胜，陈建伟. 人力资本与乡村振兴[J]. 中国高校社会科学，2018(06)：21—28，154.

⑥ 朱璋龙，朱建军. 面向乡村振兴战略实施的乡村人力资本投资策略分析[J]. 西南民族大学学报（人文社会科学版），2022，43(08)：235—240.

空间 SDM 计量方法探究了我国农村人力资本对乡村振兴的空间效应。[①] 当前我国不同层次的教育，既存优势，也有弊端，罗仁福等基于人力资本培育领域相关理论分析了我国农村学龄前教育、义务教育、后义务教育以及成人教育四个方面存在的问题、挑战和实践经验。[②]

(二) 研究假设

1. 农村人力资本与乡村振兴——基础条件

实现乡村振兴需要汇聚多方力量，激活乡村内生动力，使乡村走上可持续的自我发展道路，教育作为服务乡村振兴战略的重要抓手，是以人力资本积累为依托，以振兴文化作为重要切入点，由点及面建构起教育服务空间，既推动"三农"现代化发展，又蕴涵服务乡村振兴战略的前提。[③] 从产业兴旺的角度来看，尽管我国第一产业实现稳步增长，但农产品的供需矛盾仍然比较突出且随着农业对外开放程度的提升和国际经济风险的加剧，对我国农村人力资本配置的要求也越来越高。因此，通过加大对乡村人力资本的投资，满足现代化农业的发展需求，是实现乡村产业兴旺的必经之路；从生态宜居和乡风文明的角度来看，加大乡村的生态建设，改善农业的生产方式与农民的生活方式，有利于实现"农村美"的目标。通过提升农村人力资本来改变以往的粗放型农业，必须改变农业的投入产出模式，发展高效率的生态循环农业，深入挖掘民风民俗文化，加强种植业、微生物产业、文化旅游业之间的联动和融合，构建绿色文明乡村。从治理有效的角度来看，在振兴乡村的过程中，以教育促进农村居民人力资本投资为契机，完善农民职业培训机制，提升农民的知识文化层次，推动乡村人才可持续发展，积极培育民主参与意识，推动乡村文化精英参与文化治理，发挥"新乡贤"的正确引导作

---

① 姚旭兵，邓晓霞，罗光强. 农村人力资本是否促进了乡村振兴？——基于双重异质性视角[J]. 西南民族大学学报(人文社会科学版)，2022，43(06)：136—149.

② 罗仁福，等. 乡村振兴背景下农村教育和人力资本发展路径[J]. 农业经济问题，2022(07)：41—51.

③ 袁利平，姜嘉伟. 关于教育服务乡村振兴战略的思考[J]. 武汉大学学报(哲学社会科学版)，2021，74(01)：159—169.

用,以人力资本的增长促进文化资本的累积,为提高农村公共文化治理有效性提供新的可能。为此,本章提出假设 1:提高农村教育人力资本能够显著推动乡村振兴。

2. 农村技术创新水平与乡村振兴——中间渠道

在当前乡村振兴进入"转型"阶段的情况下,以增加人力资本投资促进乡村技术创新水平及乡村科技水平的提升具有较强的现实针对性。[1] 一方面,我国农业农村科技供给水平还比较低,尚不能满足农业现代化发展需求,必须大力提升科技创新供给能力才能使得我国的农业发展从增产导向转向提质导向。另一方面,提高农村技术创新水平的关键在于人才振兴,需在乡村振兴中增加对人力资本的投资。通过制度创新,例如城乡融合体系创新可以为实现农业现代化创造有利条件;推进产业体系创新,完善现代农业的生产、经营和产业体系,可以提升产业新能级。加强农村教育的目的在于破解农村发展中人力资本匮乏、人才作用发挥不充分等难题,最大限度地激活人才资源,形成创新要素向农业农村集聚的新局面,营造良好的农业农村科技创新生态,为推进乡村振兴提供强有力的科技支撑。因此,提升农村技术创新水平是农村人力资本与乡村振兴的有效衔接渠道。结合上述分析,本研究提出假设 2:通过提高农村教育人力资本助推农村技术创新水平,最终推动乡村振兴。

3. 农村教育人力资本结构与乡村振兴——异质效应

2021 年 12 月召开的乡村振兴工作领导小组会议强调,要统筹推进乡村教育振兴和教育振兴乡村工作,并从乡村教育出发,提出了五点推进乡村振兴工作的建议。同样地,我们也认为,乡村的振兴离不开教育的基础性作用。教育作为一种公共投入,最直接的产出便是人力资本,通过教育系统培养出各级各类人才,形成经济社会发展所需要的人力资本积累,最终人力资本参与到科学研究和经济建设中,为经济社会发展作出贡献。[2] 优化提升农村人力资本存量,关键在于教育,教育是厚植人力资本的基

---

[1] 陈锡文.实施乡村振兴战略,推进农业农村现代化[J].中国农业大学学报(社会科学版),2018(01):5—12.

[2] 向雪琪.教育贫困治理的运作机制、实践效应及对乡村振兴的启示[J].南京农业大学学报(社会科学版),2022,22(04):125—133.

础与前提，是实现乡村治理现代化的保障，乡村教育是全面乡村振兴的重要战略支撑。从教育结构类型来看，基础教育、职业教育和高等教育等向农村地区倾斜可以改善农村地区的办学条件，并通过学历教育、职业技能培训和实践锻炼等多种途径，提升乡村人力资本的数量与质量，也能为农村就业市场提供更为匹配的劳动力。[①] 除此之外，同质性农户、异质性大户在缔结合作经济组织过程中行为机制有显著差异[②]，对我国城乡收入差距也有影响。[③] 为此，本章再提出第三个假设：农村教育对人力资本有不同的效应，最终对乡村振兴产生异质性作用。

 三 数据来源与研究设计

(一) 样本及数据来源

本研究的数据来源于中国统计年鉴、中国农村统计年鉴、中国人口和就业统计年鉴、中国教育经费统计年鉴以及各省的统计年鉴、中国人民银行以及 Wind 数据库。考虑到 2017 年才提出乡村振兴这一概念，同时考虑数据的可得性与可信性，本研究采用了我国大陆 31 个省市自治区 2017—2020 年的数据。

(二) 变量的说明

1. 被解释变量。本研究的被解释变量为乡村振兴（rural）。乡村振兴要考虑乡村各个方面的发展[④]，该变量用计算出的各省市乡村振兴指数衡量，同时五个维度的指

① 张同功，张隆，赵得志，等. 公共教育支出、人力资本积累与经济增长：区域差异视角[J]. 宏观经济研究，2020(03)：132—144，175.

② 邓宏图，鹿媛媛. 同质性农户、异质性大户、基层政府与合作社：经济解释与案例观察[J]. 中国经济问题，2014(04)：88—97.

③ 范晓莉，崔艺芋. 异质性人力资本、基础设施与城乡收入差距：基于新经济地理视角的理论分析与实证检验[J]. 西南民族大学学报(人文社科版)，2018(11)：106—116.

④ 闫周府，吴方卫. 从二元分割走向融合发展——乡村振兴评价指标体系研究[J]. 经济学家，2019(06)：90—103.

数用来衡量各地区产业兴旺、生态宜居、乡风文明、治理有效、生活富裕的发展水平。

2. 解释变量。为了准确阐明本章的基本概念"教育人力资本"，借鉴赵红霞等的方法，将教育人力资本从人力资本中分离开来，进一步区别于健康保健、培训、迁徙流动等过程中形成的人力资本，在此特指通过正规制度化教育有目的、有计划、有组织地进行教育，不断投资和积累凝聚在人身上的知识、技能与素养的总和[①]。本研究的解释变量包括三个：第一，农村教育人力资本指数。通过6岁以上农村居民人均受教育年限测度农村教育人力资本，其中小学、初中、高中、大专及以上分别赋值6、9、12、16年。这一指标的计算方法为：(文盲半文盲总人口数 * 1 + 小学文化总人口数 * 6 + 初中文化总人数 * 9)/总人口数 + (高中文化总人数 * 12 + 中专文化总人数 * 12)/总人口数 + (大专及以上文化总人数 * 16)/总人口数。第二，农村小学和初中的教育经费。第三，农村人力资本分维度指数。本研究将借鉴姚旭兵等的方法，测算我国农村教育人力资本分维度指数，将农村教育人力资本分为农村初级教育人力资本、农村中级教育人力资本和农村高级教育人力资本，[②]统计出6岁以上未上学、小学、初中、高中、大专以上人数，计算公式如表13.1所示。

表 13.1 农村人力资本分维度指数

变量名称	计算公式
农村初级教育人力资本(cjrlzb)	(文盲半文盲总人口数 * 1 + 小学文化总人口数 * 6 + 初中文化总人数 * 9)/总人口数
农村中级教育人力资本(zjrlzb)	(高中文化总人数 * 12 + 中专文化总人数 * 12)/总人口数
农村高级教育人力资本(gjrlzb)	大专及以上文化总人数 * 16/总人口数

3. 控制变量。第一，对外开放水平。目前学术界常用做法是用各省的进出口总

---

① 赵红霞,朱惠. 教育人力资本结构高级化促进经济增长了吗——基于产业结构升级的门槛效应分析[J]. 教育研究,2021,42(11):138—150.

② 姚旭兵,邓晓霞,罗光强. 农村人力资本是否促进了乡村振兴？——基于双重异质性视角[J]. 西南民族大学学报(人文社会科学版),2022,43(6):136—149.

额占 GDP 的比重来衡量对外开放程度,该数值越大,表明该地区的对外开放程度越高。本章借鉴李振新、陈享光及叶祥松、刘敬等学者的方法。[1][2] 第二,数字普惠金融发展水平。基于支付、保险、货币基金、信用服务、投资、信贷等方面计算了数字普惠金融指数,用以衡量数字普惠金融发展水平,计算方法参考北京大学数字金融研究中心课题组编制的省级数字普惠金融指数报告。第三,农村物流业基础发展水平。王琴梅和罗瑞在构建物流业高质量发展指标体系之时,将货运量纳入其中,结合朱佩芬的做法,用货运量来衡量农村物流业基础发展水平[3][4],该变量的单位为吨公里。第四,农业机械化水平,关于此变量,当前文献使用最多的指标是农业机械总动力。[5] 本研究借鉴伍骏骞等的做法,收集省级农业机械总动力数据来衡量农业机械化水平[6],该变量的单位为万千瓦。

4. 中介变量。本研究的中介变量是技术创新发展水平,专利数据能够更准确地衡量技术创新活动的产出和质量[7],参考陶锋等的研究,采用专利的授权量表示技术创新发展水平。[8]

(三) 变量的描述性统计

在进行实证分析前,对数据进行基本统计分析,描述性统计结果如表 13.2 所示。

---

① 李振新,陈享光.中国对外开放下的金融分权——基于我国省级面板数据的实证研究[J].国际金融研究,2019(10):9—18.

② 叶祥松,刘敬.异质性研发、政府支持与中国科技创新困境[J].经济研究,2018,53(09):116—132.

③ 王琴梅,罗瑞.物流业高质量发展对区域全要素生产率的影响研究——来自中国 264 个城市的证据[J].软科学,2022:11—23.

④ 朱佩芬.农村现代物流对农村居民消费水平和消费结构的影响[J].广东社会科学,2021(03):44—53.

⑤ 陈林生,黄莎,李贤彬.农业机械化对农民收入的影响研究——基于系统 GMM 模型与中介效应模型的实证分析[J].农村经济,2021(06):41—49.

⑥ 伍骏骞,方师乐,李谷成,徐广彤.中国农业机械化发展水平对粮食产量的空间溢出效应分析——基于跨区作业的视角[J].中国农村经济,2017(06):44—57.

⑦ 李振新,陈享光.中国对外开放下的金融分权——基于我国省级面板数据的实证研究[J].国际金融研究,2019(10):9—18.

⑧ 陶锋,赵锦瑜,周浩.环境规制实现了绿色技术创新的"增量提质"吗——来自环保目标责任制的证据[J].中国工业经济,2021(02):136—154.

表 13.2　变量描述性统计

	(1)	(2)	(3)	(4)	(5)	(8)	(9)
VARIABLES(变量)	N	mean	sd	min	max	skewness	kurtosis
Rural(乡村振兴指数)	124	0.427	0.039 6	0.324	0.497	−0.259	2.579
Human(教育人力资本指数)	124	18.34	0.810	16.25	20.93	0.812	5.393
Open(对外开放程度)	124	0.230	0.235	0.007 57	1.049	1.747	5.429
Digital(数字普惠金融发展水平)	124	309.3	40.03	240.2	431.9	0.702	3.256
Volume(农村物流业基础发展水平)	124	153 611	103 843	2 203	416 389	0.538	2.675
Machine(农业机械化水平)	124	3 287	2 767	94	10 965	1.114	3.616
Patent(专利—技术创新发展水平)	124	80 533	115 813	420	709 725	2.920	12.65
Number of id	31	31	31	31	31	31	31

　　从表 13.2 可见,样本总数为 124,被解释变量是乡村振兴,最小值 0.324,最大值是 0.497,平均值为 0.427,标准差是 0.039 6,标准差数值较少,说明变量波动性不大,偏度与峰度分别为 −0.259 和 2.579,偏态分布为负偏态。解释变量是农村教育人力资本,其最小值 16.25,最大值是 20.93,平均值为 18.34,标准差是 0.810,偏度与峰度分别为 0.812 和 5.393,偏态分布为正偏态。其他变量的描述性统计与被解释变量、解释变量类似,就不一一赘述。下面用散点图表示被解释变量乡村振兴与解释变量农村教育人力资本之间的相关关系,结果如图 13.1 所示:

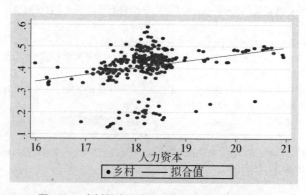

图 13.1　农村教育人力资本与乡村振兴的散点图

从散点图中可以直观地发现农村教育人力资本与乡村振兴呈现出较为显著正相关关系。其他变量与乡村振兴之间的关系就不一一展示,后面的计量实证部分将作详细解释。

(四) 计量模型的构建

本章实证的目的是探究农村教育人力资本对乡村振兴的影响,基于这一考虑所选择的模型具体为:

$$rural_{it} = \alpha_1 human_{it} + \beta U_{it} + c_{it} + \varepsilon \tag{1}$$

表达式(1)中的被解释变量是乡村振兴,解释变量为农村教育人力资本;c 为常数项,α_1、α_2、α_3 为待估参数向量,ε 为随机扰动项,服从正态分布;自变量 $human$ 和控制变量 $open$、$digital$、$volume$、$machine$ 之前的系数分别反映农村教育人力资本、对外开放程度和数字普惠金融发展水平、农村物流业基础发展水平、农业机械化水平等因素对乡村振兴的影响程度,U 是其他控制变量,控制变量包括对外开放程度、数字普惠金融发展水平、农村物流业基础发展水平和农业机械化水平等,β 是控制变量的系数。

四　乡村振兴指数测度

为了全方位、高效率、准确地反映我国 31 个省市自治区的乡村振兴情况,本章参照了《乡村振兴战略规划(2018—2022 年)》,本着科学性、实际性、综合性的原则,在借鉴前人研究的基础之上,构建了乡村振兴的指标体系,指标体系如表 13.3 所示。

表 13.3　乡村振兴指标体系构建

系统	一级指标	二级指标	含义	方向	熵值权重
乡村振兴	产业兴旺	人均粮食产量	粮食总产量/总人口	正	0.0575
		第一产业占 GDP 比重	农业产值/省 GDP 总量(%)	正	0.0361
		人均农林牧渔业总价值	农林牧渔总产值/农村总人口(元/人)	正	0.0323
	生态宜居	农村卫生厕所普及率	农村卫生厕所普及率(%)	正	0.0445
		农村人均太阳能利用面积	太阳能面积/农村人口(m^2/人)	正	0.1341
		农村每万人拥有养老机构个数	农村养老机构数量/农村总人口(个/万人)	正	0.0503
	乡风文明	乡村中学专任教师数量	乡村中学专任教师数量(人)	正	0.0695
		农村家庭教育文化娱乐支出占比	农村人均教文娱支出/人均消费支出(%)	正	0.0156
		农村每万人文化站数量	农村文化站数量/农村总人口(个/万人)	正	0.0477
	治理有效	行政村数量	行政村数量(个)	正	0.0783
	生活富裕	城乡收入差距指数	城市居民可支配收入/农村人均纯收入	负	0.0314
		农村居民恩格尔系数	农村人均食物支出/消费支出(%)	负	0.0204
		农村人均纯收入	农村人均纯收入(元)	正	0.0680

　　乡村振兴作为打赢脱贫攻坚战的一个重要衔接部分,最终目的是实现农村和农业的现代化。[①] 本章依据乡村振兴发展的要求进行所对应的指标体系构建:(1)产业兴旺是乡村振兴的一个重要物质基础条件,乡村产业不仅仅要量产,同时也要高效率和综合性的生产,因此用人均粮食产量、第一产业占 GDP 比重、人均农林牧渔业总价值等来衡量乡村振兴的产业兴旺水平;(2)生态宜居是乡村振兴高质量发展的环境保证,在乡村建设和发展的同时,不能以牺牲环境为代价,而要更加注重环境的原生态、绿色

---

① 陈燕. 脱贫攻坚后时代:农业农村现代化及乡村振兴的新征程[J]. 福建论坛(人文社会科学版),2021(3):109—118.

化保护,因此选取农村卫生厕所普及率、农村人均太阳能利用面积、农村每万人拥有养老机构个数来衡量乡村振兴的生态宜居水平;(3)乡风文明是乡村振兴的灵魂,体现了乡村的文化建设水平,因此选取乡村中学专任教师数量、农村家庭教育文化娱乐支出占比、农村每万人文化站数量等来衡量乡村振兴的乡风文明水平;(4)治理有效反映了乡村的行政水平,因此选用行政村数量指标来衡量乡村振兴的治理水平;(5)生活富裕是乡村振兴的根本目标,农民是乡村振兴的主体,农民生活的富裕水平反映了乡村振兴战略的实施效果,因此本文选取城乡收入差距指数、农村居民恩格尔系数、农村人均纯收入来衡量乡村振兴的生活富裕水平。详见表13.3。

本章的乡村振兴指标体系所选取的合计23个指标来自于《中国统计年鉴》《中国农村统计年鉴》《中国城市建设统计年鉴》《中国劳动统计年鉴》《国民经济和社会发展公告》《生态环境公报》,以及各个省市的统计年鉴和统计公报,对于个别缺失的数据,采用线性插补的方式进行数据处理。由于31个省市较多,因此对31个省市分为东部、中部、西部、东北部进行分析和处理。

通过对所搜集到的数据进行统计和分析,可以得到2017—2020年各省的综合发展指数。由于省份较多,将31个省市的综合发展指数取平均,从表13.4可以发现,乡村振兴综合发展指数由2017年的0.4240,增长为2020年的0.4341,整体来看,乡村振兴的综合发展指数出现了增长的趋势,增长率达到2.38%。为进一步探究2017年至2020年各个省份的综合发展指数变化情况,将2017年和2020年的乡村振兴和新型城镇化的综合发展指数作出对比。其他见表13.4。

表13.4 31省市乡村振兴综合发展指数测度结果

省份	2017年	2018年	2019年	2020年	年平均值
北京	0.4968	0.4721	0.4647	0.4541	0.4719
天津	0.4450	0.4305	0.4287	0.4284	0.4332
河北	0.4491	0.4545	0.4555	0.4627	0.4554
山西	0.4005	0.4050	0.4047	0.4085	0.4047

（续表）

省份	2017 年	2018 年	2019 年	2020 年	年平均值
内蒙古	0.443 1	0.440 4	0.443 5	0.449 2	0.444 1
辽宁	0.414 9	0.409 7	0.406 7	0.417 0	0.412 0
吉林	0.399 7	0.388 6	0.355 3	0.399 2	0.385 7
黑龙江	0.424 6	0.421 7	0.427 0	0.438 5	0.428 0
上海	0.478 6	0.485 5	0.485 1	0.480 6	0.482 5
江苏	0.487 5	0.485 7	0.490 1	0.490 3	0.488 4
浙江	0.491 8	0.488 9	0.487 0	0.483 7	0.487 8
安徽	0.439 5	0.441 4	0.442 3	0.455 0	0.444 5
福建	0.432 7	0.431 5	0.441 5	0.439 8	0.436 4
江西	0.450 1	0.457 7	0.455 3	0.466 9	0.457 5
山东	0.493 2	0.489 8	0.490 5	0.494 2	0.491 9
河南	0.449 1	0.459 3	0.459 7	0.471 7	0.460 0
湖北	0.434 3	0.434 3	0.436 3	0.439 9	0.436 2
湖南	0.429 8	0.431 8	0.439 7	0.454 2	0.438 9
广东	0.437 3	0.444 2	0.450 0	0.443 3	0.443 7
广西	0.381 9	0.384 0	0.394 0	0.403 5	0.390 8
海南	0.445 5	0.435 1	0.434 4	0.437 9	0.438 2
重庆	0.388 8	0.390 2	0.373 8	0.357 9	0.377 7
四川	0.412 5	0.423 0	0.422 3	0.436 0	0.423 5
贵州	0.373 0	0.375 5	0.382 6	0.397 5	0.382 1
云南	0.388 4	0.394 1	0.395 0	0.413 9	0.397 9
西藏	0.323 6	0.331 9	0.350 2	0.403 2	0.352 2
陕西	0.378 4	0.379 7	0.383 6	0.396 5	0.384 5
甘肃	0.393 8	0.388 1	0.380 8	0.393 9	0.389 1
青海	0.345 4	0.337 6	0.356 2	0.364 9	0.351 0
宁夏	0.409 6	0.428 6	0.440 2	0.454 2	0.433 1
新疆	0.404 7	0.384 8	0.410 1	0.419 0	0.404 6
省平均值	0.424 0	0.424 4	0.425 4	0.434 1	0.426 7

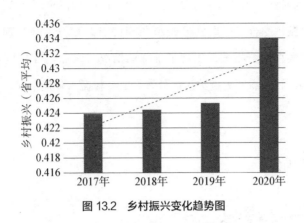

图 13.2　乡村振兴变化趋势图

2017 年与 2020 年我国省际层面的乡村振兴综合发展指数变化轨迹如图 13.3 所示。通过图 13.3 和表 13.4 可以发现,我国内陆 31 个省市自治区的乡村振兴综合发展指数存在异质性,除了少数几个省份,包括北京、天津、河北、吉林、浙江、海南、重庆等,其余各个省份的乡村振兴综合发展指数均出现了正向增长,其中,增长幅度最大的是西藏自治区,由 2017 年的 0.323 6 增长为 2020 年的 0.403 2,增长率高达 24.6%;其次是宁夏自治区,由 2017 年的 0.409 6 增长为 2020 年的 0.454 2,增长率为 10.9%。其中,北京市乡村振兴指数下跌较明显,其乡村振兴综合发展指数减少了 0.042 7(即降低了 8.6%);其

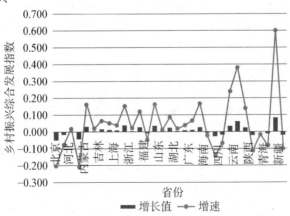

图 13.3　各省市自治区乡村振兴综合发展指数变化图

次是天津市,其乡村振兴综合发展指数减少了 0.0166(即降低了 3.7%)。由此可见,虽然全国的乡村振兴综合发展指数在 2020 年相较于 2017 年总体呈现上升的趋势,但个别省份的乡村振兴综合指数却出现了下降的情况。因此,我国要实施乡村振兴战略,不仅要统筹全局,还需要重点关注部分省份的乡村振兴建设情况。

五 实证结果分析

(一) 平稳性检验与豪斯曼检验

首先计算各变量的方差膨胀因子 VIF,发现均小于 10,说明不存在多重共线性;另外,运用 Harris 和 Tzavalis 提出的 HT 检验方法对主要变量进行单位根检验[1],发现大部分变量本身是不平稳的,但是其一阶差分是平稳的,结果如表 13.5 所示。因此,可以认为采用这些变量继续做回归分析是合理的。除此之外,本研究使用了豪斯曼检验。豪斯曼检验发现随机效应的截面模型较为适宜,但是混合回归的结果优于随机效应结果。

表 13.5 平稳性检验结果

变量	Z	P	结论
Rural	0.1419	0.5564	非平稳
human	−2.0957	0.0181	平稳
open	0.0251	0.5100	非平稳
digital	0.7996	0.7880	非平稳
volume	0.8145	0.7923	非平稳
machine	0.4624	0.6781	非平稳

---

[1] Harris R D F, Tzavalis E. Inference for unit roots in dynamic panels where the time dimension is fixed [J]. Journal of Econometrics, 1999,91(2):201-226.

（续表）

变量	Z	P	结论
patent	5.878 7	0.922 0	非平稳
d. Rural	− 7.340 0	0.000 0	平稳
d. human	− 2.095 7	0.018 1	平稳
d. open	− 4.301 4	0.000 0	平稳
d. digital	− 1.562 5	0.059 1	平稳
d. volume	− 6.853 9	0.000 0	平稳
d. machine	− 1.689 5	0.045 6	平稳
d. patent	− 14.458 2	0.000 0	平稳

注：本表中的 d. 变量表示对变量求其一阶差分；Z 为统计量；P 为概率，当 P 大于 0.1 时表示不平稳。

（二）基本回归结果分析

接下来，本研究采用了多元线性回归方法，具体来说是使用混合回归、随机效应、固定效应进行估计，得出计量结果如表 13.6 所示。

表 13.6　基本回归结果

VARIABLES	(1) 混合回归	(2) 混合回归	(3) 随机效应	(4) 固定效应
human	0.026 7*** (0.003 71)	0.014 7*** (0.004 37)	0.012 4* (0.006 48)	− 0.013 0 (0.013 5)
open		0.041 1** (0.018 0)	0.051 6** (0.022 3)	− 0.013 4 (0.037 9)
digital		0.000 230*** (7.32e − 05)	0.000 102** (4.13e − 05)	0.000 109** (5.23e − 05)
volume		5.96e − 08** (2.98e − 08)	4.29e − 08 (4.32e − 08)	− 6.75e − 08 (8.32e − 08)
machine		5.90e − 06*** (1.12e − 06)	6.18e − 06*** (1.78e − 06)	5.41e − 06 (8.68e − 06)

（续表）

VARIABLES	(1) 混合回归	(2) 混合回归	(3) 随机效应	(4) 固定效应
Constant		0.0480 (0.0781)	0.1292 (0.113)	0.6261** (0.248)
Observations	124	124	124	124
R-squared	0.2927	0.6460	0.6350	0.1101

注：***表示 p＜0.01，**表示 p＜0.05，*表示 p＜0.1；括号内为标准差，Observations 表示观测个体的
数量，下同。

　　从表 13.6 可以发现，农村教育人力资本对农村乡村振兴的影响为正，以计量模型
(1)为例，农村教育人力资本(human)每提高一个百分点，将带动乡村振兴提高 0.0267
个百分点，并且通过了 1%显著性水平检验。计量模型(1)没有加入控制变量。计量
模型(2)则加入了控制变量，结果发现 R-squared 显著增大，从 0.2927 增加至 0.646，
human 每提高一个百分点，将带动乡村振兴提高 0.0147 个百分点，并且通过了 1%显
著性水平检验。随机效应模型(3)显示 human 每提高一个百分点，将带动乡村振兴提
高 0.0124 个百分点，并且通过了 10%显著性水平检验。总之，农村教育人力资本对
乡村振兴有显著促进作用。

　　以计量模型(2)为例，对外开放程度(open)每提高一个百分点，将带动乡村振兴提
高 0.0411 个百分点，并且通过了 5%显著性水平检验。目前来说，提高对外开放程度
能促进乡村振兴的主要原因有以下两点：第一，对外开放为乡村振兴提供人才与技术
支持，目前农村劳动力文化水平相对较低，知识技能延展性不高，提高对外开放水平，
例如自贸区等，吸引国内外专家团队，重点产业的综合性人才，能促进乡村振兴的发
展。第二，对外开放将为乡村振兴提供广阔的平台。连通国内外市场，实现农产品"贸
易自由"，境外"投资自由""运输往来自由"，实现现代农业"引进来，走出去"，从而提高
乡村振兴的水平。

　　由表 13.6 分析得出，数字普惠金融发展水平(digital)每提高一个百分点，将带动
乡村振兴提高 0.0002 个百分点，并且通过了 1%显著性水平检验。数字金融从以下

几个方面促进从乡村振兴:首先,目前农村产业存在着高质量发展不充分、竞争力弱等问题,传统的金融对其支持力度不够大,而数字金融通过扩大金融融资渠道为产业兴旺提供更多的资金支持;数字金融有利于贯彻"绿水青山就是金山银山"的理念,倡导绿色金融,如投资绿色生态项目与加大生态农业贷款力度,建设有利于农村生态发展的基础设施,将助力绿色农业发展,优化农村生态环境。

另外,表13.6还显示,农村物流业基础发展水平(volume)每提高一个百分点,将带动乡村振兴提高 $5.96e-08$ 个百分点,并且通过了 5% 显著性水平检验。我国普遍面临着物流基础设施薄弱的窘境,农村物流网络体系建设相对滞后,加大农村物流基础设施建设将加倍释放乡村内需潜力,有利于塑造新型农村商贸业态。农业机械化水平(machine)的系数为 $5.90e-06$,且通过了 1% 显著性水平检验,表示农业机械化水平每提高一个百分点,将带动乡村振兴提高 $5.90e-06$ 个百分点,农业机械化对人工具有替代性,可以将劳动力从农业生产较为繁重环节中解放出来,从而提高了生产效率。

(三) 中介效应分析

前文主要分析了农村教育人力资本对乡村振兴的直接影响,农村人力资本对乡村振兴的作用不是一蹴而就的,教育的直接作用在于培养人才,技术创新是引领发展的第一动力,技术创新驱动的实质是人才驱动,因此,教育是技术创新的内源动力基础。现代社会经济发展不单单依靠自然资源和个体劳动,提高劳动者的智力水平才是关键之举。[1] 教育形成的人力资本在经济增长中能更多地替代其他生产要素,能够培养个体的创新能力,加大教育投入能有效地提升技术创新能力,最终形成经济社会发展所需要的要素。[2] 因此,不妨将技术创新当作一个主要的中间传导机制。此处,笔者借

[1] 侯在坤,曹葳蕤,高越,等. 人力资本投入对农民收入的影响研究——基于中国家庭追踪调查数据的实证分析[J]. 林业经济,2020,42(12):3—11.
[2] 张治河,冯陈澄,李斌,等. 科技投入对国家创新能力的提升机制研究[J]. 科研管理,2014,35(04):149—160.

助中介效应模型,对内在机制进行了详细的研究。中介效应模型简要地描述为如下
(见图 13. 4):

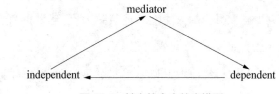

$$图 13.4 \quad 基本的中介效应模型$$

$$Y = cX + e_1 \tag{A}$$

$$M = aX + e_2 \tag{B}$$

$$Y = c'X + bM + e_3 \tag{C}$$

在图 13. 4 中 Independent 表示农村教育人力资本(X),Mediator 表示中介变量
(M),指的是技术创新水平因素,Dependent 表示的是乡村振兴(Y),$e1$—$e3$ 是回归残
差,中介效应等于 a 乘以 b,$c = c' + a * b$。 通过对系数 a、b、c 的正负号判断中介效应
的大小和作用方向。

$$c = c' + a * b$$

另外需要指明的是,如果 c 在统计学意义上显著,则调节效应明显。至于调节效
应的含义,此处就不详细展开。

由表 13. 6 的模型(2)可知,在未加入农村教育人力资本这个关键解释变量时,
农村人力资本对乡村振兴具有正向影响,且通过 1‰ 的显著性检验。对中介效应模
型(A)、(B)、(C)进行逐步检验,得到计量结果如表 13. 7 所示。在表 13. 7 的模型
(1)中农村教育人力资本一个单位将提升乡村振兴 0. 015 5 个单位,表明加大农村教
育投入,一定程度上可以引发乡村振兴水平的提升。在本计量实证中,不难发现,
$c = 0. 015 5$,$a = 4. 705 0$,$b = 0. 000 18$,$c' = 0. 014 7$,经验证,结果吻合中介效应的计
算公式 $c = c' + a * b$。 模型(2)显示,农村教育人力资本每提高一个单位,将导致技

术创新水平提高 4.705 0 个单位。随着教育水平的逐步提升，农村户籍学生将会掌握更多知识，有更多机会开阔眼界，将所学知识和经验应用在乡村振兴过程中。第（2）、（3）列中介变量和农村教育人力资本的系数都显著为正，这说明农村教育人力资本能显著作用于技术创新水平，对我国乡村振兴水平具有部分中介效应，最终会显著促进乡村振兴水平的提高。Sobel 检验中直接效应和间接效应的 P 值均约为0.000 8，通过了 1% 显著性检验，94.5% 比例是由于间接效应引起的，这一结果也证明了中介效应是存在的。

表 13.7 技术创新在农村人力资本对乡村振兴影响间的中介效应结果

	(1)	(2)	(3)
VARIABLES	rural	patent	rural
human	0.015 5***	4.705 0***	0.014 7***
	(0.004 4)	(1.251 2)	(0.004 6)
patent			0.000 18***
			(0.000 32)
open	0.041 2***	28.056 1***	0.036 1*
	(0.018 0)	(0.014 6)	(0.020 1)
digital	0.000 2***	0.082 5***	0.000 2***
	(0.000 07)	(0.021 0)	(7.81e − 05)
volume	5.96e − 08**	4.95e − 05	5.06e − 08
	(2.98e − 08)	(8.54e − 06)	(3.39e − 08)
machine	5.90e − 06***	6.80e − 04***	5.91e − 06***
	(1.12e − 06)	(3.2e − 04)	(1.13e − 06)
Constant	0.048 0	54.996 2	0.038 0
	(0.078 1)	(22.387 1)	(0.080 3)
Observations	124	124	124
R-squared	0.649	0.659 6	0.647

(四) 内生性检验

GMM 方法通过恰当使用工具变量可以解决被解释变量与解释变量之间的内生性问题,因此本章采用系统 GMM 重新进行估计,结果如表 13.8 所示。

表 13.8　GMM 方法下的内生性检验

VARIABLES	(1) rural	(3) rural
L. rural	0.0097** (0.0059)	0.0106** (0.0067)
human	0.0120*** (0.0038)	0.0123*** (0.0035)
patent		0.0002*** (0.0003)
open		0.0322* (0.0172)
digital		0.0002*** (7.55e−05)
volume		5.06e−08 (3.33e−08)
machine		5.30e−06*** (1.02e−06)
Constant	0.0434 (0.0762)	0.0359 (0.0725)
Observations	124	124
AR2 − P	0.455	0.598
Sargan-p	0.359	0.368

注:AR2−P 表示的是 AS(2)检验的 P 值,Sargan-p 表示的 Sargan 检验的 P 值。

第二列和第三列分别不包括控制变量和包括控制变量的系统 GMM 回归结果,模型显示人力资本对乡村振兴的促进作用依然存在,分别为 0.0120、0.0123,且通过 1% 显著性水平检验。

六 拓展性研究

(一) 不同教育层次(小学、初中、高中)对乡村振兴的影响

为了确保上述基准回归结果的真实性,本研究使用两种不同的方法进行稳健性检验。首先,较高的农村教育水平相当于高素质的农村教育人力资本,借鉴温志强、郝雅立及邓秋等的做法,[1][2]使用农村高中教育经费投入、农村初中教育经费投入和农村小学教育经费投入来分别表示农村高中人力资本、农村初中人力资本、农村小学人力资本,符号分别为 ruralhigh、ruralmiddle、ruralprimary。表 13.9 显示了农村高中人力资本、农村初中人力资本、农村小学人力资本的计量结果。以表 13.9 的第(1)列为例,农村小学人力资本、农村初中人力资本、农村高中人力资本的系数分别为 1.83e−05、7.67e−05、4.47e−05,分别通过了 5%、10%、5% 的显著性检验,表明结果是稳健的。

表 13.9 教育经费作为替代变量的稳健性检验结果

VARIABLES	(1) mixed	(2) fe	(3) re
ruralhigh	4.47e−05** (2.25e−05)	2.84e−05* (2.68e−05)	2.29e−05* (2.35e−05)
ruralmiddle	7.67e−05* (1.77e−05)	1.07e−05 (2.86e−05)	1.74e−05 (2.28e−05)
ruralprimary	1.83e−05** (9.02e−06)	8.58e−06 (1.63e−05)	4.21e−06 (1.19e−05)

① 温志强,郝雅立.供给侧结构性改革背景下人力资本市场的优化分析——基于劳动力市场的三要素与三维度[J].江西财经大学学报,2019(6):36—47.
② 邓秋,田振花,吴美凤,等.教育水平对长江经济带农业绿色生产的影响[J].湖北农业科学,2021,60(22):174—179.

（续表）

VARIABLES	(1) mixed	(2) fe	(3) re
open	0.0868** (0.0144)	−0.0208 (0.0391)	0.0764** (0.0187)
digital	0.000198** (8.29e−05)	3.08e−05 (6.62e−05)	0.0001** (5.11e−05)
volume	4.10e−08 (3.51e−08)	−3.71e−08 (8.46e−08)	2.46e−08 (4.84e−08)
machine	6.93e−06*** (1.54e−06)	7.13e−06 (8.99e−06)	6.09e−06** (2.58e−06)
Constant	0.3232*** (0.0241)	0.3811*** (0.0373)	0.3500*** (0.0175)
Observations	124	124	124
R-squared	0.640	0.128	0.615

另外，借鉴姚旭兵等的方法，将农村教育人力资本分为农村初级教育人力资本、农村中级教育人力资本和农村高级教育人力资本。[①] 统计出 6 岁以上未上学、小学、初中、高中、大专及以上人数，计算公式如前文表 13.1 所示。表 13.10 显示了农村初级教育人力资本、农村中级教育人力资本和农村高级教育人力资本的计量结果分别为 0.0067、0.0130、0.0014。比较三者的系数，我们可以发现农村中级教育人力资本对乡村振兴的影响最大，其次是农村初级教育人力资本，再者为农村高级教育人力资本。可能的原因在于我国农村工业基础仍然薄弱，科技含量高的企业较少，对于高级技术劳动力来说可以提供其就业的岗位非常少。如何促进高学历人才扎根农村，发挥专业人才潜力促进乡村振兴是值得我们思考的重大问题。与此同时，小学文化的农民缺乏对现代农业技术的了解与掌握，不利于现代农业发展，也就不利于乡村振兴。

---

① 姚旭兵，邓晓霞，罗光强. 农村人力资本是否促进了乡村振兴？——基于双重异质性视角[J]. 西南民族大学学报（人文社会科学版），2022，43（06）：136—149.

表 13.10 　细分的农村教育人力资本对乡村振兴的影响

VARIABLES	(1) mixed	(2) re	(3) fe
cjrlzb	0.0067** (0.0074)	−0.0284*** (0.0100)	−0.0042** (0.0073)
zjrlzb	0.0130* (0.0068)	0.0137** (0.0054)	−0.0011* (0.0047)
gjrlzb	0.0014* (0.0076)	−0.0120** (0.0051)	−0.0032* (0.0041)
open	0.0654*** (0.0153)	−0.0275 (0.0394)	0.0817*** (0.0192)
digital	0.0003*** (7.67e−05)	2.99e−05 (4.88e−05)	0.0001*** (4.27e−05)
volume	1.53e−08 (3.12e−08)	−2.83e−08 (8.97e−08)	3.34e−08 (4.80e−08)
machine	6.48e−06*** (1.15e−06)	6.54e−06 (8.17e−06)	6.43e−06*** (1.95e−06)
Constant	0.2390*** (0.0397)	0.5991*** (0.0779)	0.3743*** (0.0505)
Observations	124	124	124
R-squared	0.6320	0.1890	0.6541

　　通过上述的稳健性检验可以得出基准回归结果十分可靠。总之，农村人力资本可以显著正向促进中国乡村振兴水平的提升，但不同层次的教育对乡村振兴的影响存在差异性。

（二）职业教育对乡村振兴的影响

　　职业教育对农村教育人力资本影响甚巨，尤其是职业高中教育，是九年义务教育后提升农村人力资本的重要途径，能衡量人力资本对农村家庭收入的贡献程度。借鉴周亚虹等人的研究思路[①]，用高中职业教育经费支出来衡量职业教育对乡村振兴的影响，同时纳入控制变量，得到计量结果如表 13.11 所示。

---

① 周亚虹，许玲丽，夏正青. 从农村职业教育看人力资本对农村家庭的贡献——基于苏北农村家庭微观数据的实证分析[J]. 经济研究，2010(08)：55—65.

表 13.11 职业教育影响乡村振兴的计量结果

变量	混合效应	固定效应	随机效应
vocation	0.000 02** (9.70e−06)	0.000 02** (9.70e−06)	0.000 02*** (9.70e−06)
控制变量	Yes	Yes	Yes
Wald	1 042.24	\	1 109.15
Observations	124	124	124
R-squared	0.935 0	0.934 8	0.935 1

表 13.11 的计量结果显示,职业教育对乡村振兴的边际效应为 0.000 02,且通过了 10% 的显著性检验。职业教育侧重于实践技能和实际工作能力的培养,能为乡村振兴培养人才,职业教育成为推动乡村振兴的重要抓手,专业技能人才正是我国农村急缺的重要人力资本,在这方面需要加大政策支持。

七 结论与讨论

结合既有研究,本章首先从理论层面分析了农村教育人力资本与乡村振兴的关系,提出了相应的研究假设,再基于全国 31 个省域 2017—2020 年的面板数据,通过科学评价指标体系测算出乡村振兴指数,对乡村振兴发展水平进行评估与分析,并通过计量模型探讨了农村教育人力资本与乡村振兴的内在关系,最终得出以下结论:第一,我国乡村振兴综合发展指数由 2017 年的 0.424 0 增长为 2020 年的 0.434 1,整体来看,乡村振兴的综合发展指数出现了增长的趋势,增长率达到 2.38%。除了少数几个省市(北京、天津、河北、吉林、浙江、海南、重庆等)外,其余各个省份的乡村综合发展指数均出现了正向增长。第二,农村教育人力资本能够正向促进乡村振兴。以教育经费为替代变量所做的回归结果通过了稳健性检验,其中初中教育经费的投入对乡村振兴的影响最大,同时可以发现中级农村教育人力资本对乡村振兴的影响亦最大,其次是农村初级教育人力资本,再者为农村高级教育人力资本。第三,农村教育人力资本每提高一个单位,将导致技术创新水平提高 4.705 025 个单位。中介变量和农村教育人力资本的系数都显著为正,表明农村教育人力资本能显著作用于技术创新水平,对我国乡村振兴水平具有部分中介效应,最终会显著促进乡村振兴水平的提高。根据以上研究结果,本章提出以下三点对策建议:

第一,加大农村教育经费投入。尤其应该加大中小学教育经费投入,确保教育财政按时拨付,同时加大财政教育支出对职业教育的投入。要落实教育基本公共服务全覆盖,加快发展针对乡村振兴的教育体系,提高中学入学率,推动职业教育改革,完善农村贫困学生助学金制度等。

第二,为农村引入科技含量高的产业。通过农村实践教学打造"三农"人才队伍,实现学校人才与乡村振兴有序对接,为高学历人才提供就业岗位。同时为优秀人才扎根农村提供高质量的文体娱乐设施,要大力推进水利等基础设施及卫生医疗、文化教育等配套项目,为推动人才为乡村振兴做贡献,要想方设法提供柔性的人才配套措施。

第三,大力实施数字乡村战略。将云计算、人工智能等新技术应用到智慧农业中去,同时要进一步提高人员经费和教学软件的投入比例,借助互联网和科技推动乡村教育的均衡发展,同时加大对农用设施的投资,提高机械化作业水平。

第十四章

主要结论与建议

在以上各子课题研究的基础上,本章总结得出一些主要结论,并针对调查研究中发现的各种实际问题,提出了可能比较可行的提升贫困家庭教育投入和支付水平的政策建议,同时也为如何实现教育精准扶贫的政策目标提出对策。

一　主要结论

总体而言,贫困地区居民家庭的文化资本依然薄弱,父母的受教育水平、教育观念和教育期望等对其家庭教育投入的影响还相对较小,这表明我国在全面脱贫之后,国家仍需设法重视和提升相对低收入地区居民的经济生活水平,同时继续加大教育改革力度,修正和完善相关倾斜政策,为贫困地区尤其贫困家庭的子女提供优质的教育资源和良好的教育机会,而各教育阶段子女的父母也要有意识和有目的地提高自身文化教育水平,树立正确的教育观念、教育态度和合理的教育期望,并重视子女的非物质教育投入,从而以提高家庭文化资本为手段降低家庭贫困代际传递的可能性。通过以上研究,本课题的主要研究结论如下:

1. 建构了农村贫困家庭教育支付能力的测度指标及其五级评价标准。

结合其他学者的观点,采用"家庭教育支出负担率法"将家庭教育支付能力(家庭教育支出占家庭纯收入的比值或家庭教育支出占家庭总支出的比重,不同学者的观点不同,但以前者为多。以 P 表示)划分为五个等级,并以 20％作为家庭教育支出负担中等水平的划分界线:低支付能力(P＝40％以上)、中低支付能力(P＝30％—40％)、中等支付能力(P＝20％—30％)、中高支付能力(P＝10％—20％)、高支付能力(P＝10％以下)。

2. 贫困地区农村家庭教育支付能力还相对较弱,不同类型家庭的教育支付能力和教育支出负担存在显著差异,而影响家庭教育支付能力的因素较多,主要是家庭经济因素、文化因素、家长教育期望和受教育水平等。

(1)贫困地区仍有 42.61% 的农村家庭处于低支付能力和中低支付能力水平上;中等和中高等支付能力共占 46.54%;处于高支付能力的家庭占比只有 10.84%。(2)贫困地区建档立卡家庭、有成员残疾家庭、子女就读初中及以上学段的家庭总教育支付能力最弱,均处于"低支付能力"水平。(3)建档立卡贫困家庭及子女就读本科阶段的家庭基本教育支出负担最重。(4)家庭子女就读幼儿园和本科的人数会显著影响家庭总教育支付能力水平。(5)父母的学历层次对家庭教育支付能力水平的影响存在差异,其中父亲的学历层次会影响家庭总教育支付能力水平,而母亲的学历对扩展性教育支付能力的高低影响较大。

3. 贫困地区不同类型家庭教育支出及其结构存在较大差异,家庭教育支出不平等问题突出。

(1)贫困地区家庭教育支出占比最大的三个项目是"学费""伙食、交通和校服等费"以及"校外补课、兴趣班和家教等费",它们分别占比为 31.38%、21.62% 和 14.78%。(2)贫困地区家庭教育支出及其结构的基尼系数高于家庭经济收入的基尼系数,而且家庭教育支出存在明显的教育不公平问题。同时,家庭教育支出结构也存在较大的差异,其中校内教育支出最多,与基尼系数的相关性最高;校外教育支出次之;虽然扩展性教育支出占比相对较小,但教育不平等性差异最大。(3)非贫困家庭和贫困家庭的教育支出不平等状况较为相似。这侧面证明了我国实施精准扶贫政策后,建档立卡贫困家庭的经济收入明显增加,且与非贫困家庭收入累计占比的分布无明显差异。(4)建档立卡贫困家庭比普通家庭在校内教育支出上更低,这种差异主要由贫困户身份所贡献,一定程度上表明教育扶贫政策的有效性和必要性。

4. 在贫困地区,家庭经济资本和文化资本对家庭人均教育支出均有显著的差异性影响。

(1)家庭经济资本和文化资本对家庭人均教育支出均有显著的差异性影响,而且家庭经济资本的影响较大,而家庭文化资本的影响随着子女受教育阶段的提升而增加;(2)家庭经济资本中的家庭人均收入及家庭文化资本中的父母受教育程度是影响贫困地区居民家庭基础教育各阶段家庭教育支出的两个最主要因素。

5. 不同教育阶段,影响家庭教育支出的关键性因素有所不同。

(1) 在学前教育阶段,家庭人均收入和家庭教育承受度是影响贫困地区居民家庭人均教育支出的两个最主要的因素;(2)影响小学教育阶段家庭教育支出的因素较多,除了家庭人均收入和家庭教育承受度这两个最主要因素外,建档立卡户和父母教育观念等对其子女处于小学阶段的家庭人均教育支出也存在显著影响;(3)贫困家庭在子女就读小学阶段时额外增加的校外教育支出,使其家庭教育承受度和教育期望均明显降低,这证实了早期学者提出的"贫困地区低收入家庭教育支出在一定程度上已超出了农户实际的经济承受能力"的研究结论;(4)家庭人均收入和父母受教育程度是影响初中阶段家庭人均教育支出的两大显著性因素,但家庭教育承受程度、建档立卡户、父母教育观念和父母教育期望等四个因素对家庭教育支出的影响不存在显著性差异;(5)在高中时期,仅有家庭人均收入和父母受教育程度两个因素对家庭人均教育支出具有显著的差异性影响,而其他因素的影响不显著。

6. 贫困地区农村家庭的贫困脆弱类型整体呈现偏"U"字形分布,多维贫困家庭未来致贫的风险远高于其他家庭。家庭教育总支出可以显著降低家庭的多维贫困脆弱性,对高度贫困脆弱的家庭影响更加显著。

(1) 被调查的 10 个贫困县农村家庭的贫困脆弱类型整体呈现偏"U"字形分布,即未来不容易致贫的家庭占 81.11%,未来比较容易致贫的家庭占 18.89%,其中低度贫困脆弱性家庭占 6.40%,中度贫困脆弱性家庭占 0.46%,高度贫困脆弱性家庭占 12.02%;(2)多维贫困家庭未来致贫的风险远高于其他家庭,而且家庭当前贫困程度越高,其未来多维贫困脆弱性也会越高,特别是三维贫困家庭的贫困脆弱性分布远超整体平均水平;(3)家庭教育总支出可以显著降低家庭的多维贫困脆弱性,对高度贫困脆弱的家庭影响更加显著;(4)家庭校内外教育支出对贫困地区多维贫困家庭脆弱性的影响存在显著差异,其中家庭校外教育支出是影响贫困家庭未来贫困脆弱性更为关

键的因素;(5)在不脆弱家庭中,校内外教育支出对零维和一维贫困家庭的贫困脆弱性
并无显著影响;(6)在高度贫困脆弱的一维贫困家庭中,校内外教育支出对家庭贫困脆
弱性存在显著性影响;在二维贫困家庭中,校内教育支出对贫困家庭的影响随着家庭
贫困脆弱度的提升而减弱,而校外教育支出则随着家庭贫困脆弱性的上升而增强;对
于三维贫困家庭,其校外教育支出可以显著降低其未来贫困风险,特别是对高度贫困
脆弱家庭的降低作用更加明显。

7. 农村教育人力资本能够正向促进乡村振兴。

从分类型看,初中教育经费的投入对乡村振兴的影响最大,同时中级农村教育人
力资本对乡村振兴的影响亦最大。农村教育人力资本每提升一个单位,将导致技术创
新水平提高 4.705 0 个单位。另外,农村教育人力资本能显著作用于技术创新水平,对
我国乡村振兴水平具有部分中介效应。

二　若干建议

根据本研究分析结果表明,我国目前虽然已经全面脱贫,但贫困地区居民家庭教
育支出及结构的不平等差异性仍将有可能带来新的较为严重的教育不平等问题。虽
然本研究所涉及的贫困地区数量有限,但对我国未来在教育资源分配和政策制定上仍
然具有一定的启发意义。

一是国家应进一步建立或完善动态的农村教育问题监控体制机制和教育经费保
障机制。教育机会随着社会、经济、人口、教育政策、家庭教育的发展和变化而不断改
变,单从家庭收入以及家庭教育总支出水平来判断教育状况,可能是不准确的,需要将
公共教育资源分配与家庭教育支出结构相结合,建立动态的监控体制机制和教育经费
保障机制,合理调配公共教育经费投入,缩小家庭教育带来的教育不平等差距,保障贫
困地区的教育公平。

二是国家应不断调整和优化贫困地区基础教育资源的配置结构,进一步促进教育

公平。目前,我国贫困地区居民家庭教育支出内部及各项教育支出差异悬殊,亟需政府决策部门和教育行政主管部门在制定教育发展政策时考虑中西部地区教育发展的困境与问题,根据各个地区实际情况,调整义务教育"两免一补"政策。特别是针对不同贫困地区和贫困家庭情况,如何采用更复杂、更综合和更多样的政策工具来减轻贫困家庭的教育负担,保证教育资源分配和教育公平,减缓乃至逐步缩小教育不平等现象。

国家颁布的基础教育政策,比较倾向于使用"命令＋报酬"的政策工具组合,对家庭基础教育阶段的基本教育支付的影响逐步扩大。尤其是2011年以来,教育扶贫成为精准扶贫政策的重要方面之一,国家在贫困地区建档立卡,使用职能拓展、劝告与劝诱的政策工具,拓展地方政府在基础教育中的职能范围,鼓励社会和个人积极参与教育事业,逐步减轻贫困家庭在基础教育中的教育负担。

三是国家对农村教育问题应继续扩大政策关注范围。目前影响家庭教育支付的政策,主要围绕农村地区特别是深度贫困地区家庭。但是,近20多年来,我国进城务工人员随迁子女人数逐年增加,许多农村学生转到城市就学,他们需要交纳高额民办学校的学费或者公办学校的择校费,这些都会加重贫困家庭的教育负担。因此,政府的政策关注范围应该逐步扩大到进城务工随迁子女的教育问题。

四是国家可以根据新形势和新情况不断优化基础教育政策工具组合。当前影响家庭教育支付的基础教育政策工具的使用模式较为单一,多以命令和报酬政策工具为主。我们知道,过多使用命令政策工具,可能会导致政策制定主体与政策实施和执行主体之间的对立矛盾增多,从而削弱政策效果。而过多使用报酬政策工具去直接减轻或减免家庭的教育支出,虽然反映了国家对基础教育的重视,但是却会过快过多地增加国家公共财政负担,从而影响基础财政的后续投入力度。如果基础财政投入不足,将会导致政策矮化或不作为等问题产生,这将严重影响相关政策的执行效果,进而影响基础教育的可持续发展。但是,我国基础教育发展所面临的问题相当复杂,国家需要不断根据实际情况和社会不断增长的教育需求,加大职能拓展、权威重组和劝告与劝诱等政策工具的使用,并不断调动地方政府、社会和个人投身教育事业的积极性。

五是各级政府和社会组织应设法增强农村居民家庭对子女教育的重视程度和参与度。父母是孩子成长的第一任也是最重要的老师，父母对孩子家庭教育的重视，将直接影响孩子的健康成长。为了更好地促进基础教育的长远发展，未来在制定基础教育政策时，国家既要着眼于当下学校教育发展问题，也要重视家庭教育问题，最好是从源头上改变贫困家庭中家长的教育观念，并且能通过职能拓展、劝告与劝诱等政策工具，调动家庭、社会多方积极性，构建健全的家校合作机制，从而发挥家庭教育对儿童培养的重要作用。

六是国家应建立和完善多维贫困识别标准以及进一步巩固脱贫成果的相关机制。我国已经实现全面脱贫，但从长远来看，未来仍需采取多种手段来巩固扶贫成果，包括建立多维贫困标准。这不仅需要考虑贫困建档立卡和家庭的经济收入维度，还应结合家庭提升机会能力和健康等多方面因素，精准识别家庭贫困程度，使扶贫更加具有针对性和准确性。建议国家有关部门尽早建立多维贫困识别标准，同时建立和完善如何巩固脱贫成果的相关机制。

七是国家应科学调控不同地区的基础教育资源，促进教育资源分配均衡化。国家应该充分发挥基本公共服务中教育的长效扶贫机制，将发展教育作为未来全面脱贫后巩固脱贫工作的重点之一。近年来，我国基础教育综合使用各种政策工具，不断向贫困地区、中西部地区和低收入群体倾斜，保障和提高了贫困家庭子女的受教育机会。在未来巩固脱贫成果时，一方面需要科学调控贫困地区的基础教育资源，保障其基本教育资源供给，并不断提升城乡教育机会的公平度。可以根据多维贫困家庭的实际状况，进一步完善教育扶贫专项政策，如多维贫困家庭可以适当减免其基础教育阶段的校内外教育支出等。另一方面，还可以尝试设立补偿性或公益性的校外教育项目，使贫困家庭子女能够享受到更丰富的社会教育资源，切实保障贫困家庭子女的生存和发展权益，特别应设法减轻高维贫困家庭的校外教育负担，从而通过教育手段有力阻断家庭贫困的代际传递。

八是国家应加快发展和完善有利于乡村振兴的普通教育和职业教育体系。为了促进乡村振兴，建设现代新型农村，各级政府应继续加大农村教育经费投入，并设法提高农村基础教育资源的配置效率。尤其应该加大中小学和职业教育的经费投入，确保教育财政按时拨付，同时要落实教育基本公共服务全覆盖，加快发展针对乡村振兴的普通教育和职业教育体系，提高中学入学率，推动职业教育改革，进一步完善农村贫困家庭学生的助学金制度等。

附件一

调查问卷：家庭教育
投资情况调查表

尊敬的家长同志，您好！

本问卷旨在对××县居民家庭教育投资情况进行调查研究，希望研究结果能为××县教育事业的发展提供参考。本调查不记名，完全保密，感谢您在百忙之中完成问卷！

复旦大学课题组

调查时间：2018 年　　　月　　　日　调查地点：　　　县　　　镇/乡

一　　**家庭基本信息：**

1. 您的性别：　A. 男　B. 女

2. 您的民族是：_____族

3. 您家庭的户口是：A. 农村　B. 城镇　C. 农转城　D. 农转非　E. 其他

4. 您家庭的人口数为：A. 2 人　B. 3 人　C. 4 人　D. 5 人　E. 6 人以上

5. 您家庭人口的基本状况：

① 孩子爸爸妈妈的受教育程度分别为：（请"√"选择与教育程度一致的选项）

教育水平	爸爸	妈妈
小学以下		
小学		
初中		
高中/中职/中专		
大专		
本科		
研究生及以上		

② 孩子爸爸妈妈的工作是什么：（从表格中选择符合的职业选项序号）

A. 爸爸：　　　　　　　　B. 妈妈：

1 政府机关	6 个体户	11 城市务工人员
2 企业、事业单位	7 商业与服务员人员	12 退休
3 专业技术人员	8 教师	13 下岗
4 技术工人（如修理工、水电工）	9 农、林、牧、渔业	14 无工作
5 普通工人	10 初级劳动者（如保安、保姆、保洁）	15 其他（请注明）

③ 孩子爸爸妈妈的年龄段分别为：（请"√"选择一致的年龄段）

称谓＼年龄段	21 岁～30 岁	31 岁～40 岁	41 岁～50 岁	51 岁～60 岁	61 岁以上
爸爸					
妈妈					

6. 子女及就学情况：

① 您家里有　　个孩子，其中男孩　　个；女孩　　个。

有＿＿个孩子正在读书，其中　　个在公办学校，　　个在民办学校。

② 孩子分别读几年级了？（请"√"选择）

	幼儿园	小学	初中	高中	大学	研究生
孩子(1)						
孩子(2)						
孩子(3)						

③ 平时，在您家里，谁来决定孩子上学的事情？

A. 孩子的爸爸　　　　　　　　　　B. 孩子的妈妈

C. 孩子的爸爸妈妈　　　　　　　　D. 孩子自己

E. 其他人（如爷爷、奶奶等）：

二　家庭教育观念

1. 您为什么送孩子去上学？（选择 3 个，根据重要程度，依次写 1、2、3）

将来找份体面的工作		光宗耀祖	
将来可以多赚钱		多学点科学知识，以适应社会需要	
自己受教育有限，希望孩子多受教育		学会学习，发展自己的兴趣	
学会做人，学会与他人相处		其他（请注明）：	

2. 您希望孩子的受教育程度为：

A. 完成义务教育即可　　B. 高中/技校/中专　　C. 大专　　D. 大学本科

E. 硕士　　F. 博士　　G. 能读到什么程度就读到什么程度

3. 影响您给孩子上学花多少钱的因素是哪些？（可多选）

家里的经济条件	孩子学习成绩的好坏	孩子的性别	周围人的影响	对孩子工作的期望	对现在教育的满意程度

4. 您的家庭教育方式是：_____

A. 长辈说了算　　B. 以孩子为中心　　C. 与孩子商量　　D. 放任不管孩子

5. 当家里遇到困难的时候，家里有 2 个或更多的孩子读书，您会选择：_____

A. 不分男女，让成绩好的继续上学　　B. 不分成绩好坏，让男孩继续上学

C. 不分成绩好坏，让女孩继续上学　　D. 不分男女和成绩好坏，让年纪大的继续

E. 不分男女和成绩好坏，让年纪小的继续　　F. 全部辍学

G. 想尽一切办法，让他们上学

6. 什么情况下，会让孩子不去上学？

A. 家里经济困难，负担不起　　B. 孩子成绩差，升学希望不大

C. 孩子自己不想上学　D. 孩子因为生病不能上学

E. 家里缺人手　F. 大学毕业也难找工作，不读书算了

7. 孩子不想上学的话，您会怎么做呢？＿＿＿＿＿＿

A. 坚决反对，极力劝说，把孩子送到学校继续读书

B. 先劝一劝，然后随便孩子　C. 随便孩子，不想上就算了

8. 留学：①您想让孩子出国留学吗？＿＿＿＿＿＿

A. 想（请接着回答第②小题）

B. 不想（请接着回答第③小题）

② 为什么想让孩子出国留学呢：＿＿＿＿＿＿（可多选）

A. 国外教育环境更好　B. 以后找工作更有竞争力

C. 增长见识，开阔视野　D. 其他（请注明）

③ 为什么不想让孩子出国留学呢：＿＿＿＿＿＿（可多选）

A. 经济条件不允许　B. 国内教育环境挺好的，不用出国

C. 担心孩子无法适应国外生活　D. 其他（请注明）

9. 请选出您对下列观点的态度：（在选定的意见中打"√"）

	非常同意	比较同意	一般	不太同意	完全不同意
学历越高，收入越多					
供养孩子上学读书是父母应尽的责任					
孩子不上学读书，没有文化是不行的					
如果孩子学习成绩不好，上不上学一样					
孩子上学读书，不一定非要考大学					
现在大学生就业难，读书不读书一个样					
有钱就让孩子上学，没钱就算了					
男孩可以多读点书，女孩不需要读那么多书					
不管男女，都应该平等地去上学读书					
要是考不上大学，以前的钱都浪费了					

三　教育支出

1. ① 2017 年您的家庭总收入及总支出情况(请"√"选择;5 千以下或 15 万以上的话,可写具体数据,如 20 万元):(单位:元)

金额 项目	5 千 以下	5 千 ~ 1 万	1 万 ~ 2 万	2 万 ~ 3 万	3 万 ~ 4 万	4 万 ~ 5 万	5 万 ~ 6 万	6 万 ~ 7 万	7 万 ~ 8 万	8 万 ~ 9 万	9 万 ~ 10 万	10 万 ~ 11 万	12 万 ~ 13 万	13 万 ~ 14 万	14 万 ~ 15 万	15 万 以上
家庭 总收入																
家庭 总支出																

② 2017 年,您的家庭总收入中,下列各项收入来源占大约多少比例呢?(用‰表示)

工资性收入 (基本工资、补贴、 加班费、奖金等)	财产性收入 (房租、股票、利息等)	家庭经营收入 (农业、林业、渔业、 工业、建筑业、商业、服务业 等各项家庭经营收入)	转移性收入 (退休金、赠送、保险赔款、 救济金、土地征用 补偿等收入)
____%	____%	____%	____%

2. ① 2017 年,您的孩子上学各项支出的大约金额:(单位:元)

	幼儿园	小学	初中	高中	大学	研究生
学费		×	×			
书费						
择园费/择校费						
托园费/住宿费						
伙食费、交通费、校服费						
补课、兴趣班、家教费、课外书费用						

（续表）

	幼儿园	小学	初中	高中	大学	研究生
学习用品及电子产品(电脑等)费用						
夏令营、暑假文化班费用						
教育储蓄和教育保险						

② 2017 年,您家庭用于孩子教育的总共费用大约为(单位:元):(请"√"选择)

费用 年份	1 000 以下	1 000 ~ 2 000	2 000 ~ 3 000	3 000 ~ 4 000	4 000 ~ 5 000	5 000 ~ 7 000	7 000 ~ 9 000	9 000 ~ 11 000	11 000 ~ 13 000	13 000 ~ 15 000	15 000 以上
2017 年											

③ 2017 年,除了上面几项费用,您还有其他与教育相关的支出吗? (如:节假日给学校老师和领导送礼、请客吃饭等)

A. 有,大概____元 B. 没有

3. 您孩子上学的费用主要来源于:(选择 3 项,并根据重要程度,标注 1、2、3)

家庭收入		向亲戚朋友借	
家里多年的积蓄		向信贷部门贷款	
奖学金、助学金、勤工俭学		亲戚、朋友赠送	
希望工程、政府贫困学生补助等		其他(请注明)_____	

4. 请选择 2017 年您的家庭各项消费金额最多的前三项,用 1、2、3 标出:

孩子和自己 的教育费用	住房费用	食品支出 (伙食费)	医疗、保险 费用	交通和 电话费用	购买家庭 电器	衣服、化妆 品购买	其他杂物, 日用品

5. 2017 年,您家庭用于孩子教育的总支出占家庭总支出的比例大约为:(请"√"选择)

	5%以下	5%—10%	10%—15%	15%—20%	20%—25%	25%—30%	30%以上
教育总支出占家庭总支出的比例							

6. 2017 年，您家庭用于食物总支出占家庭总支出的比例为：（请"√"选择）

	20%以下	20%—30%	30%—40%	40%—50%	50%—60%	60%以上
食物总支出占家庭总支出的比例						

7. 您认为孩子上学后，家里的经济和生活有什么影响？

A. 没有什么影响　　B. 有一定影响，但还可以承受

C. 影响较大，降低了生活质量　　D. 影响严重，无法承受

8. 根据您家庭现在的收入情况，每年大约可以花多少钱在孩子的教育上？

A. 2 千元以内　　B. 2 千元~5 千元　　C. 5 千元~8 千元　　D. 8 千元~1 万元

E. 1 万元~1. 5 万元　　F. 2 万元以上

9. 根据您家庭现在的收入，可以承受孩子的教育程度为_____

A. 完成义务教育　　B. 高中/技校/中专　　C. 大学(本、专科)　　D. 硕士

E. 博士

10. 2017 年，您和配偶在培训、进修上花的钱大约为_____

A. 无　　B. 2 千元以内　　C. 2 千元~5 千元　　D. 5 千元~1 万元

E. 1 万元~2 万元　　F. 2 万元以上

四　教育内容

1. 您的家里会给孩子经常讲这些内容吗？（可多选，请"√"选择）

	经常	较多	一般	较少	从不
生理健康					
营养保健					
安全保护					
运动体育					
人格人生					
心理卫生					
道德礼仪					
人际交往					
学习方法					
思维能力					
科学素养					
人文素养					

2. 若经济条件允许,您将为孩子选择哪几种额外的教育方式呢? (可多选,请"√"选择)

请家教	上课程辅导班	上竞赛辅导班	上兴趣辅导班	买书	买电子产品	旅游	其他(请注明)

3. ① 您的孩子参加过的兴趣班包括:(可多选,请在相应的空格处打"√")

英语	电脑	唱歌类	体育类	舞蹈类	书画类	乐器类	手工制作类	棋牌类	武术类	科技兴趣类	其他(请注明)

② 您为孩子报兴趣班是为什么:_____(可多选)

A. 随大流,大家都在上   B. 便于以后中考、高考加分

C. 孩子的兴趣爱好   D. 发展孩子的特长,增强竞争力

E. 开发孩子的潜能,促进孩子全面发展　F. 其他(请注明)

4. ① 您为孩子请过家教吗?

A. 有(请回答第②题)　B. 没有

② 您为孩子请家教的原因是:＿＿＿＿＿＿＿(可多选)

A. 孩子跟不上课程进度　B. 孩子学习自觉性差　　C. 家长没时间或没能力辅导

D. 发展孩子某方面兴趣　E. 想提高孩子学习成绩　F. 其他(请注明)

5. 您觉得让孩子参加补课、家教等额外教育,效果怎么样?(请在相应的空格处打"√")

效果十分显著		有些效果		效果不明显	

6. ① 您是否关心孩子在学校里的生活?

A. 经常　B. 有时　C. 偶尔　D. 几乎没有

② 您关心孩子的成绩吗?

A. 非常关心　B. 比较关心　C. 一般　D. 不太关心　E. 完全不关心

③ 您是怎么关心孩子的学习成绩的呢?

A. 经常检查督促孩子学习　B. 找老师谈话,了解孩子学习情况

C. 看考试成绩　D. 辅导孩子学习　E 讲道理,讲方法　F. 不太管,顺其自然

④ 您对孩子最关心的是什么?(可多选)

A. 学习成绩　B. 与老师、同学的关系　C. 孩子将来的前途

D. 安全与身体健康状况　E. 性格发展　F. 其他(请注明)

⑤ 您通过什么途径了解孩子的学习情况?(可多选)

A. 孩子自己讲　B. 从老师、其他家长、同学口中了解

C. 检查孩子作业、考试成绩　D. 参加家长会　E 其他(请注明)

⑥ 您与孩子最主要的交往活动是?(可多选)

A. 谈心聊天　B. 辅导功课、检查作业　C. 关心日常起居　D. 一起做体育锻炼

E. 一起参加社会活动　F. 其他（请注明）

⑦ 以下行为平均每周大约花费您多长时间：（请在一致的选项处打"√"）

	无	2 小时以内	2—4 小时	4—6 小时	6 小时以上
辅导孩子功课，检查作业					
聊天谈心					
关心孩子日常生活					
一起看电视、电影					
一起做体育锻炼					

⑧ 您与孩子每年共同参与以下活动大约多少次？

	无	3 次以内	4—6 次	7—9 次	10 次以上
一起去图书馆/博物馆/科技馆					
一起去公园/大学校园					
一起看电影/体育比赛					
一起旅游					

⑨ 您对孩子教育花多少时间主要由什么决定？（可多选）

A. 孩子年龄大小　B. 孩子成绩好坏　C. 空闲时间有多少

D. 与孩子关系良好程度　E. 其他（请注明）

⑩ 什么情况下，您会给孩子买学习用品呢？

A. 孩子要才买　B. 主动买　C. 给钱，让孩子自己买

D. 从来不买，让孩子自己想办法

⑪ 若孩子毕业了，没有升上高一级学校，您会怎么做？

A. 让孩子直接工作　B. 想办法找路子，为他/她找到学校继续读书

C. 送到职业技术学校或培训班学习手艺、技术　D. 送到国外学习

E. 其他（请注明）

7. 您会经常送孩子上学吗?

A. 经常　B. 有时　C. 偶尔　D. 几乎没有

8. 您是不是经常让孩子放学后做家务或者做农活呢?

A. 经常　B. 有时　C. 偶尔　D. 几乎没有

9. 周末和寒暑假,孩子在家主要做什么呢?

A. 孩子想做什么就做什么　B. 先做家务或者农活,其他由孩子自己安排

C. 大部分时间让孩子学习　D. 大部分时间让孩子干活

10. ① 当孩子学习成绩好或者表现好时,您会给予奖励或鼓励吗?

A. 会(请回答第②题)　B. 不会

② 如果您会奖励,您会给什么样的奖励呢?(可多选,请在一致的选项处打"√")

口头表扬	买学习用品	增加 零用钱	不让孩子 干活	买孩子想 要的东西	满足孩子 一个愿望	做好吃的	其他 (请注明)

11. 您和配偶一般通过什么方式再次学习呢(如培训、进修等)?

A. 在职培训　　　B. 业余进修

C. 参加自学考试　　D. 其他自学方式

E. 其他(请注明)

再次感谢您的参与!

2018 年 7 月 16 日

附件二

"我国农村贫困家庭教育支付能力及其影响因素研究"访谈提纲

教育局

1. 全县学校数量、上学人数、辍学率、升学率等相关情况说明（教育现状）。

2. 现在有哪些教育补助呢？义务教育阶段孩子上学是否有保障？

3. 当前不同阶段教育收费大致的情况是怎么样的？

4. 整体教育投入大概会有哪些？

5. 当前整个县的教育规划有哪些？教育层面取得了哪些进步？

6. 哪些教育政策实施效果比较好？哪些不好？

7. 当前学校教育存在哪些问题？

8. 存在学校少、上学难、上学贵等问题吗？（公办学校少、择校费、教育资源失衡）

9. 城乡是如何协调教育资源的呢？

10. 城乡学生上学存在差距吗？男女生上学存在差距吗？

11. 学校教育负担重吗？学生学业负担重吗？有没有相关减负政策？

12. 学校教师来源是哪些？要求什么学历？是公开招聘的吗？

 扶贫办

1. 贫困线是多少？人均可支配收入标准线是多少？贫困户识别的标准是什么？

2. 贫困户脱贫退出的程序有哪些？标准是什么？

3. 全县有多少家庭是贫困户？贫困发生率是多少？建档立卡贫困人口数量是多少？计划什么时候脱贫摘帽？

4. 贫困家庭劳动力外出务工情况怎么样？

5. 贫困家庭大概分布在哪些地区？这些家庭孩子上学率大概是多少？

6. 义务教育阶段孩子上学是否有保障？

7. 目前有哪些扶贫政策呢？尤其是在教育上，有哪些体现呢？

8. 县里得到的政策支持比以前有哪些明显变化？有哪些资金支持？

9. 教育扶贫存在什么问题呢？您有什么建议？

三　学校(老师)

1. 师生人数,教师学历如何？

2. 学生城乡比例,男女生人数及比例如何？

3. 学校各项费用:学校现在每年会有哪些收费？

4. 教育现状：

学校教学设施还完善吗？学校办学资金有困难吗？

现在学生参加兴趣班和家教的多吗？

孩子现在上学课业负担重不重？

家长来咨询孩子教育的多不多？

学校设置哪些科目？老师一般用什么教学方法呢？

学校教师流动频繁吗？

平时会对学生进行课业辅导吗？

学校老师常有教学创新吗？有没有鼓励学生创新思考呢？怎么鼓励呢？

学校的教学管理是怎么样的？

学校里还会有体罚学生等现象吗？

5. 教育观念：

您觉得孩子上学的目的是什么？

您觉得教学方式与行为方式对学生有什么影响？哪个影响更大？

6. 您会参与一些教育培训吗？频率是多少呢？您有什么感受？

四　学生家长

家长：低保户、五保户、贫困、普通、纯老年人家庭等

1. 您的年龄、工作、婚姻状况、教育程度？

2. 您家里有几口人，分别是哪些人，主要劳动力是哪几人？您有外出打工吗？
家里其他人的性别、年龄、婚姻、教育等情况（家庭其他成员教育水平及影响）
如何？

3. 您家里一年的总收入大约有多少？主要收入来源是什么呢？总支出有多少？
家中是否欠债？欠债的原因是什么？

4. 每年孩子上学大概要花多少钱？占总支出的多少？家庭压力大吗？您觉得花
这么多钱上学值得吗？

5. 您想让孩子上学的目的是什么？您觉得上学有用吗？（教育观念）

6. 家里有孩子在读书吗？读到什么程度了？希望以后孩子读到什么程度呢？
（教育预期）

7. 要是家里条件不好，会让女生/年纪大的孩子辍学吗？或者怎么办？

8. 对学校教学的了解程度和满意度如何？

9. 孩子的教育负担重不重？

10. 孩子在家学习时间有多少呢？

11. 有没有报兴趣班、请家教？

12. 对孩子人际关系的了解程度如何？

13. 您平时采取什么方法教育孩子？会对孩子进行道德教育吗？大概的次数和
方式是怎样的？

14. 关心孩子的程度如何？（外出打工的话与家里联系的次数）

15. 您在外出打工的时候是怎么督促孩子学习的呢？您觉得外出务工给孩子带来什么影响呢？

16. 您和配偶还会接受教育吗？

五　学生

1. 你现在读到几年级了？在哪个学校？学校里面男女生比例大概多少？

2. 你的成绩怎么样？你觉得考试成绩好不好是什么原因导致的呢？

3. 你觉得学习有用吗？有什么价值？

4. 你对自己学习有哪些目标和要求？（个人的前途预期、人生追求和目标）

5. 爸爸妈妈这些长辈对你的学习期望是什么呢？家里的其他人对你的学习有什么影响吗？

6. 你觉得学习压力和学习负担大不大？学习负担给你带来了什么感受呢？你认为学习负担是什么原因造成的呢？（对学习负担的态度、感受和归因）

7. 学校每年收费多吗？在学校里哪些地方会花钱呢？

8. 家里有人外出打工吗？你了解吗？你是怎么想的呢？

9. 你和爸爸妈妈的关系怎么样？大概多久和爸爸妈妈联系呢？你会主动和家人谈心吗？

10. 学校和家里有没有体罚（打骂）等家庭暴力现象呢？

11. 你和同学、老师关系好吗？对学校的感情深吗？（情感态度/人际关系）

12. 学校老师经常换吗？（对于教师更替的感知）